民國歷史與文化研究

初 編

第 **15** 冊

現代中國自由主義思潮的高漲與沈寂
——《觀察》與中國現代自由主義思潮

林建華 著

花木蘭文化出版社

國家圖書館出版品預行編目資料

現代中國自由主義思潮的高漲與沈寂——《觀察》與中國現代
自由主義思潮／林建華 著 -- 初版 -- 新北市：花木蘭文化出版
社，2015〔民104〕
序 4+ 目 4+196 面；19×26 公分
（民國歷史與文化研究 初編；第 15 冊）
ISBN 978-986-404-151-0（精裝）
1. 自由主義 2. 中國
628.08   103027664

ISBN-978-986-404-151-0

9 789864 041510

民國歷史與文化研究
初 編 第十五冊   ISBN：978-986-404-151-0

現代中國自由主義思潮的高漲與沈寂
——《觀察》與中國現代自由主義思潮

作　　者　林建華
總 編 輯　杜潔祥
副總編輯　楊嘉樂
編　　輯　許郁翎
出　　版　花木蘭文化出版社
社　　長　高小娟
聯絡地址　235 新北市中和區中安街七二號十三樓
　　　　　電話：02-2923-1455／傳眞：02-2923-1452
網　　址　http://www.huamulan.tw 信箱 hml810518@gmail.com
印　　刷　普羅文化出版廣告事業
初　　版　2015 年 3 月
定　　價　初編 32 冊（精裝）台幣 56,000 元

現代中國自由主義思潮的高漲與沈寂
——《觀察》與中國現代自由主義思潮

林建華　著

作者簡介

林建華，男，黑龍江肇東市人，1965 年 4 月 5 日出生，遼寧師範大學政治與行政學院教授，博士生導師，吉林大學行政學院政治學博士，中國社會科學院博士後，黑龍江大學博士後，中共中央宣傳部馬克思主義理論教材工程建設專家，大連市委黨校學術委員會特聘委員，大連民族學院特聘教授、大連金州新區黨員幹部教育特聘教授。曾任吉林日報理論評論中心副主任，東西南北雜誌副主編，曾經獲得中國晚報新聞類一等獎。2002 年調到遼寧師範大學工作，2006 年被評爲教授，2010 年評爲博士生導師。先後在國家級核心期刊發表學術論文 40 餘篇，出版《20 世紀 40 年代中國自由主義思潮》等專著 5 部，承擔完成國家社科基金、教育部社科基金、遼寧省社科基金 6 項，曾在「遼海講壇」做過多次專題講座。

提　　要

　　20 世紀 40 年代在中國興起的自由主義思潮，是自由主義在中國現代思想史上的絕唱，對中國社會的政治思想和文化等多方面產生了深遠的有影響，而《觀察》周刊無疑是這一思潮中的最強音，《觀察》周刊及其作者群的思想不僅內容豐富，而且很有見地。本書主要從十一個方面對這一問題進行了爬梳、整理和研究，即：《觀察》及其作者群的政治立場、自由主義者的判斷標準與《觀察》及其作者群的自我認知、《觀察》及其作者群的自由主義思想之源、自由價值與中國社會：《觀察》對自由本質的全面解讀、「選票」與「飯碗」：《觀察》對政治民主與經濟民主的辨析、「自由仍須守法」：《觀察》關於自由與法律誤讀的匡正、革命與改良的互變：《觀察》關於革命與改良的基本立場、「失敗的統治」與「潰爛的政治」：《觀察》對國民黨統治的批判、「民主的多少與有無」：《觀察》對中共的懷疑與觀望、中共對自由主義思潮及其《觀察》的批判、《觀察》對 20 世紀 40 年代自由主義思潮影響的再認識。20 世紀 40 年代的自由主義思潮是一種「修正組合型」的思想模式，與中國社會具有異質疏遠性。本書既可以填補 20 世紀 40 年代自由主義思想研究空白，也能夠爲進一步加強對這一問題的研究奠定基礎。

序 言
自由主義：拋棄還是揚棄？

　　自由是現代人的首要價值，追求自由是人的天性。馬克思認為「文化上的每一個進步，都是邁向自由的一步」。對個人的生存和發展來說，自由是不可或缺的東西，它是個人顯示其價值、表現其個性與力量的方式和條件，因而也是人們自覺追求的價值。自由不是資產階級的專利，馬克思同樣肯定自由的價值，他在《共產黨宣言》中直接指出：未來社會是「一個自由人的聯合體，在那裡，每個人的自由發展是一切人的自由發展的條件。」

　　自由主義是關於自由的學說。自由主義的歷史就是一部追求自由的歷史。作為對宗教的正統性的一種反應，自由主義發軔於文藝復興時期，在宗教改革時期得到強化，並在啟蒙時期成為一種主要的政治力量。在其發展過程中，自由主義堅定地擴展著它對君主的神聖權利、對來自封建時代的貴族特權以及對所有形式的壓迫的抵抗。因為至少到 17 世紀末以前，西歐社會結構是採取以權力為基礎的封建等級制度，每個人在理論上都有他的「主人」：農奴聽命於地主，地主聽命於大莊園主，大莊園主聽命於國王，國王聽命於皇帝，皇帝由教皇加冕，而教皇則在理論上是上帝的「奴僕」。最早的自由主義即在於打破這樣的鎖鏈關係，讓每個人脫離奴隸的狀態，讓人成為自己的主人。可以說，自由主義一開始就是作為一種破壞性的、革命性的批判思潮而出現的。在西方的歷史上，自由主義運動是一場廣泛而又深遠的運動。現代社會的面貌在很大程度上是由自由主義塑造的。

　　隨著資本主義的發展，無論是作為一種思想體系，還是一種社會制度，

自由主義的內在矛盾與危機都已得到暴露，在一極是財富得到積累的同時，在另一極卻是貧困的積累。但自由主義也在不斷地進行調整和修正並發生了重大的轉變。轉變的基本方向在於放棄古典自由主義以減少政府干預來保障個人自由的主題，而要求以政府的干預來解決工商業發達以後產生的種種社會問題，乃至由政府權力來進行財富的重新分配。自由主義的這一轉向，毋寧是吸取了社會主義的若干觀念因素，而呈現出不同以往的嶄新面貌。英美等西方資本主義國家實施民主社會主義與福利國家政策的基本理念基礎即在於此。在福利國家之下，人民的生活水平相當不錯。《炎黃春秋》2008 年第 3 期講了這樣一個故事：

> 20 個世紀 70 年代末，中國副總理王震訪問英國。王震聽説英國大部分工人、職員、知識分子、小資產階級約占人口的 70%，普通百姓都擁有在中國人看來相當闊綽的私人住宅和家用轎車，每年度假還可以出國旅遊。他帶著「訪貧問苦」的想法要求訪問一位失業工人。中國駐英大使柯華陪同王震來到一位失業工人家。王老有點震驚，這是失業工人嗎！？他看到什麼呢？

> 這個失業工人住著一棟一百多平方米的兩層樓房，有餐廳、客廳，有沙發、電視機，裝飾櫃子裏有珍藏的銀器，房後有一個約五十平方米的小花園。由於失業，他可以不納稅，享受免費醫療，子女免費義務教育。

王震看後感慨良多。原來想當然地以爲水深火熱之中的英國工人，生活水平竟然比中國的副總理都高。柯華大使告訴王副總理：「我曾問過一個清潔工，他每周收入約一百英鎊；一個開電梯的工人，每周收入爲一百五十英鎊。」按當時英鎊對人民幣匯率 1 比 5.91 概算，清潔工的周工資相當於人民幣五百九十一元，電梯工的周工資相當於人民幣八百八十六元。王震是五級高幹，那時每月工資不到四百元，周工資不到一百元，相當於英國一個清潔工周工資的六分之一，電梯工周工資的八分之一。如果不是拿中國的高官與英國工人相比，而是兩國的老百姓對比，差距更大了。据專家計算，1978 年中英兩國人均國民收入的比是一比四十二點三，也就是說，英國普通百姓的收入比中國普通百姓的收入高四十二倍。當有人問王老的觀感時，王震副總理語出驚人地說：「我看英國搞的不錯，物質極大豐富，三大差別基本消滅，社會公正，社會福利也受重視，如果加上共產黨執政，英國就是我們理想中

的共產主義社會。」於是，王震訪英歸來，就成為了鄧小平改革開發政策的堅定執行者。

事實勝於雄辯，生活是真理的裁判者。自由主義並非一無是處，因此，對自由主義也決不能連髒水帶孩子一起倒掉。

人類的思想具有繼承性。但這種繼承不是簡單地「拿來」，而是要站在正確的立場上，「放開眼光，運用腦髓」，取其精華，為我所用，批判地繼承，正如殷海光先生所說的那樣：「傳統與自由的關係當然極為複雜，但，in the last analysis，如果一個時代的知識分子完全放棄了傳統，他們即便高唱自由，這種自由是沒有根基的。」只有通過對中國自由主義傳統的批判，使之達到更新與創造性的轉化，才能為自由、民主、法治在現代中國的生根，提供文化根基和精神土壤。《觀察》與中國現代自由主義思潮是一筆寶貴的思想遺產，認真地發掘和研究這一思想遺產意義十分重大。

經過了半個世紀的沉寂，在 20 世紀 90 年代後半期，中國知識界的一大動向就是一批學者重提自由主義的話題，他們試圖藉重理性、依靠法律、妥協緩進的自由主義思想理路給人以一種啟示與希望。毫無疑問，這種想法的實現有賴於對中國自由主義思想傳統的批判繼承。

自由主義在中國的傳播，始於 19 世紀末、20 世紀初。而作為一個思潮流派，自由主義則興起於五四時期。中國的自由主義經過 20、30 年代不絕如縷的發展，在 40 年代初期漸漸興盛，抗戰勝利後幾成洶湧之勢，而《觀察》周刊無疑是中國現代自由主義政治思潮中的佼佼者，它的思想不僅內容豐富，而且有許多有價值的思想，至今依然發人深省，閃爍著思想的火花。

目

次

第一章 導 論

一、研究意義

　　20 世紀 40 年代的自由主義思潮是自由主義在現代中國最集中、最全面、最深刻的闡釋與傳播，也是自由主義思潮在中國社會影響最大的時期，是中國現代自由主義思想史上的絕唱，而《觀察》周刊無疑是這一思潮中的最強音。

　　《觀察》是 1946 年 9 月 1 日在上海創刊的政論性周刊，《觀察》及其作者群是 20 世紀 40 年代圍繞著《觀察》周刊而出現的、一個頗具思想複雜性的自由主義政治文化派別。它不是一個嚴格意義上的政治團體，而是一個涉及政治、經濟、科學、文藝等諸多方面，以言論參與政治、參與社會而見長的自由主義知識分子群體，實質上，《觀察》及其作者群是一個「自由思想的聯合體」。他們大部分是自由職業者，早年留學歐美（或日本），回國後大多在國內一些著名高校任教授。《觀察》及其作者群的成員就是《觀察》周刊的作者群，列名在《觀察》周刊上的作者從 70 人增加到 78 人，加上主編儲安平共有 79 人。當然，觀察的作者不止這些人。雖然《觀察》及其作者群不是一個嚴格意義上的政治組織，但他們卻有著許多共同之處，即：他們「大體上代表著一般自由思想分子」，有著相同或相似的政治主張：高揚自由主義的旗幟，重視自由的價值，主張在中國實行民主政治以保障人的基本權利，同時建立一個真正的法治國家；反對暴力革命，主張漸進式的改革，並以能否促進生產力的發展作為判斷革命成敗的標準；在實行政治民主同時，還要實行經濟民主，以使每個人都能免除匱乏。他們的主要目的是「要對國事發表

意見」，他們所感興趣的政治「只是眾人之事──國家的進步和民生的改善」，他們所採取的參與方式「只是公開的陳述和公開的批評」，而不是「謀權和煽動」。〔註1〕他們「不屬於任何一個黨派」，但都「有一個重心與共同傾向。」他們對國家重要問題自然是很客觀地就國家的全局著想，他們所見到底自然是公是公非而不是黨是黨非。」〔註2〕

　　《觀察》及其作者群歷經了20世紀40年代從抗戰勝利到國民黨敗退大陸前夕的重大歷史變遷。他們以《觀察》為陣地，左右開弓，積極地宣揚自由主義政治主張，對中國戰後重建、內戰與和平、政治民主和經濟民主、法治建設以及文化教育等重大問題發表自己的主張，其思想涉及政治、經濟、法學、社會學、文學、新聞、哲學、教育等領域，在一段時間裏，《觀察》及其作者群的政治主張左右著當時中國思想與論界的風向，在知識界，尤其是在高層知識分子中有舉足輕重的作用，對40年代的中國政局及現代中國的文化進步和社會發展產生了相當的影響。若要研究20世紀40年代中國的自由主義知識分子的政治思想，就不能不涉及《觀察》及其作者群。《觀察》及其作者群最為集中、典型地代表了歐美派自由主義知識分子的政治思想及政治態度，因此本書希望以這一派別為藍本，運用比較分析的研究方法，來剖析《觀察》及其作者群自由主義知識分子的政治思想及政治態度，從中勾劃出20世紀40年代的中國自由主義知識分子的思想脈絡。

　　自由主義是17世紀以來西方社會最主要的政治思潮，也是西方社會的主導意識形態，它既是一種學說，一種意識形態，又是一種運動，而且在許多國家成為一種占主導地位的制度。《觀察》及其作者群深受英美自由主義和歐陸自由主義的雙重影響，帶有較強的西方文化價值取向，堅守自由主義的文化陣地，反對激烈的革命、反對內戰，追求政治民主和經濟民主，關注廣大市民的民主自由權利的實現，關注民生的改善，成為中國現代思想史上溫和的自由主義代表。在中西方的文化衝突中，《觀察》及其作者群深感傳統政治文化對人的壓迫，連綿的內戰與強權政治對人的摧殘，思想文化上的鉗制，對人的束縛，因此，他們迫切地追求人的解放。這種「解放」，包含了自由、民主、平等和理性等內容，是一種新的文化內涵。

　　由於受過西方現代文明的薰陶，《觀察》及其作者群主張學術文化獨立而

〔註1〕　儲安平：《我們的興趣和態度》，《觀察》1卷1期，1946年9月1日。
〔註2〕　朱光潛：《自由份子與民主政治》，《觀察》3卷19期，1948年1月3日。

同政治保持一定的距離，目的是培養一種自由的胸懷，避免盲從。他們頗似18 世紀法國的那些冷眼觀世俗「公共」事務的哲學家，幾乎都具有笛卡爾式的懷疑精神，同伏爾泰一樣反對偶像崇拜，要求衝破傳統束縛，解放思想，並在中國實現政治民主。按照他們的理論，要獲得政治上的自由，就要在思想上獲得解放，而爭取思想上的自由，就必須解除正統思想權威的束縛，喚起和尊重自由的思想，消滅盲從。當然，思想分歧是必然的現象，各種思想應該有其存在和發展的自由，並為自由的思想創造自由的空間。他們還從中國文明的衰退和西方文明的日益進步中幡然感悟到教育的重要性，認為教育是在中國推行自由主義思想最有效的手段，而且，教育是不會失敗的。自由主義者一貫強調個人要擔負理性的責任，要有獨立批評和反思的能力，因此，他們把一大部分的精力放在了文化教育上，試圖以口和筆為武器，用說服教育的方法，來培養出一大批具有獨立意識的青年人。他們以服務人類為己任，堅守自己的獨立人格，在堅持「民主、自由、進步、理性」的基礎上，「尊重獨立發言的精神。」企圖獨立於任何一個政治團體而堅持以公正、客觀的態度，追求自己的理想價值和理想的政治制度。

另一方面，「五四」從精神深處震醒了知識分子的靈魂。「五四」時期的知識分子面臨的問題很多，但其中的中心問題之一就是中國如何從封建專制思想的束縛掙脫出來，重新構建中國文化，也就是胡適所說的「再造文明」。《觀察》及其作者群知識分子，標榜著民主與自由的精神，從歐美回到中國，從近代的產業社會回到傳統的農耕社會，企圖以西方的自由主義價值觀念來重建中國文化。然而，傳統文化的承襲性和包容性以及現實的民族矛盾衝擊著理性的思想火花和價值觀念，作為 20 世紀 40 年代的中國人，他們面臨著抗戰勝利後中國的重建和國共兩黨的生死大決戰，不可能不挺身而出，以「先天下之憂」的歷史責任感，來闡明自己的政治主張。然而，他們又不是三民主義者和共產主義者，他們是站在自認為代表全體人民的高度來感受當時的政治局勢。與此同時，他們有感於中國是世界政治格局的一部分，因此，他們並不是站在狹隘的立場上來認識整個中國和世界的，而是主張從中國自身利益出發，兼親蘇美，做連接美蘇之間的橋梁。在思想上，他們自覺地向西方看齊，否定中國傳統文化的落後因素，希望以自由主義的思想重振政治文化秩序。因此，他們從自由主義的政治立場出發，希望通過不流血的改革，建立一個政治民主、經濟平等的法治國家，並試圖在國共之間走出一條中間

路線。他們表示：「自由主義者不相信『路只有一條』，他相信有他自己的道路，一個自由主義者，只要他肯始終站在廣大人民的中間，始終『反靜態』，『反現狀』，『反干涉』，『求進步』，『求創造』，跟特權者（即壓迫者）『鬥爭』，我相信必然有他光明的前途，即使因此而被犧牲了生命，也會獲得應得的代價。」〔註3〕

　　然而，這都不過是《觀察》及其作者群的一廂情願而已，處於夾縫之中的《觀察》及其作者群遭到了國共兩黨的左右夾擊，兩面不討好。國民黨嫌他太左，共產黨說他太右。隨著國共之間的政治、軍事上均勢的失衡，《觀察》及其作者群存在的空間越來越小，他們堅持獨立的政治立場和堅持走中間路線的做法與當時的實際情況已經格格不入了。殘酷的現實擊破了他們的夢想，他們無法保持中立的立場去追求他們所鍾愛的自由。這些自由主義的最後堅守者還是難圓他們的幻想之夢。在人民解放戰爭勝利的炮聲中，自由主義在中國存在的空間不復存在了，《觀察》及其作者群及其自由主義在中國的失敗是不可避免了。而《觀察》及其作者群倡導的自由主義也如同大海裏的一抹渺無聲息的浪沫，被一度塵封在了歷史的塵埃中。

　　儘管《觀察》及其作者群企圖依照理性的力量改變政治和社會文化環境以實現人的自由和平等的理想並未如願，但我們不能以此來否認《觀察》及其作者群的自由主義思想價值，他們留給我們許多值得深思的問題：究竟是他們的自由主義理想本身的緣故，還是由於特定歷史時期的社會環境的制約？是知識分子本身的軟弱性，抑或由於中國文化和中國社會背景的約束？他們對理想的追求和他們的失敗對現實有什麼意義？這些問題本書將在後面具體論述中給以解答。

二、研究現狀

　　把《觀察》及其作者群作為一個政治派別進行研究是一個嘗試。本書首次提出了「《觀察》及其作者群」這一概念。之所以將《觀察》週刊的作者群作為一個政治文化派別來進行研究，是因為他們能夠堅持一個共同立場的同時，能夠在同一陣地上發出共同的聲音，對中國社會，尤其是思想文化界造成了一定的影響。對這種「有其實，無其名」的知識分子群，我們借用他們的興論陣地給予了命名，這個問題在後面還將進行詳細的論述。應該說，把

〔註3〕施復亮：《論自由主義者的道路》，《觀察》3卷22期，1948年1月24日。

一個雜誌的作者群作爲一個派別來研究是有先例的，從現在取得的成果上看，1997 年 9 月上海文藝出版社出版的《自由者尋夢——「現代評論派」綜論》一書，就是把《現代評論》的作者群作爲一個政治派別來進行研究的成功的例子。

對於中國自由主義的研究，一般都集中在早期的代表人物，嚴復、梁啓超、胡適等人的身上，對他們的研究也較爲深入，成果也比較多。而對 40 年代自由主義思想的研究相對薄弱，成果較少。絕大部分的研究成果還停留在宏觀的描述或批判上，尤其缺乏對具體人物或群體的研究。而以往對 40 年代自由主義思想的研究，則存在著簡單化模式化和結論化的傾向，認爲自由主義是小資產階級知識分子的意識形態，是與馬克思列寧主義根本對立的。他們只是看到了《觀察》及其作者群對中國共產黨的攻擊與揭露，而對其思想中有價值的成份，如自由、民主、法治等沒有進行具體的研究，從而簡單地得出自由主義知識分子主張的資產階級共和國的方案在中國是行不通的結論。制約對四十年代自由主義思想研究的另外一個原因，是因爲這一時期的自由主義思潮，來勢洶洶，千頭萬緒，錯綜複雜，不容易找到切入點，研究的難度較大。近年來，這種情況已經有了很大的改觀，但研究還處於起步階段，研究的整體形勢是「多宏觀、少微觀」，還沒有深入到具體的人物和派別中去，已取得的主要成果有：

（一）《中國現代化史（1800～1949）》（第一卷）中第二十一章《自由主義的理念》中涉及到 40 年代自由主義思潮。該文回顧了自由主義在中國的傳播史，勾畫出了自由主義在中國社會傳播的思想軌跡，指出了 40 年代中國自由主義思想的主流，一方面堅持了尊重個人的自由、強調個人的價值等自由主義的傳統，另一方面，他們又放棄了傳統的自由放任的政策，要求政府要更多地干涉經濟事務，又帶上了鮮明的新自由主義的色彩，屬新自由主義的範疇。

第二十二章《曇花一現的戰後自由主義運動》的主要觀點是：在抗戰勝利後的 1945～1947 年，在某種歷史機遇的刺激下，出現了自由主義的政治運動，一度對政治發生了微妙的影響。它的影響主要體現在：和平民主意識形態的宣傳和對政治過程的輿論監督。其中，儲安平創辦的《觀察》周刊功勞最大。一段時間竟然能左右自由主義運動的風向。自由主義運動之所以能發

生是得益於國共兩黨之間的力量均衡，一旦這種均衡被打破，自由主義生存的空間便不復存在，他們的失敗是不可避免的了。

（二）《近代中國的思想歷程》中《幻想的破滅》一節：分析了自由主義理論的軟弱無力，指出中國自由主義者在暴力面前想用其「人格」的力量、以口號與筆來代替刀和槍，以其在中國實現不流血的革命，這實際上是無視中國的社會現實，違背了中國革命的規律，在實踐上缺乏制止中國內戰的力量，他們的思想滿足不了中國絕大多數人的需要。

（三）胡偉希《理性與烏托邦——二十世紀的自由主義思潮》：論述了自由主義的四個基本內涵，即：個體主義、平等主義、普遍主義和漸進主義，他認爲中國的自由主義有一種普遍的「主義崇拜」，強調自由主義的工具理性，將自由主義視爲一種富強中國的工具，一種改造社會的理論和方法，具體地說是：全盤反傳統主義、消極自由和積極自由的劃分、個體的自由與民主、激進的自由主義。這種自由主義最終只能在知識分子中流行，而不能成爲勞苦大眾爭取解放的旗幟。

（四）許紀霖《半個世紀以來的中國自由主義》：中國的自由主義在政治上具有明顯的是：「師法英美」，而在經濟上則側重「師法蘇俄」，而在思想方面，現代中國自由主義者不是受洛克、亞當‧斯密和哈耶克的古典自由主義的影響，而是受邊沁、密爾、拉斯基、羅素和杜威爲代表的新自由主義的影響。

這兩篇文章對 40 年代的自由主義都有論述，但顯得不具體，只是簡單涉及到了 40 年代自由主思潮。

（五）美國學者 J‧格里德《胡適與中國的文藝復興》對此要有一些涉及，但重點還是分析了自由主義在中國失敗的原因，認爲：自由主義之所以失敗，是因爲中國那時正處於混亂之中，而自由主義所需要的是秩序。……它的失敗是因爲中國人的生活是武力來塑造的，而自由主義的要求是，人應靠理性來生活。簡言之，自由主義之所以在中國失敗，乃因爲中國人的生活是淹沒在暴力革命之中，而自由主義則不能爲暴力革命的重大問題提供什麼答案。

（六）《中國近代社會思潮》（四）中《自由主義思潮的興起》一章對40 年代自由主義論述的相對具體些：40 年代中國自由主義者的基本理念，即：個人主義或個體主義；理性主義；漸進；寬容；民主；自由。論述了自

由主義的文化主張：其一，對西方文化要兼收並蓄，其二，知識知識分子在文化中的創造作用，其三，在思想文化自由的外在社會條件，特別關注言論出版自由和教育、學術的自由。他們在政治上、經濟上的主張大體上相同，在實現政治自由之外，要求人民有「免於匱乏的自由」，有「免於失業的保障」。其中，還對 40 年代中國自由主義的政治、經濟、文化等方面的思想進行了評析，也是對 40 年代中國自由主義最全面的、最集中的研究成果。

相對於儲安平的研究成果稍多一點，但大多數側重於人物的生平與活動，涉及具體政治思想的內容不多，現在的主要成果有：

（一）東方出版中心出版了《儲安平文集》，但它是以文學作品為主的，是 20 世紀文學備忘叢書之一。書中收集了作者的散文、遊記、專著以及各個時期的政論文，比較全面的展示了作者的思想。

（二）謝泳編寫的《儲安平——一條河流般的憂鬱》，這是野百合花叢書之一。前言部分有儲安平的小傳，對瞭解他的一生有很大幫助。其中，還有一些內容是關於《客觀》與《觀察》的，這是目前對這兩本雜誌最為全面的介紹。

（三）謝泳編寫的《逝去的年代》，對《觀察》周刊有一定的研究成果。1946 年 9 月創辦的《觀察》周刊，由儲安平任主編，以「自由、民主、進步、理性」八字方針為宗旨的時政評論刊物，雲集了一批最著名的自由主義知識分子，他們以坦率、公正、智慧的筆調，吸引了全國大量的知識分子讀者，發行量從 400 份上昇到了 10.5 萬冊，輿論界風靡一時，但它側重的是雜誌的結構分析，同時，還對《觀察》的三次文化論戰給以了評析，但涉及具體政治思想內容不多。該書最有價值的是關於《觀察》作者的具體研究。這份資料被本文在後面被引用。

（四）汪榮祖《儲安平與現代中國自由主義》一文選自「公共論叢」《直接民主與間接民主》一書，它強調的是儲安平個人的一生，講述了一個「自由主義者的成長過程」，作者認為，儲安平是獨立辦報人，不屬於任何政治組織，但以自己為中心形成了一個小圈子，並把一批傑出的自由主義知識分子，包括著名的學者、無黨派社會活動家以及民盟的成員都團結到了自己的周圍，他的圈子在戰後發揮了自由主義的重大影響，但他沒有對 40 年代的自由主義作具體的分析。

三、研究的方法與目標

　　爲了弄清《觀察》及其作者群的來龍去脈，就必須把它重新置於產生它的歷史環境中去考察，瞭解它產生和形成的條件與方式，瞭解它形成的特點，瞭解它爲什麼能夠引起人們的注意。這樣就避免了爲研究而研究的誤解，從而對它的政治思想和社會──文化語境，以及兩者之間關係的變化、發展作出正確的解釋和評價。這既是對歷史的尊重，也是對現實的一種啓示。本文所使用的方法是馬克斯‧韋伯所說的「完全價值無涉法」，也稱爲「完全價值中立說」，是一種社會科學研究方法的準則，它要求研究人員在進行研究時，不能帶有任何價值取向，學術研究只能解決「是什麼」的問題，而不是解決「應當是什麼」的問題。〔註4〕在本文的寫作中，將嚴格地堅持這一方法，盡量客觀、公正，不帶任何成見地進行研究。

　　應該說，自由主義作爲近代以來最有影響的政治思想，在中國幾起幾落，幾代中國人，尤其是對中國知識分子產生了極大的影響。中國自由主義思想的傳播從嚴復、梁啓超，中經胡適，到20世紀40年代達到高潮，這是中國歷史上最大的一次，也是中國社會最後一次。而講到40年代的自由主義思潮就不能不講到《觀察》周刊和它的作者群，那是一些讓人無法忘卻的名字：儲安平、張東蓀、蕭公權、費孝通、施存統、楊人便、鄒文海、潘光旦……。他們對自由、民主、法治、革命、平等、理性的認識至今仍然閃爍著不滅的思想火花，具有寶貴的思想價值。對於我們今天的民主法治建設和貫徹依法治國方略都有著重要的借鑒作用。

　　他山之石，可以攻玉。社會主義民主政治建設必須借鑒人類社會的一切文明成果，《觀察》和它的作者群的自由主義政治思想是我們今天進行社會主義民主政治建設的一筆寶貴的精神財富，是我們需要認眞學習和研究的，1999年出版的《中國政治體制改革問題報告》附錄了六篇文章：蕭公權《說民主》；吳恩裕《家庭關係‧政治關係‧民主政治》；吳世昌《從中國的歷史看民主政治》；韓德培《我們所需要的「法治」》；李浩培《法治實行的問題》；郭叔壬《憲政與中國文化》均選自《觀察》周刊。可見，現在對《觀察》已經開始重視了。但對它的研究還是相對薄弱。所以，這是一個很好的突破口。以此作爲切入點，可以以點帶面，從而帶動對中國現代自由主義知識分子群體的研究。

〔註4〕 馬克斯‧韋伯：《儒教與道教》，商務印書館1995年版，第5頁。

　　本書希望通過對《觀察》周刊作者群政治思想的全面、系統分析，全面地展示《觀察》及其作者群的自由主義政治思想，見微知著，收一葉知秋之效，從中更好地認識 40 年代自由主義思潮的本質。

　　為了能夠更好地把握《觀察》及其作者群的自由主義政治思想，本書選擇了在《觀察》周刊上發表的有關政治思想方面的文章，還有「觀察文摘」轉載的文章。《觀察》及其作者群的成員人數多，且幾乎每個人都是學界精英，思想高深，成果斐然，文章也多。但為了研究方便起見，本文的取材均不超出《觀察》的範圍，而且是政治思想方面的，不包括文藝作品一類的東西，但儲安平除外，因為他是雜誌的主編，是雜誌的總設計人，要瞭解這本雜誌，就必須全面把握這位於領軍人物的思想。

　　本書寫作的目的就是要把中國現代自由主義知識分子的自由主義政治思想進行一次系統的分析、整理，並予以分類，搞清來龍去脈，分清甲乙丙丁，為進一步研究，做一個初步的鋪墊，以彌補對中國 40 年代中國自由主義思潮研究的不足。

　　在此基礎上，對《觀察》及其作者群的自由主義思想進行具體地、系統地分析，突出他們在政治思想領域中的獨特的視角和獨道見解，並把他們的思想精華挖掘出來，為我所有，為我所用。應該看到，《觀察》及其作者群在自由、民主、法治等方面的見的是高深的、凝練的，譬如他們提出的法治的形式和內容的劃分就是很有啓發性的，他們對未來社會模式的描繪以及對不同思想的寬容態度也是可取的。

　　簡單的否定意味著對有益思想的排斥，是思想上自我封閉的表現，因此，本書力圖客觀地、實事求是地分析自由主義在中國失敗的原因，進而深入剖析一下中國自由主義知識分子的思想與中國社會的關係。作為一種運動，自由主義的失敗是不可否認的，但他們的思想不可能隨運動的失敗而逝去。《觀察》及其作者群的政治思想，作為一筆思想遺產，不應該簡單地否定了事，而是應該深入分析的、借鑒的，以便來回答：自由主義為什麼在中國社會中屢遭失敗，中國社會究竟需不需要自由主義等一系列問題。

第二章　抗戰勝利後的自由主義思潮與《觀察》周刊的誕生

一、抗戰勝利後自由主義思潮的持續高漲

　　自由主義是西方資產階級革命理論的結晶，其「近代形式是從洛克開始的」〔註1〕，作爲一種政治思潮，自由主義有著不同於以往的特徵，其特點表現爲：集中代表資產階級的利益，反對政治的、社會的和宗教的束縛，深信人的自我管理與控制能力，提倡現代、文明、公正的社會生活，相信科學和財富會帶來人類的共同進步；重視議會或代議制政府的作用，通過合理和合法程序建立政府和行政機構；害怕無節制的暴民統治和政治上的過激行爲，反對戰爭，希望一切變革在合法程序上進行；提倡放任主義，鼓吹國際貿易；要求政府活動完全公開，堅決要求言論自由和集會自由的權利，強烈的公民意識，提倡寬容和普及教育等。在整個 19 世紀，歐洲相當多有重要影響的思想家的理論都具有自由主義的特徵，如法國的貢當斯、托克維爾，德國的洪堡，英國的約翰·密爾等。

　　19 世紀中後期，帝國主義列強用堅船利炮撞開了古老中國的大門，強迫清政府簽訂了一個又一個不平等條約。一次次掠奪，一次次賠款，使清廷凋敝，國力大衰。變革圖強成爲當時先進中國人的共識。資產階級維新改良運動是一次悲壯的努力，改良派在政治與文化領域同時出擊，對西方近代思潮包括自由主義進行了較多的介紹。留學英國的嚴復，獨具慧眼地看到了歐美

<hr>

〔註1〕 羅素：《西方哲學史·緒論》（上），商務印書館 1963 年版。

國家的民主富強同自由意識的內在聯繫，看到了提倡自由觀念的巨大歷史意義。他譯介了西方近代，尤其是 19 世紀自由主義大家的著作，把英美等國關於理性政府、法治、經濟、教育方面的自由主義學說介紹到中國，這也是他心目中的西方價值理論體系中最優秀的東西，尤其可貴的是，他認爲個人主義是自由主義的核心，是促進科學發達、工業文明的「心力」。康有爲的《大同書》更是集中地表達了追求個人自由的烏托邦理想。譚嗣同抨擊舊傳統的猛烈武器中也包括西方自由學說。梁啓超把自由視爲「天下之公理」、「人生之要具，無往而不勝也。」維新思想家對自由主義思想的介紹和宣傳，雖然仍不可避免地打上了「中庸」的痕跡，但在形式上爲中國自由主義的政治運動的開展提供了可能性。

在他們的啓蒙和引導下，中國近代自由主義思潮便開始逐漸形成並日益彰顯，在近半個世紀裏經歷了一條興起、發展、高漲、消隱的歷史軌跡。它經過了從戊戌時期的輸入到「五四」新文化運動時期的發展再到抗日時期的勃興最後幾呈高漲之勢的發展過程。期間湧現了許許多多的思想流派和代表人物，如「聯省自治派」、「好政府主義派」、「現代評論派」、「人權派」、「中間路線派」等，以胡適、丁文江、蔣廷黻、張東蓀、張君勱、羅隆基、施復亮（施存統）、楊人鞭、周綬章、傅斯年、陳寅恪、王造時、儲安平等爲代表的知識分子紛紛發表言論、著書立說，創辦刊物，爲中國自由主義思想在中國的傳播做出了自己的貢獻。

國際上，30 年代美國的羅斯福新政，樹立起了現代自由主義的旗幟，在全世界範圍內產生了巨大的影響。此外，由於羅斯福新政的影響和各國進步勢力的努力，第二次世界大戰後西方主要國家如英國、法國等都採用了不同於以往資本主義的帶有「溫和社會主義色彩」的新政策。在理論上，1941 年1 月，羅斯福在國情咨文中提出了「四大自由」的主張，認爲人類應有四項基本自由，即言論和發表意見的自由；個人以不同形式崇奉上帝的自由；不虞匱乏的自由；不虞恐懼的自由。「四大自由」的思想也體現在羅斯福 1944 年提出的國情咨文中，該咨文被羅斯福自稱爲「美國第二個《權利法案》。」美國著名自由主義者、曾經親身參與了羅斯福新政的華萊士在其主辦的《新共和》雜誌發刊詞中表示要繼承「美國最偉大的傳統──羅斯福傳統」，號召美國的進步主義者團結起來爲羅斯福路線的繼續貫徹而奮鬥。這份題爲《和平、自由與充分就業》的發刊詞被中國思想界稱爲「美國自由主義者的歷史性宣

言。」〔註2〕華萊士此後所有重要的發言與活動都受到了中國自由主義者的密切關注。羅斯福的「四大自由」和華萊士的《和平、自由與充分就業》則爲中國各種進步勢力所反覆徵引、廣泛宣傳。

此外，國際自由主義活動也日趨活躍。1947年4月，英、法、比、挪、匈、意、土、芬、德、瑞士、瑞典、南非、西班牙、加拿大等國愛好自由的人士在英國牛津大學舉行了一次國際自由主義大會，發表了一個「自由主義宣言」，成立了「自由國際」。國際局勢的發展，新自由主義理論與各國自由職業者在實踐上所做的努力，都助長自由主義分子的信心，使他們「深信在資本主義與共產主義兩大路線之外，確有完善合理的道路存在」，他們覺得「自由主義思想的國際性既已形成，其精神之發揚光大自是意料中事。」〔註3〕除了英美自由主義從古典向現代的轉化，蘇聯社會主義制度及其經濟成就也構成了另一種磁場。相當多的自由主義者相信社會主義制度可以實現放任經濟向計劃經濟的轉變。

在國內，從太平洋戰爭爆發後，特別是1943年以後，國際反法西斯戰爭勝利的曙光初露，國內民主政治的渴求——憲政運動迅速復蘇；二次大戰結束後世界民主潮流的高漲，更使這種渴求膨脹爲亢奮的思潮「中國在戰後應該建立怎樣一種社會文化秩序便立刻再成爲思想界爭論的主題。」〔註4〕在這種氛圍當中，中國的自由主義者也再度提出了他們的自由主義政治文化主張。抗日戰爭時期轟轟烈烈的民主憲政運動的開展，使中國自由主義思想重新復蘇。要求自由的呼聲，日漸高漲。這種呼聲在抗戰勝利前夕即已變得十分強烈，輿論界一致要求思想言論自由、新聞自由，一些自由主義者更已喊出：「我們需要什麼？第一，是自由！第二，是自由！第三，仍是自由！」〔註5〕

40年代興起的自由主義的理念包含著雙重目標：政治民主與經濟民主。中國的自由主義者中流行如下的見解：西方資本主義國家，人民享有政治自由和民主，卻沒有經濟民主，社會財富的分配不均導致嚴重的貧富兩極分化；蘇聯有經濟民主，消滅了剝削，但統制經濟下的人民沒有政治自由和民主權

〔註2〕《和平、自由與充分就業》，《文匯報》，1947年1月5日。
〔註3〕周緩章：《爲眞正的自由主義者打氣》，《世紀評論》4卷10期
〔註4〕余英時：《錢穆與中國文化》，浙江人民出版社1987年版，第206頁。
〔註5〕達生：《大後方民主運動消息》，《中國現代史資料選》第五冊（下），中國人民大學出版社，第603頁。

利，這是兩種偏頗。但是，二者並不是不相容的水火。中國的自由主義者認定他們可以魚與熊掌兼而得之。換言之，40 年代自由主義的理想在於實現如下的政策或社會體制：它既包含多數人權利的自由民主或立憲民主；又包含旨在縮小社會經濟差別，特別是由於私人財產分配不均而產生經濟差別的社會民主或經濟民主，用一句形象的話來描述就是，在這種社會裏：「大家有飯吃，各人選路走」。

從權力政治的現狀而言，八年抗戰結束了國民黨的一統天下，代之以國共兩黨的武裝對峙，在此兩極之間，活躍著一大批自由知識分子，與此同時，由於國民黨迫於西方世界，特別是美國政府的壓力而部分地開放黨禁，國內政治出現了一種非常適合自由主義知識分子存在的寬鬆環境，國共之外的各派政治勢力十分活躍，他們也成了國共兩派爭奪的對象，政治多元化的前景一時發出前所未有的誘惑之光。所有這些都使自由主義者對自己的政治前途充滿了信心，他們認為：「現在只有一條可走的路，讓中間派來領導革命，實行新政。……倘使他們能夠推行緩進的社會主義，領導革命，組織一個多黨的聯合政府，只需三十年的時間，這夥人必能安定中國，完成革命的最後一步。」〔註6〕

由此可見，作為一個思想流派，自由主義興起於五四時期，而以胡適等為其代表。中國自由主義經過 20、30 年代不絕如縷的發展，在 40 年代初期漸漸興盛，抗日戰爭勝利後則蓬勃發展，幾成洶湧之勢。自由主義在 40 年代尤其是抗日戰爭勝利後達到全盛，是有著獨特的國際國內背景和深刻的社會歷史根源。《觀察》周刊的誕生，與 40 年代自由主義思潮的興起及當時特殊的歷史條件是分不開的。

40 年代自由主義思潮的興起，無疑為《觀察》周刊的創辦準備了思想條件，而抗戰勝利後一度出現的相對寬鬆的政治局面則是《觀察》誕生的現實基礎。抗戰勝利，外患已不再成為主要矛盾；國民黨政府關於言論出版自由的各種限制，亦陸續取消，報刊雜誌像雨後春筍般的出現。這些都為國內自由主義思潮的興盛創造了條件。而 1946 年 1 月政治協商會議上通過的各項協議，不僅被中國的自由主義者，「甚至被馬歇爾將軍視為可賦予中國和平復興基礎之自由主義而高瞻遠矚之憲章，中國的自由主義者因而對「政協決議特別懷著一股幽情」。在政治協商會議之後，堅持政協之路，爭取政治、

〔註6〕 周鍾岐：《論革命》，《觀察》1 卷 22 期，1947 年 1 月 25 日。

經濟、思想、文化等各方面的自由，成了中國自由主義者的時代使命。而隨著內戰的爆發，以及國民黨特務在各地從事恐怖活動，免於恐懼的自由已不可得；國民政府對進步新聞機構肆意摧殘，在學校繼續推行黨化教育，言論和發表意見的自由、信仰自由又不可得；國統區混亂的經濟狀況，使從事文化教育的知識分子，甚至大學教授也都像抗戰時期一樣，在經濟上陷於窘境，繼續不能有「免於匱乏的自由」。政協決議被撕毀，各項已取得於紙上的自由無法實現。「大凡人類愈得不到什麼，很自然的便愈想念它，憧憬它」。自由愈得不到，要求自由的呼聲便愈益強烈，從而在 40 年代後期自由主義發展成一股強勁的社會思潮。在知識分子中有著廣泛影響的各地《大公報》（《大公報》在滬、津、渝、臺、港 5 地有分版，雖然）新聞的記載，論列的目標，各因地區之不同，多少有些地方性的表現，但是社論方針都是一貫的）公開聲明：「《大公報》有自由主義的傳統作風，《大公報》同仁信奉自由主義，」〔註7〕在其《社論》和《星期論文》專欄中，有關自由，尤其有關教育自由、新聞自由的呼籲和討論成為其中最突出的內容。

對於中國的自由主義知識分子而言，他們中的大多數人都持有這樣的認識：「我們必須干政，雖然我們沒有興趣執政。」〔註8〕他們參與政治並不一定是要參加某一政黨或自己建立一個政黨。而以言論影響現實的政治生活則是自由主義知識分子的普遍認同，正如著名學者傅斯年告訴胡適的那樣：「如果我們參加（國民黨）政府就被動了，我認為：入黨（即國民黨）不如組黨，組黨不如辦報。」〔註9〕著名的政治學教授蕭公權在抗戰期間反覆拒絕加入國民黨的邀請，而堅持——就如自由主義知識分子所追求的那樣——自由的表達政治觀點，以此作為他們參政的方式。可見選擇在輿論界對政治發生影響就成了許多自由主義知識分子的共同願望。所以，這一時期，全國各地自由主義的報刊雜誌紛紛出現，《觀察》就是在這樣的歷史機遇中應運而生的。當時，影響較大的有上海的《時與文》，南京的《世紀評論》以及北京的《新自由》等，其中，儲安平主編的《觀察》在它印行的兩年多的時間裏，發行量從 400 份上昇到最盛時的 100500 份，成為了這一時期宣傳自由主義的佼

〔註7〕《政黨、和平、填土工作》，上海《大公報》，1948 年 2 月 7 日。

〔註8〕 轉引《儲安平與現代中國自由主義》，《公眾論叢·直接民主與間接民主》，三聯書店 1998 年版，第 356 頁。

〔註9〕 轉引《儲安平與現代中國自由主義》，《公眾論叢·直接民主與間接民主》，三聯書店 1998 年版，第 353 頁。

佼者。

二、從《客觀》到《觀察》的轉變

　　《觀察》周刊的前身是重慶的《客觀》周刊。40 年代晚期，中國有 3 家名為《客觀》的雜誌，分別是上海《客觀》半月刊，代表人賈開基。廣州《客觀》半月刊，發行人兼主編凌維素。重慶《客觀》周刊，張稚琴為發行人，主編儲安平，編輯吳世昌、陳維稷、張德昌、錢清廉、聶紺弩。《客觀》周刊的編輯除紺弩外，後來都成了《觀察》周刊的撰稿人。關於重慶《客觀》周刊的由來，儲安平曾說：「在 1943 年冬天，我們有幾個朋友曾在重慶編過一個周刊──《客觀》。在精神上，我們未償不可說，《客觀》就是《觀察》的前身。那是一個大型（8 開）的周刊，16 面，除廣告占去一部分篇幅外，每期需發 6 萬餘字的文章。現在回想起來，這不免是一次過分的冒失。因為創刊號於 1943 年 11 月 11 日出版，而我們決定主編，猶為 10 月 8 日之事，實際上其間只有三四個星期的籌備時間。」

　　以儲安平的理想，他希望《客觀》能成為一個進步的自由主義刊物：「我們認為這就是目前中國最需要的一個刊物。編輯部同人每周聚餐一次，討論每期的稿件支配，並傳觀自己的及外來的文章，我並不承認我們彼此的看法、風度和趣味完全一致，我們也不要求彼此什麼都一致，我們所僅僅一致的只是我們的立場，以及思想和做事的態度。我們完全能夠對於一個問題作無保留的陳述，而服從多數人所同意的意見，其權仍在作者；其間絕不至引起'個人的情緒'問題。我並願在此鄭重聲明：在《客觀》上所刊的文字，除了用本社同人的名義發表者外，沒有一篇可以被視為代表《客觀》或代表我們一群朋友'全體'的意見，每一篇文字都是獨立的，每一篇文字的文責，都是由各作者自負的。」〔註10〕儲安平還再三聲明，《客觀》絕不是少數人的刊物，它是絕對公開的，只要合乎他們的立場，無論看法和編者相左與否，都願刊載，同時也說明：凡在《客觀》發表的文字也不一定為編者所同意。《客觀》周刊一共出了 17 期。停刊的主要原因據儲安平講是：「當時的《客觀》只由我們主編，並非我們主辦。我們看到其事之難有前途，所以戛然放手了。」馮英子回憶說：「《中國晨報》停刊的時候，儲安平也決心離開重慶，回上海去打天下了。他擺脫了張稚琴合作的《客觀》，回上海辦一份《觀察》，後來曾養

　　〔註10〕《客觀》1 卷 1 期。

甫的弟弟曾憲立告訴我，他當時也在經濟上給予儲安平以支持。」〔註 11〕儲
安平是 1946 年春天離開重慶的，他實際上只主編了 12 期《客觀》周刊，從
第 13 期起，改由吳世昌編，所以《客觀》周刊的「《客觀》一周」專欄，從
第 13 期起即爲吳世昌所撰。

　　儲安平的這種風度絲毫未變地帶到了《觀察》中。《觀察》後來所產生的
影響和擁有廣大的讀者，與儲安平堅定不移的自由主義立場有極大關係，他
是在充分尊重每個人權利的前提下，尋求基本立場的一致，至於思想的自由，
他是充分予以尊重的。儲安平回到上海後，很快就投入到《觀察》的籌備中。
不久，他要創辦《觀察》的消息就已傳開。據當時出版的《上海文化》記載：
「伍啓元編《觀察》周刊定於 9 月 1 日出版。」雖然誤將儲安平說成伍啓元，
但可以看出《觀察》已引起上海文化界的注意。不久同一刊物又有消息說：
儲安平爲主持《觀察》周刊，辭去一切職務，並對於撰稿人及到滬者一律負
招待之責。儲安平對辦好《觀察》充滿信心，《觀察》的欄目設立，基本上延
續了《客觀》的風格，只是沒有了像「《客觀》一周」這樣的簡短的時評專欄。
給《客觀》撰稿的人後來多數成了《觀察》的撰稿人，《客觀》在當時西南地
區很有影響，《觀察》後來的許多讀者也是由《客觀》而來的。所以，《客觀》
與《觀察》有著割不斷的千絲萬縷的聯繫。

　　作爲一個刊物，《觀察》時期，可以說是自由主義知識分子抓住了在中
國最後的一次發展時機。《觀察》1946 年 9 月 1 日在上海創刊，16 開本，每
期 6 萬字。《觀察》的誕生在某種意義上反映了自由主義知識分子希望通過
刊物來參與國家政治生活的強烈願。《觀察》後來的實踐也證明了這種參與
的價值和作用。由於《觀察》是自由主義知識分子以超然態度創辦的，所以
它能夠在具體政治具體態勢的評價中，保持客觀、公正的立場，以知識分子
的良知和責任感，對國家政治、經濟、文化多方面地進行暢所欲言的自由評
說，體現了知識分子在事業之外對社會的關心。對於《觀察》的誕生，儲安
平說：「但在《觀察》的時候，我們獲得各方面的鼓勵。特別是許多前輩，
他們都是自由思想而保持超然地位的學人，他們鼓勵我們繼續在這一方面努
力。許多朋友和讀者也一致惋惜《客觀》的夭折，希望我們繼續努力。在這
種鼓勵下，我們漸漸計劃自己來辦一個刊物——不僅刊物的立場、態度、水
準等，能符合我們的理想，並且這個刊物機構在辦事上也能多少貫徹我們的

〔註11〕　《風雨故人來》，山東畫報出版社 1998 年版，第 14 頁。

精神。」〔註12〕從儲安平的敘述中人們能夠大致想像到《觀察》的基本風格。

三、儲安平與《觀察》的辦刊風格

　　1946 年 1 月 6 日，《觀察》的第一次發起人會議在重慶召開。會上決定了刊物的名稱，緣起及徵稿簡約。對於這個刊物能否維持，當時儲安平他們籠統地建立在兩個基本假定之上。一、國內擁有極廣大的一群自由思想學人，他們可以說話，需要說話，應當說話，而當時國內卻還沒有這樣一個帶有全國性的中心刊物，假如自己能夠確是不偏不倚，秉公論政，取稿嚴格，做事認真，則能獲得各方面的支持。二、中國的知識階級，絕大多數都是自由思想分子，超然於黨爭之外的，只要刊物確是無黨無派，說話公平，水準又高，內容充實，刊物可以獲得眾多的讀者。儲安平在籌備《觀察》之前所作的這個基本分析是符合當時實際的，特別是他認為中國的知識階級大部分都是自由思想分子這一判斷，可以說為《觀察》日後成為自由主義知識分子的論壇作了力量上的估計。另外，儲安平一直認為中國極需要有這樣一個刊物，這個刊物可以使一般有話要說而又無適當地方說話的自由思想學人，得到一個說話的地方，有了這樣一個刊物，就可鼓勵一般自由知識分子出面說話，而他們所以要提供這樣一個說話的場所，正是因為他們深信，真正的自由思想分子的意見，對於中國的言論界有一種穩定的力量，而這種穩定的力量正是當時中國所迫切需要的。《觀察》是純粹的同人刊物，資金集股彙成。有些作者和工作人員也是股東。股東每年分紅，還贈送股份給一些對刊物有較大貢獻的作者和職工。在中國現代史上，《觀察》差不多可以說是最後的同人刊物，在《觀察》之後，似乎再沒有這樣允許自由主義知識分子自由創辦刊物，自由議論國家生活的事了，同人刊物在中國的消失是一件至今還在牽動知識分子的大事。由於《觀察》是同人刊物，是一群懷有強烈理想主義精神的人在支撐，所以，它一創刊即產生了廣泛的影響。《觀察》的最高發行量達到了 10.5 萬份。每份刊物平均總有幾個讀者，據估計它的實際讀者約在百萬人以上。費孝通曾說：「《觀察》及時提供了論壇，一時風行全國。現在五六十歲的知識分子很少不曾是《觀察》的讀者。」〔註13〕馮英子說：《觀

〔註12〕儲安平：《辛勤‧忍耐‧向前》，《觀察》1 卷 24 期，1947 年 2 月 8 日。

〔註13〕《新觀察》35 週年紀念冊，轉引自謝泳：《一條河流般的憂鬱》，中國青年出版社 1999 年版，第 15 頁。

察》已經在上海出版了，而且很快受到了讀者的歡迎，特別是在知識分子中有較大的影響。應當說，從《觀察》的出版到後來的被迫停刊，這個刊物一直是辦得比較成功的。作爲受過西文文明洗禮的儲安平，深深懂得一份刊物在國家政治生活中起的重要作用。在 1946 年的環境中，儲安平能夠把《觀察》設計爲一個周刊，這在今天的讀者看來都是難以想像的。不僅是周刊，而且儲安平要讓這份刊物成爲全國一個有影響的論壇。當時廣州、武漢、昆明、重慶、西安、北平、臺灣等地均有航空版。發行深入到廣大的內地城市、鄉鎮直至邊疆省份。《觀察》每周六出版，一到出版的時候，上海的報攤前就有讀者排長隊購買。它的讀者，主要是大中學校的教師、學生、公務人員、文藝工作者、工商業者、自由職業者、軍隊裏的將領士兵及蔣家政權裏的高級官員，當時立法院長孫科便是長期訂戶。

　　《觀察》的成功與儲安平的努力是分不開的。儲安平在辦《觀察》的時候有這樣幾個特點很值得今天辦刊物的人深思。第一，儲安平把《觀察》的宗旨定得非常明確，把讀者對象也想得非常具體。《觀察》是代表自由思想分子的刊物，它的讀者就是知識分子，儲安平還明確說過，中學生不在《觀察》的讀者考慮之內。第二，儲安平有強烈的在中國傳播自由思想的理想主義傾向和恪盡職守的敬業精神。他能多次設法求得像胡適、傅斯年、任鴻雋、陳衡哲這樣一些五四時期新文化運動健將的支持，而且能夠團結和他年齡相仿的第二代自由主義知識分子。在《觀察》的 78 位撰稿人中，有相當一批是和儲安平年齡相仿的同時代人，這是需要一點胸懷的。第三，儲安平作爲刊物主編，目標遠大，視野開闊，在《觀察》的撰稿人中，除了從事社會科學研究的專家外，還有一批像任鴻雋、戴文賽、陳維稷這樣一些從事自然科學和工程技術的專家。第四，儲安平同時也能注意求得當時政府內一些文職官員的幫助，讓他們來撰寫介紹國家有關方面情況的文章。在讀《觀察》的時候，讀者除了爲《觀察》所倡導的客觀、理性、公平、自由等基本精神所傾倒外，對於儲安平對刊物的認真態度也肅然起敬。在《觀察》前 5 卷中，每到出滿 24 期，儲安平都要親自執筆詳細撰寫一篇一年來《觀察》的總結報告，這種總結報告從刊物宗旨、水平、作者、讀者直到經營發行情況，都非常詳細，讀後令人感動。《觀察》1948 年 12 月 25 日停刊，所以《觀察》第 5 卷只出了 18 期。這一年《觀察》遭到了國民黨的查封。

　　這裡需要強調的是，胡適雖然列名在《觀察》周刊上，但並沒有給《觀察》寫過文章，但胡適與《觀察》和《觀察》作者群卻有著他種特殊的關係。

《觀察》創刊伊始，就對胡適十分關注。創刊號上有「本刊特約記者南京通信」，題爲《組黨傳說中胡適的態度》，說「有些人希望他組織政黨，有些人主張他先辦刊物」。該文還特別強調國民黨 CC 派的攻勢，與胡適的態度:「胡適甫抵國內，CC 系即先來一個宣傳攻勢，宣稱胡適回國組黨。這一拳，使胡氏猝不及防。胡氏雖然從事外交數年，但畢竟還是書生本色，立刻公開否認。」在第三期的補白處，有《胡適談話一段》，說 1946 年 7 月 20 日上海文化界在國際飯店招待胡適，胡適作歸國後首次公開演講，內容有:「現狀之紊亂與不上軌道，由於組織不健全及人事未盡力者頗多。全國上下，尤其文化界教育界人士，應多下工夫研究，探求問題癥結，努力改善，則國家民族前途自極光明。」1947 年 5 月 3 日出版的《觀察》第二卷第十期，刊出了「本刊特約記者」的通信《五四前夕胡適專訪記──黑暗與光明的消長》。《觀察》的這些通訊細緻地傳達了那一時期中國自由主義知識分子的心聲，他們在極大的苦悶中既沒有對國民黨存有幻想，也沒有對共產黨抱有過高的希望，就他們當時的理想而言，多數人希望通過走民主和憲政的道路，來改變中國的局面，具體而言，盼望胡適能夠組織新黨，或者創辦刊物，以自由的言論影響國家。然而在當時的歷史條件下，這一理想的追求似乎有些天眞，雖然最終沒能成爲現實，但這種理想卻永遠地留在了中國自由主義知識分子的心中，成了他們對未來的一種憧憬。《觀察》對胡適行蹤的特別留意，反映了《觀察》同人對這位自由主義領袖的極大熱情。

儲安平對胡適的態度是十分誠懇的，這可以說是自由主義知識分子之間的一種思想默契，我們現在沒有見到胡適寫給儲安平的回信，在有關的胡適傳記資料和他的書信日記中都沒有發現胡適和儲安平的聯繫。由此可以說胡適一生沒有和《觀察》發生過多的直接聯繫，但在精神上，儲安平一直將胡適尊爲自己的師長和前輩。《觀察》及其作者群也把胡適作爲其精神領袖來看待的。可以這麼說，胡適是中國現代文化史上自由主義的代言人。胡適在五四新文化運動中，倡導文學革命，倡導思想啓蒙，主張個性解放和思想自由，早已爲廣大青年所熟知。1918 年 6 月，胡適在《新青年「易卜生號」上發表》「易卜生主義」，竭力宣揚充分發揚個性與個人才能，指出「社會最大的罪惡莫過於摧折個人的個性，不使他自由發展」，而要發展個人的天性，「第一須使個人有自由意志;第二，須使個人擔干係，負責任」。個性解放，就是人的解放。要解放人，就須爭得社會自由，因此他強調應當「極力提倡思想自由

和言論自由，養成一種自由的空氣」。〔註14〕1920 年 8 月，他與北大教授蔣夢麟、李大釗、高一涵等聯合發表《爭自由的宣言》，抨擊北洋政府自袁世凱以來實行假共和眞專制；要求廢除一切破壞人民言論、出版、集會、結社、遷徒及人身自由等自由權的法律命令，切實保障人民基本的最低限度的自由權。胡適在《新思潮的意義》中竭力鼓吹「重新評定一切價值」的口號，對於反對舊道德、提倡新道德，改變人的價值觀念具有重大影響。

　　胡適在同《觀察》的聯繫中，始終貫穿著一條精神紐帶，這就是他們共同信奉的自由主義精神。首先，他們都注重啓蒙。胡適「認定思想文藝的重要」，表明「想從思想文藝方面替中國政治建築一個非政治的基礎」，主張從文化、思想等角度改變人們的觀念。《觀察》及其作者群也注重思想學術方面的宣傳，胡適和他們的共同目的是企圖先從思想、學術、文藝上進行啓蒙，以改變人的思維模式，從而改變整個社會的文化環境。其次，胡適主張「容納個人的自由，愛護個性的發展」，《觀察》也一直呼籲言論的自由，要求民眾平等地參與政治，《觀察》在辦刊方針上也表現了充分的自由主義的兼容態度和民主平等的精神。第三，胡適對政治改革有三個基本要求，即「一個憲政的政府」，「一個公開的政府」，「一種有計劃的政治」。〔註15〕《觀察》的觀點也具有強烈的西方的民主和法治的思想，與胡適具有共同的思想態度、政治立場，都具有英美式價值觀念。胡適作爲新文化運動的領袖和留美學生的領袖，作爲北京大學的教務長和代理文科學長，其影響顯然不可忽視。

　　胡適的影響是全面的。他的啓蒙主義思想在「五四」時期和此後的幾十年裏，在相當一部分知識分子心目中具有權威性的作用。他的思想代表了留學歐美的知識分子的共同心聲，因此，他是歐美派知識分子的代言人，也是現代中國自由主義的總代表。歐美派知識分子在政治上抱有自由主義的態度，希望借助啓蒙的手段在民眾中廣泛培養自由、平等、民主的意識，以建立歐美式的法治社會；在文化上主張把中國的固有文明同近代西方新文明結合起來，擺脫傳統的思維模式以適應世界的變遷，從而建立新的中國文化。

　　從儲安平致胡適的信可以看出他對胡適的感情。儲安平在創辦《觀察》的時候，致函胡適，爲的是求得他支持，並求他答應擔任《觀察》特約撰稿人。雖然我們現在沒有見到胡適給儲安平的回信，但胡適的名字作爲撰稿人

〔註14〕胡適：《胡適文存》1 集 4 卷，上海亞東圖書館 1921 年版，第 126 頁。
〔註15〕胡適：《胡適文存》2 集 3 卷，上海亞東圖書館 1921 年版，第 27～28 頁。

列在了《觀察》的封面下。在給胡適的信裏，儲安平清楚地說明了他創辦《觀察》的目的就是「爲了給中國社會培養點自由主義的種子。」1947 年胡適南來上海，儲安平特致函給胡適，彙報一年來《觀察》的經營情況並向胡適約稿：「適之先生：先生南來，我沒有往謁。因爲我覺得先生在極短的行程中，必定十分忙碌。假如我沒有要事，便不應當去浪費先生的時間。我們最近開了股東會議，去年一年，盈餘 2.33 餘億。辦刊物本來照例是賠本的，本賠完，就關門大吉。我們實在沒有想到會賺錢，而且賺了這許多。1000 萬的本錢，在一年中賺了 20 倍。我們有幾件印刷品，原是給股東，不對外公開的。但是我想先生對刊物素來有很大的興趣，所以我檢出一部分寄給先生，作爲先生公餘消閒材料。這兩天，南北教育界都爲了先生的『十年教育』，引起許多意見，拆穿了說，還是爲了先生那一句話：『第一個五年先扶助北大、清華、中大、武大、浙大』。許多讀者來信，希望能談到先生的十年教育計劃的原文。不知先生能否公開？或者先生能就此寫一篇文章否？」後來《觀察》文摘專欄中轉載了胡適的《爭取學術獨立的十年規劃》。儲安平在《新月》時期是否和胡適見過面，現在一時沒有得到可信的資料。但在 1947 年，儲安平曾在北京拜訪過胡適，此事見於儲安平寫給胡適的另一封信：「適之先生：在平數謁。恭聆教益。深爲感幸。先生對《觀察》的鼓勵和指示，尤使我們增加不少勇氣。我們願以全力持久經營此刊。先生允爲《觀察》3 卷寫文一篇，大大增加《觀察》的光輝。擬乞至遲於 8 月 18 日擲下，俾得如期付梓。面求法書，如承便中一揮，尤感」。〔註16〕從以上 3 封信，不難看出儲安平與胡適的關係，這是一位後學對前輩的近乎崇拜的感情。儲安平一生對英國的制度有近似於迷戀的感情，行文做事都以英國的標準來要求自己。在精神上，他對胡適的主張和人格也很崇敬。在整個《觀察》時期，儲安平對胡適的一言一行都給予高度重視。1947 年五四前夕，《觀察》曾專訪過胡適，對胡適的言論《觀察》也多留意。《觀察》在一則補白中曾以《胡適談話一段》爲題，報導過他在上海的一次演講。在整個《觀察》時期，胡適沒有給《觀察》寫過一篇專文，他惟一給《觀察》發表的是一封給費孝通的信。而且是與費孝通的覆信同時刊出。信是由費孝通提供的。這封信是針對《美國人的性格》一書中出現的常識性錯誤，寫給費孝通的，從中可以看出胡適認眞治學的態度和對學術研究的嚴格要求，同時也說明胡適是細讀《觀察》的。《美國人的性格》曾在《觀

〔註16〕胡適：《胡適來往書信選》下卷，中華書局 1979 年版，第 168、225、239 頁。

察》上連載，費孝通在該書的後記中曾說：「回到北平之後，安平屢次來信要我為觀察周刊寫稿。我就決定翻譯那本書。」〔註17〕費孝通後來出版了該書的單行本時，按胡適的意見修改了自己的錯誤。從費孝通給胡適信的稱呼和語氣中，可感到費孝通與儲安平給胡適寫信時的情形大致相同，都對胡適充滿敬意。胡適後來在《觀察》上多次出現，是因為40年代末的學生運動。《觀察》在每次報導學潮的過程中，對於胡適的行蹤和言論頗多留意，由於《觀察》是一個比較客觀公正的刊物，所以它的報導一般較為可信。

　　儲安平在給胡適寫信之前，也給傅斯年寫了信，陳述了他自己想在中國為培養自由主義而盡力的設想。傅斯年在《觀察》時期，是前輩自由主義知識分子中為《觀察》寫過較多文章的人，他也給過儲安平不少具體的建議。儲安平在一封給傅斯年的信中說，「手教奉悉，承賜鼓勵，至為感激。一年以來，我們確是以全國來辦此刊物，只是環境太難，我們只能以辛勤忍耐應之。先生所云《觀察》語調缺乏共同性一點，我們也深切感到，並因這個原因，減少發言力量。我們應當有若干在基本觀點及風度上相同的朋友，經常聚會，共同討論發表文章，易生力量。《觀察》非無基本的寫稿人，只是南北分散，不易集中，其情形與昔日之《獨立評論》完全不同，這是《觀察》極大的弱點，而一時無法可補。」儲安平在創辦《觀察》的時候，有一個非常明確的意圖就是要延續胡適和傅斯年他們的自由主義傳統。

〔註17〕費孝通：《美國與美國人》，三聯書店1985年版，第205頁。

第三章 《觀察》周刊作者群的政治立場及其特點

　　《觀察》周刊的作者群基本上可以代表當時中國的自由主義高層知識分子。其作者群基本上就是《觀察》撰稿人的名單列於封面上，第 2 卷列名的「撰稿人」由 70 人增加到 78 八人。這 78 人是：卜之琳、王迅中、伍啓元、呂復、沈有乾、吳恩裕、李純清、李廣田、周子亞、宗白華、胡適、柳無忌、孫克寬、高覺敷、許德珩、陳友松、陳瘦竹、夏炎德、梁實秋、張沅長、笪移今、郭有守、馮至、程希夢、傅雷、楊絳、楊西孟、趙超構、錢清廉、鮑覺民、戴世光、王贛愚、任鴻雋、吳澤霖、李浩培、沙學濬、周東郊、季羨林、胡先驌、徐盈、馬寅初、許君遠、陳之邁、陳衡哲、曹禺、張印堂、陳維稷、張忠紱、張德昌、黃正銘、章靳以、馮友蘭、曾昭掄、楊剛、葉公超、趙家壁、劉大杰、錢能欣、錢歌川、錢鍾書、戴文賽、戴鎦齡、蕭乾、楊人便、蕭公權、傅斯年、雷海宗、樓邦彥、錢端升、韓德培、顧翊群、張東蓀、李純青、吳恩裕、吳景超、何永佶、樊弘、伍啓元、王芸生、費孝通、潘光旦、吳世昌、周綏章、趙超構、蔡維藩加上主編儲安平共 79 人。其實，實際的撰稿人要比列名的多幾倍。如朱自清、吳晗、梁漱溟、王繩祖、田汝康、施復亮等雖未列名，也都給該刊寫了文章。當然，列入撰稿人名單的，未必全給刊物寫稿，如胡適等人。

　　就這批撰稿人的知識結構和社會地位看，他們多在北京大學、清華大學、中央大學、金陵大學、南開大學、燕京大學、復旦大學、山東大學、嶺南大學、四川大學、武漢大學等著名高校任教授，屬無黨派人士，早年留學歐美

（或日本），飽受西方自由主義思想的浸染，多是從事哲學、社會科學，如經濟學，法學，社會學、文學、新聞等領域的理論和實踐工作，只有任鴻雋、胡先驌、曾昭掄、戴文賽等少數人爲自然科學家。

這批撰稿人從事的專業雖然不同，但自由主義信念卻是共同的，其中重要的政論撰稿人有：楊人楩、儲安平、蕭公權、傅斯年、雷海宗、樓邦彥、錢端升、韓德培、顧翊群、張東蓀、李純青、吳澤霖、吳恩裕、吳景超、何永佶、樊弘、伍啓元、王芸生、費孝通、潘光旦、吳世昌、周綏章、趙超構、蔡維藩等。

這些自由主義知識分子圍繞在儲安平和《觀察》周圍，「背後並無任何組織」，而且干政不參政，他們認爲在野可以發揮更大的作用。《觀察》及其作者群明確表示：「在自由主義者看來，必須掌握政權始可起作用的觀念，是個絕對錯誤的觀念，反之，自由主義者之促成進步，並不一定掌握政權，在野亦能同樣起作用。」〔註1〕「自由主義者雖有其政治路徑，雖然也參加實際政治活動，但是他們沒有以一個集團來獨霸政權的企圖，自由主義者要行使其歷史使命，與其在朝，不如在野來得有力量。」〔註2〕他們之所以採取這種態度是由於他們專心致力於他們的自由職業，如教師、新聞工作、律師等，沒有時間也沒有興趣去從事政黨活動；另一方面，他們有些人認爲，參加政黨就有了紀律束縛，妨礙他們行動與思想的自由，因而拒絕參加任何黨派，《觀察》及其作者群就是這樣一個自由主義知識分子的群體。從這個角度來說，《觀察》及其作者群並不能成爲一個政治派別。但是，從另一個角度看，《觀察》及其作者群與分散的自由主義者又有所不同，在這裡，尤其要強調儲安平對這一群體的影響。儲安平是獨立的辦報人，他不屬於任何黨派，但他以自己爲中心，形成了一個非常有影響力的圈子，並把一批傑出的自由主義知識分子，包括許多著名學者，無黨派人士，還有一些民盟的成員，也團結在了這個圈子的周圍，其觀點發表在《觀察》周刊上，該刊在 1946 年至 1948 年影響甚廣。雖然儲安平和他的圈子並沒有把中國帶到自由主義的國度，但是他們在鼓吹自由民主、譴責政治高壓、專制內戰等方面，步調一致，發出了共同的聲音，顯示出了一股強大的政治力量，左右著輿論界的自由主義的風向，對當時的中國政局產生了一定的影響，從這個角度看，《觀察》及其作者群顯

〔註1〕 楊人楩：《自由主義者向何處去？》，《觀察》2 卷 11 期，1947 年 5 月 10 日。
〔註2〕 楊人楩：《再論自由主義的途徑》，《觀察》5 卷 8 期，1948 年 10 月 6 日。

然是一個政治派別，只是沒有嚴密的組織和明確的名稱而已。

一、《觀察》及其作者群的政治立場

（一）《觀察》及其作者群是現政權的天然反對派

以批判精神武裝起來的《觀察》及其作者群自由主義知識分子，注定了他們是作爲現政權的天然反對派出現的。這也是自由主義知識分子的一般規律性立場。「因爲在任何國家裏，自由主義者總是不滿現狀的，不滿現狀就要改變現狀以求進步；所以自由主義者每每是政治上的反對派，要憑藉反對派的崗位來發揮其創造力量。」〔註3〕但反對政權並不等於要推翻政權。他們的真正目的是要求現政權去弊興利，不斷完善。《觀察》及其作者群強調，自由主義者固然也能掌握政權，但在他們掌握政權以後，仍須時時謀劃現狀的改變；倘若與現狀妥協，就違反了自由主義的精神，就不再是自由主義者。英國自由黨沒有始終堅持自由主義的精神，因而不能始終發揮他們的創造力，終不免喪失了他們反現狀求進步的領導權。

《觀察》及其作者群認爲，他們所追求的自由並不完全是爲了他們自己，而是爲了廣大民。「統治者如果剝奪或侵害人民的自由，自由主義者便要毅然決然地站起來反對統治者，爲人民爭取自由。」〔註4〕人民的自由在沒有獲得切實保障以前，自由主義者必然要跟人民站在一條陣線上去反對統治者。《觀察》及其作者群自認爲他們是廣大民眾爭取自由的同路人。

《觀察》及其作者群認爲，反對派作用的發揮，有賴於自由主義者鬥爭精神的發揮。不能堅持這種精神，不但是自掘墳墓，而且要助長反自由主義的極權政治的自信。日本、蘇聯和德國的自由主義者，本來並不是毫無能力，只是自願屈服、妥協、放棄鬥爭，以至於投降，演變成了極權政治的幫兇。……日、蘇、德三國自由主義者失敗的情形雖然彼此不同，但他們同樣犯著一大錯誤：忽視了自由主義的教育意義。《觀察》及其作者群對自由主義是持相當樂觀的態度的，他們所追求的勝利不是在眼前，而是在將來，他們的興趣在教育，而不在政權。自由主義者可能畢生是失敗者，但必然是最終的勝利者。他們之所以能爭得勝利，在於能教育下一代來繼續鬥爭。決心放棄鬥爭的人，不會考慮到下一代，決心放棄鬥爭的自由主義者，無疑於宣佈自

〔註3〕　楊人梗：《自由主義者向何處去？》，《觀察》2 卷 11 期，1947 年 5 月 10 日。
〔註4〕　施復亮：《論自由主義者的道路》，《觀察》3 卷 22 期，1948 年 1 月 24 日。

己不是自由主義者。

（二）《觀察》及其作者群是中間路線的倡導者

在國共兩條路線之外，《觀察》及其作者群試圖走出一條中間路線。他們對中國社會力量的基本估計是：決定中國前途的力量，不僅是國共兩黨，還有自由主義者和國共兩黨之外的廣大人民。這是第三種力量，也是一種民主力量。這一力量的動向，對於中國前途的決定，有舉足輕重的作用。新民主主義的政治和資本主義的經濟，正是這一力量所要求的前景。也是自由主義者所應走的道路。自由主義者必須首先認清自己的道路，然後才能根據這個來衡量國共兩黨的道路，知道誰跟自己接近，誰跟自己相背。這樣的一種政治路線當然是一種民主的路線，絕不能被曲解為站在民主與反民主之間或以外的一條政治路線。自由主義者可能不是革命主義者，但必須是民主主義者。中國民主政治的實現，必然有待於自由主義者的努力。

《觀察》及其作者群不相信「路只有一條」，他們相信有他自己的道路，「一個自由主義者，只要他肯始終站在廣大人民的中間，始終『反靜態』，『反現狀』，『反干涉』，『求進步』，『求創造』，跟特權者（即壓迫者）『鬥爭』，我相信必然有他光明的前途，即使因此而被犧牲了生命，也會獲得應得的代價。」〔註5〕

對於有人說自由主義的路線是中間路線或第三條路線，《觀察》及其作者群認為不能簡單地從數字上去分辯如此複雜的問題。中間路線的意思是指介乎左右之間，假如左傾是代表進步的話，那麼，自由主義是左而又左的，因為他是始終不滿於現狀而在不斷求進步的。中間路線的實質是民主的路線，而且是真正的民主之路，不僅是口頭上的，而是具有實際的內容。第三條路線是以數目次序來區別的，初看很容易明白，但仔細推敲之後，就會發現這樣一個次序是頗難解釋的。何況在同一時代中可能有三種以上的主張存在。

（三）《觀察》及其作者群的道路與使命

什麼是中國自由主義者的道路與使命呢？《觀察》及其作者群對這個問題的回答是：自由主義是對社會的一種態度，自然隨社會的變遷而改變它們的形態。如果說脫離中國的空間和時間、在未能深刻瞭解中國社會的情況下，談論自由主義者的道路和使命，是件不可思議的事情。中國社會是一個

〔註5〕 施復亮：《論自由主義者的道路》，《觀察》3 卷 22 期，1948 年 1 月 24 日。

半封建半殖民地的社會形態，中國自由主義者的使命就是摧毀這個封建社會形態，完成一世紀以前法蘭西自由主義者所完成的相同的工作。中國的自由主義者確也在朝著這個方向努力。

在對自己的社會成份分析時，《觀察》及其作者群指出，中國的自由主義者多數屬於小市民階層與知識分子，但其中堅力量組織比較嚴密、表現比較突出的仍然是青年學生。人不妨將從提出科學與民主的「五四」運動起，到「五二〇」的反內戰反飢餓的學生運動，視爲自由主義的要求改革現狀反帝反封建的呼聲。二十多年過去了，固然這種運動對社會、對文化發生了極大的影響，但對於整個社會的本質以及根深蒂固的封建勢力卻「未能動其毫毛」。這不能說不是中國自由主義者的悲劇。「自由主義者溫和的甘草二花失傚之餘，中國共產黨遂乘機投之以猛烈的虎狼之劑。而這劑『革命』之藥，卻已使整個的封建勢力戰慄不已。」

自由主義者只有與勞苦大眾相結合才能完成其歷史使命。這是《觀察》及其作者群幾乎與共產黨相似的看法。「自由主義者必須認識自己所走的道路，只有獲得廣大人民的同意和支持，才能完全實現。因此，自由主義者必須跟廣大人民群眾站在一起，自己是廣大人民中的一部分或一分子，以廣大人民的利害爲自己的利害，以廣大人民的要求爲自己的要求。」〔註6〕這樣，自由主義者的目光才會看到多數人的自由，不只看到少數人的自由。自由主義者必須以自由的性質、種類、範圍，以及獲得自由的人數的多寡，來衡量一個社會或國家的自由程度。在國共兩黨統治之下，也要拿這個標準來衡量。《觀察》及其作者群不但不滿意於國民黨統治區域的「現狀」，也不能滿意共產黨統治區域的「現狀」。自由主義者在國民黨統治之下應當努力爭取「自由」，在共產黨統治之下也要有勇氣爭取「自由」，但他們所爭取的是多數人的自由，而不是少數人的自由。只有這樣，自由主義者的道路才是正確的道路。

（四）《觀察》及其作者群是和平主義者

《觀察》及其作者群認爲，戰爭是一種工具，內戰是用來解決用其他方法所不能解決的內爭的工具。一個國家必須先訴之於理性的忍讓、諒解、協商等方法，最大限度地免於暴行，因爲暴行招致暴行，最後演變爲長期內戰。不幸的是，所有的內戰都不會解決他們所要解決的問題，而且，「戰爭是集體

〔註6〕　施復亮：《論自由主義者的道路》，《觀察》3 卷 22 期，1948 年 1 月 24 日。

的犯罪，內戰尤然。」〔註7〕對於「牽士而食人肉者」，孟子認為「罪不容於死，故善戰者了上刑」；可是今日戰爭之慘烈，又怎麼能是兩千餘年前的孟子所能想像的？身受長期內戰災害的人們，當能深切地體會出這一罪惡所產生的後果：一、生命的傷害——死亡、病疾、與屠殺；二、物質的毀滅；三、經濟的崩潰；四、人權遭受蹂躪；五、外力的干涉；六、文化衰落；及七、道德墮落。所以，自由主義者堅決反對內戰。他們指出，長期內戰往往會斷送一個民族的政治生命，至少會使這個民族停留在落伍的階段。而解決問題的關鍵是採取民主的態度。民主態度的基本意義是說服——說服人或被人說服。說服的目的在於陳述自己所獨得的知識，使他人相信這種知識是正確的。要達到此一目的，必須陳述者有充分說明的機會，不受任何阻撓——這便是通常所謂言論自由。說服者自然自信其知識是正確的，自己有言論自由，同時也讓人家有言論自由。要說服別人當然是很難的，要被人說服往往更難，因為說服也有一大敵人——強力，它可以阻止我們說服人家同時更可阻止人們被說服。強力打擊說服的工具一定是武力，不憑藉武力的打擊可能較武力更可怕。

要爭取民主，「必須先具備民主的態度——反強力而向說服的自由，必須破除個人的偶像，必須放棄多數人的霸道，更必須擯棄傳統的教條。」這是從根本上摧毀強力所慣用的工具。在不民主的社會中，言論機構，如出版物與廣播之類，只能傳達命令，不會根據理由來說明。當命令支配一切，口號指示一切的時候，不會容許相反的意見，「××至上」與「思想集中」等格言使人們再無說服的可能。不能行使說服的民主，是偽裝的民主。民主的程度與說服的程度是成正比例的。

人類社會在民主途徑演進中，要經過三個階段：一、法律的民主，使人民在法律前人人平等；二、社會的民主，使人民不受等級制度的限制；三、政治的民主，使享有參政的人數日益擴大。「人類之所以能爭得此三大民主，當然會經過強烈的鬥爭，而說服實為其基本條件。此三大民主在今日所表現的程度，依地而不同，其差別即決之於說服之運用：民主程度之大小決之於說服幅度之廣狹。」〔註8〕自由主義者所賴以鬥爭的武器是口與筆，所賴以影響他人的是一種不屈不撓的堅強人格，如果能堅守這種人格而不辭口筆之

〔註7〕 楊人楩：《內戰論》，《觀察》4卷4期，1948年3月20日。
〔註8〕 楊人楩：《自由主義者向何處去？》，《觀察》2卷11期，1947年5月10日。

勞，自由主義者自然能表現力量。

　　《觀察》及其作者群主張和平的原因十分明確，他們認為：戰爭是阻止進步的力量，所以，他們是堅決反對戰爭的，尤反內戰。但是，假如說人類關係演變到非戰爭不足以消滅反進步力量的時候，這也是讓自由主義者最感矛盾與苦悶的時候。他們雖然要支持此類戰爭，但他們更有預先消滅造成戰爭因素的責任。在過去，由於各國自由主義者力量的薄弱及其堅持鬥爭精神消沉，致使這類戰爭一再發生。

　　堅信和平主義的《觀察》及其作者群在政治上必然是改良主義者，他們列舉了共產黨給予他們的兩種嚴厲打擊：一是自由主義者一方面討厭舊秩序，一面方害怕大革命，他們代表小市民階級的利益，害怕共產革命破壞他們優裕的生活，這種心情使自由主義者拒絕流血的革命而趨向改良主義。二是自由主義者崇奉英美式的民主，但忽視了經濟民主。一碗飯較一張選票更重要，假使二者不可兼得，寧肯犧牲一張選票也要要一碗飯。

　　對於這兩個指責，《觀察》及其作者群的回答是：這種指責可能聽著言之成理，可惜它是經不起推敲的。自由主義者是改良主義者，只要改良主義能行得通，他們自然要走改良主義之路。假使改良主義能追求進步，人們便找不出拋棄改良主義的理由。在必要情況下，自由主義者是不反對革命的，也不會逃避流血革命。在實際革命行動上，也一再有自由主義者參加或領導，至少自由主義者不會是反革命派。

　　《觀察》及其作者群認為：自由主義者儘管是以小市民為主體的，但他們的追求並不是僅僅是為了自己。其實，「今日的小市民已無優裕生活可言，事實上大半已是些無產階級；只因中國的勞苦大眾太苦，所以小市民仍然構成有一個比較優裕的階層。假使我們承認中國有小市民這個階層」，可階級鬥爭的理論不一定適用於小市民與勞苦大眾之間，「因為自由主義者所要努力的並不是要保全小市民階級的既得利益，而是想以改良或革命的方法來提高勞苦大眾的生活水準，消滅各階層在生活水準上的差距。」〔註9〕

二、自由主義者的判斷標準與《觀察》及其作者群的自我認知

（一）中國自由主義者的自我認定

　　誰是中國的自由主義者呢？以什麼樣的標準來判斷呢？《觀察》及其作

〔註9〕楊人楩：《再論自由主義的途徑》，《觀察》5卷8期，1948年10月16日。

者群認為：只有不滿現狀而又追求進步的知識分子才是中國的自由主義者，也就是共產黨所譏諷為「小市民」與「小資產階級」的人。但這類譏諷並不足以動搖他們的決心，反而更堅定了他們的信念。雖然任何執政的政黨都說要尊重民意，可是，「拿槍桿子編成的籬笆從一開始就隔離了民意。在人民知識不夠水準的藉口下，中國始終不曾有過真正的選舉，也不曾有過真正的民意測驗，這政黨又怎能知道民意的向背呢？」所以，真正能瞭解人民並能代表人民利益的，只有這批窮苦的知識分子，也只有他們才能根據人民的需要，提出進步的要求，並且願為這種要求而鬥爭。人民的知識誠然沒有太高的水平，但人民有決定好惡向背的良心。自由主義者的最大長處在於能夠接近人民群眾，並通過教育的手段來提高他們的水平及判斷能力，也只有自由主義知識分子能完成這個任務。中國的自由主義者的人數並不少，只不過是沒有一個有力的組織而已。

　　社會上常有人諷刺自由主義者參政是「書生論政」，意思是說：書生言論離現實太遠。《觀察》及其作者群認為，要是把「現實」二字看得太現實了，一切就要遷就現實了，因而會阻遏進步。論政當然不能離開現實，但要進步也不能把「現實」二字看得太現實；「國共兩黨就是把政權看得太現實了，所以才打得不可開交。自由主義者就是要在現實的兩條路之外追求屬於他們的路子。」〔註10〕

　　至於有人說自由主義者的態度可上可下，不上不下，兩面討好，投機取巧，是一種灰色的騎牆派。對於這種指責，《觀察》及其作者群的回答是：假使自由主義是一種可以兩面討好的東西，那就不會遭受左右夾攻。假使自由主義者是投機取巧的，那麼，在這動蕩不安的局面中，最好是不推出具體的主張，更不必表明與國民黨或共產黨的不同的看法。但自由主義者並沒有這樣，這反映了他們鮮明的政治立場和高貴的政治品格。

　　更有人說自由主義者是「逢人皆罵，自許超然」。《觀察》及其作者群平靜地對待了這個問題。他們說，這要看對於「罵」與「超然」作怎樣的解釋。在《觀察》及其作者群看來，自由主義是無法超然的，因為它要在所生存的現實社會中求進步，就無法逃避現實。自由主義者的工具是說服，而不是強權，更不是濫用武力，所以，「不願給人戴上一頂大帽子，他們不相信罵人是一個有效的工具。」

〔註10〕楊人楩：《再論自由主義的途徑》，《觀察》5 卷 8 期，1948 年 10 月 16 日。

自由主義者不但遭受左右夾攻，就是在自命爲自由主義者之間，爭執也是存在的。因爲自由主義始終沒有一部經典或一套政綱來規範它，這是自由主義的一個很大的缺點，尤其因爲有若干人濫用自由主義來爲獨裁政治辯護；然而，這都不足以威脅自由主義的存在；相反，這正是自由主義所以能存在的、能由衰落而再生的緣故。無論自由主義者之間的見解是如何的不同，至少他們要有一個共同之點，就是：「不滿於現狀而求變；求進步，否則便是濫用自由主義。」

《觀察》及其作者群認爲：自由主義者最大的弱點是不能抵抗強權，常常被暴力壓迫而屈服，這是事實。然而，屈服只是暫時的，並不是完全的消滅。可能有若干自由主義者因鬥爭受挫而自認失敗，但是，「自由主義本身並不承認失敗，只有不復存在的理想，才是眞正的失敗。」〔註11〕只要理想之燈不滅，並朝著理想的目標不斷前進，就永遠不會失敗。自由主義就是自由主義者心中的那盞永不熄滅的希望之燈。

（二）自由主義者與組織

中國的自由主義者從來都是沒有組織的，原因是他們不願受紀律與教條的束縛，彼此之間見仁見智，看法不一。如何才能夠將他們集合在一個龐大而嚴密的組織中，是一個費解的問題，而且很多自由主義者根本就不願意考慮這一問題。他們只想以超黨派的姿態來鬥爭。「小組織大聯合」不失爲一種可能的解決途徑。雖然小組織似乎已不少，但誰來組織卻是一個大問題，就如同派那個老鼠去給貓繫上鈴鐺一樣。不過，最根本的是自由主義者不認爲一定要憑藉組織才能表現出他們的力量。《觀察》及其作者群舉例說：五四運動就是不受某一組織推動而發生的，同樣顯示出了偉大的力量。

退一步說，《觀察》及其作者群也認爲，自由主義者不妨有組織，因爲組織就是力量。至於如何組織，那是一個必須依環境而決定的技術問題。自由主義者時常受理性和正義感的支配，縱然有組織也是相當鬆散的，民主的色彩必定是很濃厚的。對於自由主義者來說，「鐵的紀律」是不適用的，組織不嚴密是一大缺點，也是自由主義的一大優點，不受經典、教條的支配與束縛的特點就在於不斷地依環境而提出新的進步要求。組織嚴密而持久，一定不能提出新的要求，勢必違反自由主義的精神。自由主義者雖然有他們的政治路徑，也能參加實際政治活動，但是他們沒有以一個集團來獨霸政權的企圖，

〔註11〕楊人楩：《再論自由主義的途徑》，《觀察》5 卷 8 期，1948 年 10 月 16 日。

「自由主義者要行使他們的歷史使命，與其在朝，不如在野來得有力量，因此，組織鬆懈並無害於自由主義的前途。」一群沒有組織或只有鬆散組織的自由主義者，在複雜的現實政治中，要如何才能起作用呢？與現存各政治權力要發生什麼樣的關係呢？《觀察》及其作者群的回答是：「自由主義的基本原則是追求進步，這一原則可以使自由主義者隨時決定他對某一問題的實際態度，在追求進步的某一階段中，他們可能和其他的政黨合作，只要某一政黨在這一階段中有一個與他們相同的追求進步的目標。」〔註12〕對於已經完結了歷史使命而不願或不再求追求進步的政黨，自由主義者決沒有與他們合作的可能。這是自由主義者對組織的基本看法。

（三）自由主義者與政權

由於堅持「干政不參政」的基本政治立場，使得《觀察》及其作者群對政治的興趣不是集中在如何掌握政權上，他們甚至認為，在中國的具體條件之下，自由主義者也許永遠不能掌握政權，甚至不一定能參加政權，自由主義者的道路也不一定非要走奪取政權的道路，在中國尤其是這樣。他們要有「成功不必在我」的氣度，只管努力耕耘，不必希望收穫，努力促成自己的政治主張的實現，但不一定在自己手裏實現，所應爭取的是實際的工作，不是表面的功績，因此，不能以奪取政權或參加政權與否來判定自由主義者的成敗。

雖然自由主義者自動地疏遠了政權，但如果非讓他們參與政權，那是有條件的。這條件就是：

第一，自由主義者要參加實際政權，必須堅持一個最起碼的條件，「就是議會必須發揮它應該發揮的作用。先制好模子，再把人民塞進去的辦法，是為自由主義者所不敢贊同。」

第二，在自由主義者看來，「必須掌握政權始可起作用」的觀念，是個絕對錯誤的觀念，自由主義者促進進步，並不一定要掌握政權，在野同樣能發揮作用。

第三，「假如中國政治果真能進步到自由主義者掌握政權的那一天，那麼，政權在握的自由主義者千萬不能忘本，才可能保全自由主義的創造力。」〔註13〕

〔註12〕楊人楩：《再論自由主義的途徑》，《觀察》5卷8期，1948年10月16日。
〔註13〕楊人楩：《自由主義者向何處去？》，《觀察》2卷11期，11947年5月10日。

　　《觀察》及其作者群對政權的態度是超然的，他們關心的是進步，而不是掌權，所以，他們的想法不管多麼美妙，但在「槍桿子裏面出政權」的中國社會，都不過是一種自我安慰、自我欣賞的理論而已。

（四）自由主義與共產主義

　　在《觀察》及其作者群眼裏，自由主義與共產主義並不是天然對立的，二者之間存在著相互包容的成份。《觀察》及其作者群所不能同意的是共產主義所造成的整個社會的改觀與對個人自由的限制。但是，每個有良知的自由主義者，不能不對目前資本主義制度下的廣大民眾的悲慘境遇，寄予深切的同情。在同情的基礎上，試圖幫助他們擺脫被污辱與損害的地位。在這一點上，自由主義者與共產主義者又是殊途同歸了。只是自由主義除了同情與呼籲之外沒有任何具體的解決的辦法，而共產主義則能使他們從根本上解決問題。《觀察》及其作者群感到，「目前中國的自由主義者遭遇雙重的苦惱。一方面受全世界的兩大潮流「自由平等」的激盪；另一方面中國又有著特殊的國情。歷史交給中國自由主義者的歷史使命：一是摧毀封建社會，二是使每個人的個性得到完美的發展。就自由主義者與共產黨的政治路線來看，自由主義者與共產主義者並非格格不入，但後一個工作則二者見解則相去甚遠，這便是自由主義者苦惱的根源。」〔註14〕這就使得另一部份的自由主義者開始殫精竭慮地探討二者之間是否有協調的可能。這些自由主義者以「不虞匱乏的自由」，更具體的豐富了自由主義的內容，同時努力呼籲進行一種抑強扶弱的運動。這是世界上整個自由主義者的趨勢。《觀察》及其作者群認為英國工黨的執政就是這種趨勢的最明顯的例證。他們同時受到鼓舞的還有西歐國家中如法、比等國的共產黨接受了議會政體，並在議會選舉中獲得了一定的選票，這使他們相信政權的取得可以取決於選票的多少。法共領袖多列士更坦白的說：「通向共產主義的道路並个只莫斯科一條」。也就是說，除就暴力革命之外，同樣可以走向社會主義之路。在這裡，《觀察》及其作者群尤其強調了自由主義與共產主義的分歧所在就是：「共產主義的最終理想雖說毫無悖於自由主義者的公道正義精神，但對於其手段的粗暴，自由主義者似乎是不能容忍的。」〔註15〕

〔註14〕李孝友：《讀「關於中共向何處去」兼論自由主義的道路》，《觀察》3 卷 19 期，1948 年 1 月 3 日。

〔註15〕李孝友：《讀「關於中共向何處去」兼論自由主義的道路》，《觀察》3 卷 19

（五）自由主義與民主政治

自由主義與民主政治具有一種內在的、必然的聯繫。從某種程度上說，自由範圍的大小，可以成為度量民主程度高低的標準，而且，自由主義是民主政治發展中不可或缺的推動力量。《觀察》及其作者群指出，民主政治是一種進步的制度，也是合理的制度，它的發展，要靠自由主義的輔助。民主政治是活躍而富有伸縮性的。從十八世紀以來，人類一直追求著民主的理想。而近三百年中，進步國家所標榜的也是它們的民主政府業已完成。可是，無論那個民主國家，它的精神是常常變化的。以英國為例，喬治一世統治下的民主，不同於維多利亞女王的民主；維多利亞女王時期的民主又不同於喬治六世統治下的民主。選舉權利從限制到普及，國家政策從有利於少數人而發展到有利於大多數人，人民的地位從無足輕重逐漸成為政權的一種決定力量，這都是英國民主逐漸變遷的事實。而每一次變遷，每一次進步，都是以自由主義為「推動器」的。在擴大選舉權的運動中，自由主義思想的傳播起了很大的作用，休謨和小穆勒再度闡明了自由的重要性，小穆勒的名著《自由篇》就是在這個時期問世的。其餘各種進步的實現，也都是在自由主義思想的推動下形成的。可以毫不誇張地說，自由主義是民主政治的精神支柱。

自由主義的精神是一定要把享受自由的人數，逐漸加以擴大。一個人的自由是專制，而只有全體人民都有了自由，才是真正的民主政治，也可以說，人民都有自由的時候，才是民主政治理想實現的時候了。相反，「凡是反對自由而想建立民主政治的，那種都是以民主為裝飾品的人。封鎖人家的嘴巴而說他已經自甘服從，那完全是自欺欺人之談。許多人稱民主政治為意見的政治，沒有不同的意見，為政者盡可任意指揮，還有什麼政策的選擇，還有什麼民意的呢？但是意見並不能製造的。只有享受自由的人，才有資格表示意見，不然，希特勒和穆沙列尼統治下的國會只能做傳聲筒呢？」〔註16〕所以，自由人數的多少，完全可以成為度量民主政治程度的標準。

（六）自由主義與中國社會

《觀察》及其作者群認為，自由主義具有普遍性，可以深入任何一國，自然也適合中國。自由主義的要求既然可以依時依地而轉移，是歷史與現實一致的結果，那麼，不合國情之說顯然是錯誤的。自由主義在中國，至少已

期，1948 年 1 月 3 日。

〔註16〕鄔文海：《民主政治與自由》，《觀察》1 卷 13 期，1946 年 11 月 23 日。

有半個世紀的歷史。「半個世紀以來，在火藥氣味所籠罩下的中國仍能有點進步，便是得力於自由主義的功勞。」有人以爲自由主義不合於知識水準低下的民族，得不到廣大民眾的擁護而會自趨沒落。可他們忘記了，「在過去和今日，任何政治理想都不是一般人民所能完全瞭解的。三民主義和共產黨宣言又何嘗是一般人民所能讀懂的東西，除非在知識化的未來，決不會使一般人民都能理解這樣一種政治哲學。」因此，國民黨和共產黨都不得不利用口號來刺激，自由主義卻要努力要以理論與事實來說服，這是自由主義不同於他們的獨到之處。那些以自由主義不適合中國國情的說法，不過是爲了要從根本上扼殺自由主義而已。《觀察》及其作者群堅信：不是自由主義不適合中國，而是中國太需要自由主義。

在探討自由主義在中國失敗的原因時，《觀察》及其作者群發現：自由主義之所以在中國失敗，是因爲自由主義者沒有能夠紮根於廣大的人民、尤其是廣大的農民中去，僅僅是斤斤計較於個人的自由，而忽略了爲多數人謀福利，更沒能從根本上瞭解中國問題的癥結在於農民的覺醒與土地的改革，也就是說中國問題的根本解決在於農民的覺醒與土地的改革。只有在農民的覺醒與進行土地的改革後，封建勢力才能無所附著，封建勢力才能被掃除。土地改革雖然不是摧毀封建社會的充分條件，但卻是必不可少的條件。《觀察》及其作者群的這種認識已經和共產黨人的主張十分相近了。它表明了自由主義者對中國要完成「如幾十年前的法蘭西那樣的革命任務」的渴望。

《觀察》及其作者群還認識到，自由主義在中國的失敗還由於自由主義者過份高地估計了知識或理性的作用，「重視『理論是非之爭』，輕視『力量強弱之爭』，這也許就是自由主義者在政治上屢屢失敗的主要原因。」〔註17〕因爲政治在本質上就是一種「力量強弱之爭」，誰有力量，誰就在政治上就有發言權。所謂「成則爲王，敗則爲寇」這兩句話，的確道破了政治上的秘密。昨天的「王」，可能變成今天的「寇」，今天的「寇」，也可能成爲明天的「王」。古今中外的全部政治史，都證明了這一點。政治就是這麼一回事，自由主義者不是不知道，只不過是不大願意做而已。這是自由主義者的弱點。但在教育上，不能說不是自由主義者的發揮優勢的地方。二十世紀四十年代，是人民逐漸覺醒而且逐漸獲得解放的時代，「力量強弱之爭」必然要與「理論是非之爭」連結在一起，而且「理論」本身就是一種力量，「是」

〔註17〕施復亮：《論自由主義者的道路》，《觀察》3卷22期，1948年1月24日。

的「理論」遲早會變成一種「是」而將「強」而「非」的一方面所打倒。也就是說，強與弱、是與非，不是僵化不變的，他們之間也存在著互相轉化的可能。「是」終將戰勝「非」，「強」也會變成「弱」，假使鬥爭的雙方都站在「非」的方面，不管他們今天都多麼強大，也會有一天被一個新的「是」的方面所戰勝，近代歷史的發展早已證明了這個真理。所以，理論或理性在近代政治鬥爭中依然有它不可輕視的作用。自由主義者應當善發揮這一個作用，幫助「是」的一方，打擊「非」的一方。而判斷「是」與「非」的標準是站在自由主義的立場上，「看獲得自由人數的多寡和自由的實際內容（從人身自由起到免於匱乏和恐懼的自由）。」〔註18〕這是判斷「是非」的最好標準。《觀察》及其作者群對其失敗原因的探討，十分深刻，也接近於客觀實際。但是，他們無法擺脫「理論是非之爭」的習慣，更不可能像共產黨人那樣，深入到廣大人民群眾之間，成為他們利益的忠實代表。所以，自由主義的主張，只能在自由主義者之間引起反響，而不會在社會上引起響應，這是自由主義的自身永遠不可克服的缺陷，也是他們永遠也無法擺脫的怪圈。

三、《觀察》周刊作者群的特點

《觀察》周刊的作者群有許多相同或相似之處，具體如下：

（一）追求共同的價值觀念──自由

他們認為，自由不是指一種內心境界，而是「不受外力拘束壓迫的權利，是在某一方面的生活不受外力限制束縛的權利」。在宗教方面不受限制，就是宗教信仰自由；在思想方面就是思想自由；在著作方面就是言論自由、出版自由。因而，《觀察》及其作者群所爭取的自由涉及到言論、出版、教育、學術、政治、經濟各個方面。他們要求自由，要求「各種基本人權」。當然，「自由不是放縱，自由仍需守法」，但法律首先要保障人民的自由，且法律面前要人人平等。在另一方面，他們將自由看作「人民的、身體的、智慧的，及道德的能力作為充分性的發展」的條件，看作「促進國家社會的優性發展」的條件。因為他們認為「沒有自由的人民是沒有人格的人民，沒有自由的社會必是一個奴役的社會」。在他們所主張的自由當中，特別珍視的是思想自由，因為他們認為思想自由也是一個國家「能得治安與平和的基本條件」。

〔註18〕楊人楩：《自由主義者向何處去？》，《觀察》2卷11期，1947年5月10日。

沒有這種自由，勢必訴諸武力，鬥爭即起。在這些人看來，思想自由「乃是立國的根本」。他們的自由主義思想基本上與現代西方自由主義同步，甚至在一定程度上、一定範圍內比西方自由主義更爲激進。

（二）具有相同的政治主張──民主政治。

在西方，民主與自由、平等與自由也存在著內在衝突，從托克維爾到哈耶克的西方自由主義思想家都指出過這一點。但是，在近代中國自由主義者的理念當中，自由與民主是相伴而生，相輔相成的。20 世紀中國的自由主義者「基本上是民主至上論者」，《觀察》的作者群也同樣如此。在他們看來，沒有自由一定不能得到民主，可是有了自由並不一定能斷言就是民主政治，他們認爲「民主政治是比自由主義更高的一種境界」。他們認爲民主的政治必須「以人民的最大福利爲目的；保障人民的自由，增進人民的幸福」。除此之外，他們還將民主從政治領域推向經濟領域，主張民主「不限於政治生活，並應擴及經濟生活；不但政治民主，並須有經濟民主」。同時，他們還將民主視爲一種「生活方式」，一種文化，而不單純是一種制度。就其民主觀而言，《觀察》及其作者群在思想上已經超過了二十、三十年代中國的自由主義者的思想，而跟上了羅斯福新政以來西方自由主義的步伐。

（三）大致相近的生活經歷──留洋與任教

《觀察》及其作者群的大部分都有著留洋與任教的人生經歷，飽受歐風美雨的侵潤，親眼目睹、親身感受了了中外的差距。他們基本上都是留學英美和日本，還有少部分去過德國、法國和加拿大。據不完全統計，列名在《觀察》封面上的 78 人中，有 6 個人的情況不詳。在所知的 73 人中，有留洋經歷的有 59 人，占總人數的 80%以上。其中的幾位著名人士，如吳世昌留學英國，所學專業是古典文學，回國後在燕京大學任教；吳恩裕留學英國，所學的專業是政治學，回國後在清華大學任教；宗白華留學德國，所學專業是美學，回國後在同濟大學任教；傅斯年留學美國、德國，所學專業是歷史；葉公超，留學英國、美國，所學專業是外交，回國後在清華大學任教，錢端升留學美國，所學專業是政治學，回國後在清華大學任教；韓德培留學美國、加拿大，所學專業是法學，回國後在東南中央大學任教。還有很多，就不一一列舉了，詳情請看附表。

（四）基本上都是參與型知識分子

所謂參與型知識分子，是指對社會公共事務及政治生活表現出來的一種極度的關心，並試圖積極參與政治的知識分子。但這種政治上的參與，並不以謀取官職爲終極目的。對於他們來說，參與政治或擔任公職，只是一種實現其思想觀念與政治抱負的一種手段而已。與其說他們希望到政府部門中任職，不如說他們更希望通過製造與鼓動輿論來對政府的政策施加影響。參與型知識分子由傳統社會中的「士」脫胎而來而又有質的區別。在傳統的封建社會，「士」雖說有積極參與政治的願望，但由於科舉制度的束縛，讀書人往往以當官爲唯一出路，「士」的參與願望唯有通過仕途才能實現，因此參與政治與當官往往是合二而一的事情。而《觀察》及其作者群的知識分子卻大不一樣。他們大部分佈在文教部門，或以從事新聞出版爲業，由於其職業及教育上的原因，他們往往關心現實政治並願意承擔起社會責任，以言干政，從而實現其社會改良的政治理想。

第四章 《觀察》及其作者群的自由主義思想之源

要探尋《觀察》周刊的思想蹤跡，就不得不追蹤這一條重要的精神紐帶：從人的自由、人的解放著手，把在封建專制制度下束縛的、毫無生命力的人還原爲充滿生命活力、充滿自由意志的人，然後以理性的態度建立一種理想的社會政治制度，以保障人的自由、平等和民主。當然，他們所追求的自由是法律規範下的個人自由，體現了追求自由的自覺性。

從 1350 年開始的意大利文藝復興，標誌著歐洲近代文化的新的開端，人文主義便成爲了這一時期最強勁的社會思潮。文藝復興時期的人文主義是一個以人文學科的研究與學術爲基礎而與基督教神學的人生觀相對立，以人和人的現實生活爲中心，以培養多才多藝、全面發展的人爲理想，以促進和實現人類幸福的現實生活爲目的新文化運動。「當幻覺的紗幕一經扯碎，當對於自然的恐懼和對於書籍和傳說的盲信一經克服時，就有無數的問題擺在他們面前等待解決。當別的民族對自然仍淡然漠視的時候，整個民族卻喜好研究自然和考察自然……意大利研究自然科學的人自豪地在《神曲》中探索出對於自然科學感興趣的暗示和證明。」〔註1〕

自由主義是人文主義的伴生物，作爲對宗教的正統性的一種反應發韌於文藝復興時期，在宗教改革時期得到強化，並在啓蒙時期成爲一種主要的政治力量。在其發展過程中，自由主義擺脫了僅僅作爲一種消極的反應的角色，轉而成爲能夠作爲對所有類型的絕對權威的替代品而產生吸引力的一種積極

〔註1〕 布克哈特:《意大利文藝復興時期的文化》，商務印書館 1979 年版，第 284 頁。

的政治力量。它堅定地擴展著它對君主的神聖權利、對來自封建時代的貴族特權以及對所有形式的壓迫的抵抗，自由主義已經成爲我們時代的支配性的意識形態，其中一個標誌就是，即使它的敵手現在也會以自由主義者強加給政治話語的評價性術語來表述對他們所支持的政權的辯護。

自由主義超越了民族邊界和歷史階段，從許多語言、宗教和階級中吸引到了它的追隨者，並打算不但爲西方人而且爲遍及世界的許多其他的人們許諾更加美好的未來。因此，通過一種惟一的、容易確定的歷史影響是無法勾勒出它的輪廓的。即使個人的行爲是由非理性的、破壞性的、愚蠢的或情感性的考慮所激發的，只要他們的行爲沒有傷害他人，對其加以干涉仍然是道德上無法允許的。恰好是個人最爲瞭解什麼東西對他們最爲有利，而且即使他們搞錯了，允許他們犯錯誤從長遠來看也要比讓政府強加給他們一種異己的良善的觀念來得更好。自由主義的實質是對獨裁、專斷的權力、不寬容、鎮壓、迫害、無法無天以及根深蒂固的正統派觀念對個人的壓迫的道德批判。在這種道德批判中，理性與道德是站在自由主義者一邊而反對他們的敵手的。自由主義的勝利其原因之一就是它吸引了曾經受著和正受著壓迫性政權之苦的總是太多的人們中的許多人的忠誠。〔註2〕

自18世紀80年代，英國進入工業革命時代以來，歐美的文化觀念、社會思想發生了很大的變化。經濟的發展日益推動著政治和文化思想的發展，工業主義、保守主義、民主、階級、藝術、文化、自由主義、理性主義、意識形態、社會主義、實用主義等詞隨著經濟的變革和社會的發展不斷地出現於歐美的哲學、文化、藝術、歷史、社會學、大眾傳播等廣泛的領域。這些詞記錄了社會、經濟和政治生活的歷史變遷所引起的一系列重要的反應，從而也大致勾勒了19世紀到20世紀歐美政治思想發展線索。我們在這裡將探討在這一期間形成的兩種自由主義傳統，即英美自由主義傳統和歐陸自由主義傳統，因爲它們間接或直接地影響著《觀察》及其作者的自由主義政治思想的形成。

一、英美自由主義傳統與歐陸自由主義傳統的雙重影響

作爲一種政治哲學和思想流派，自由主義在西方佔據著重要的地位。如同許多政治觀念一樣，自由主義的產生和發展經歷了一個漫長的過程。從文

〔註2〕　〔美〕約翰·凱克斯：《反對自由主義》，江蘇人民出版社2003年版，第8頁。

藝復興起，自由主義的世界觀開始形成。文藝復興的實質是人文主義，其根本特徵是世俗化，而且它的自由主義的世界觀在本質上具有個人主義的特徵。比文藝復興稍晚的新教改革運動在西方近代個人主義與自由主義的興起中扮演了重要的角色。

作爲一種理論、一種制度，自由主義最早出現在英國。這與當時英國資本主義發展較早，在政治上最先採用議會制有關。這一時期的代表人物主要有托馬斯·霍布斯、斯賓諾莎和約翰·洛克。對當時英國的個人主義第一次做出系統哲學表述的是托馬斯·霍布斯。在西方，霍布斯的學說長期被尊爲近代自由主義思想的先聲。他的學說對近代自由主義的最大貢獻在於其個人主義內涵，標誌著與柏拉圖、亞里士多德哲學以及中世紀神學的決裂。在歐洲大陸，另一位自由主義的先驅是斯賓諾莎。就政治學說而言，斯賓諾莎比霍布斯更接近於自由主義傳統。一方面，斯賓諾莎認爲自由具有內在的價值，強調個人在社會中的自由權利；另一方面，他推崇民主政體，這與霍布斯贊成絕對主義的專制政體大相徑庭。霍布斯與斯賓諾莎儘管闡發了自由主義的若干基本理念，但並未系統提出自由主義理論。自由主義的核心要素被提煉爲一整套知識傳統，並通過一個強有力的政治運動表達出來，是在英國內戰期間以及光榮革命之後的執政時期，其最重要的代表是約翰·洛克。洛克對自由主義的貢獻主要在於他的學說奠定了自由主義理論的兩大基石：其一是個人自然權利的理論，其二是政府必須基於被統治者同意的理論。在英國政治傳統中，洛克一直被認爲是爲光榮革命辯護的重要思想家，其理論對美國革命與立憲產生了巨大的影響。上述三位思想家學說的提出，表明自由主義作爲一種政治哲學已經有了理論上系統的闡釋。

十八世紀，自由主義的大本營在法國，當時的法國是歐洲思想最活躍、創造力最豐富的地方。這一時期在歷史上又被稱爲啓蒙時期，代表人物主要有：孟德斯鳩、盧梭、貢斯當和托克維爾。這些思想家所關注的問題涉及到今天自由主義討論的核心問題。孟德斯鳩對自由主義的貢獻主要在於闡述了自由與權力的關係。他關於自由的論述集中表現爲「自由是做法律所許可的一切事情的權利」。他強調：在社會生活中，個人的自由只能由法律來保障。法律既約束被統治者，也約束統治者。沒有任何人有超越法律的權力。在這個意義上，孟德斯鳩反對專制制度。同時，孟德斯鳩提出三權分立制是最好的政權組織形式，也是保障自由最好的制度形式。孟德斯鳩的這一分權思想

在美國獨立戰爭後建立的聯邦政體中得到了證實。

當時的另一位自由主義思想家是盧梭，他的理論的出發點和歸宿點都是自由。盧梭的一句名言就是「人是生而自由的，卻無處不在枷鎖之中」。在盧梭那裡，自由被理解爲自主。在這種自由觀的基礎上，盧梭提出了人民主權思想。這一思想遭到了後來很多人的批判，其中最具代表性的是本雅明·貢斯當。貢斯當認爲，盧梭學說中最致命的弱點就是把自由原則與人民主權思想相聯繫，這會導致像法國大革命後出現的群眾暴政。爲此，貢斯當區分了古代人的自由與現代人的自由，古代人所謂的自由主要指公民的參與權，用現代術語來表述，即民主權；而現代人的自由是一種在法律保障下的生存空間，是個人不受社會與政治控制的權利。托克維爾是第一個對自由和民主有可能發生衝突進行理論論述的思想家，他把從貢斯當開始的關於自由主義對大眾民主的恐懼發展成一套系統的理論。民主在托克維爾那裡首先意味著多數的保證，這是他在觀察了法國大革命之後得出的經驗性結論。自由與民主兩種概念的分歧乃至衝突是二十世紀自由主義者議論最多的議題。托克維爾的貢獻也正在於此。

十八世紀，自由主義的另一個大本營是蘇格蘭，也就是史學界所說的蘇格蘭啟蒙運動。代表人物主要有：大衛·休謨、亞當·斯密和亞當·佛格森。休謨的思想主要體現在其《人性論》中，休謨哲學可以說是一種基於經驗主義之上的溫和的懷疑主義。在這種哲學的基礎上，休謨提出了一套關於正義的理念。他所說的正義是一種人爲的美德而不是一種自然的美德。正義的概念奠定了休謨關於政治行爲的準則。與休謨相比，斯密的研究對象主要是政治經濟學中的國民財富問題，其中心在於探討一種最能促進國民財富增長的制度框架。他理論的出發點是關於經濟人的假設。也就是說他從人的利己本性出發，探討社會進步和經濟發展的淵源。就國民財富增長的制度框架而言，斯密更強調應由市場這個看不見的手來調節，而國家充當的是守夜人的角色。「看不見的手」被後代學者稱爲斯密自由主義思想的核心。這一時期的另一位思想家佛格森的主要貢獻在於他是近代以來第一個研究市民社會理論的思想家，他的思想集中於他的著作《論市民社會的歷史》。

十九世紀，自由主義的大本營重新回到英國，這一時期，功利主義的觀念占居統治地位。這與第一次工業革命後英國資本主義的迅速發展所帶來人們觀念上的變化分不開。主要代表人物是傑米爾·邊沁和約翰·斯圖亞特·

密爾。主要著作有邊沁的《政府片論》，密爾的《論自由》和《代議制政府》。邊沁關於自由主義的論述是圍繞其功利主義原則展開的。功利主義時期自由主義最耀眼的明星是約翰·密爾。他對功利主義的貢獻在於，他把功利主義原則與自由主義原則成功地融爲一體。可以說，密爾的學說標誌著英國古典自由主義的終結。自由主義幾乎所有的基本原則在密爾那裡都得到闡述，他是近代自由主義發展史上最後一個全面闡述自由主義原則的思想家。

自由主義雖然同屬於一種理論範疇之內，但同中有異，在發展過程中逐漸形成了兩大流派，即英美自由主義傳統與歐陸自由主義傳統。中國的自由主義思想是舶來品。對於《觀察》及其作者群來說，他們接受了英美自由主義傳統與歐陸自由主義傳統的雙重影響。《觀察》及其作者群自己體會到：「自由主義之淵源流長，……尤其對中國知識分子有深厚廣博影響的是 19 世紀的自由主義的思潮，大體分兩派：一是以法國盧梭爲創始者的天賦人權論者，一是以英國亞當·斯密爲代表的個人主義或功利主義的自由主義。」〔註3〕

關於英美自由主義傳統與歐陸自由主義傳統的差異，羅素、柏林、哈耶克、波普爾都有過深刻的分析。英美自由主義傳統，其實就是英國的自由主義傳統，也稱爲「盎格魯式的自由」；而歐陸自由主義傳統也是以法國的自由主義傳統爲核心內容的，也稱爲高盧式的自由」。不過著名學者哈耶克認爲，法國人根本就沒有讀懂自由的眞諦，他說：「自由理論的這樣一種發展路徑，主要發生在 18 世紀，始於英法兩國。然而，只有英國認識並懂得了自由，而法國則否。」〔註4〕

羅素將推重個人自由權利或社會平等、主張分權主義或直接民主、注重片斷的試驗性的漸進改良或整體性的激進革命，歸爲洛克式英國自由主義與盧梭式法國浪漫主義政治思潮的基本分野。柏林進而將經驗主義與唯理主義的自由觀念劃分爲「消極自由」與「積極自由」。在他看來，消極的自由觀念，以不讓別人妨礙自己的選擇爲要旨，自由即「免於……的自由」，積極的自由觀念，則以做自己的主人爲要旨，自由意味「去做……的自由」。積極自由立基於「理性意志」而追求理想的目標，因而常與烏托邦和極權暴政相緣。哈耶克和波普爾則以經驗演化與理性建構來區分英國式自由主義和法國式的自

〔註3〕 李孝友：《讀「關於中共向何處去」兼論自由主義的道路》，《觀察》3 卷 19 期，1948 年 1 月 3 日。

〔註4〕 轉引自石元康：《當代西方自由主義理論》，上海三聯書店 2000 年版，第 61 頁。

由主義。在他們看來，英國式自由主義把文明進化視爲一個歷史傳統的自發演化和試錯的過程；法國式的自由主義則把文明進化視爲理性建構的產物。這種「演化」與「建構」的文明理論，表徵著社會改造模式之「漸進社會工程」和「烏托邦社會工程」的不同路向。

薩托利對英國經驗主義自由主義傳統與法國理性主義自由主義傳統的區別做了這樣描述：「經驗主義的精神是在事物之間，因此它同能夠看到、觸摸到和加以檢驗的事物十分接近，而理性主義精神則飛向一個更高的抽象層次，一個遠離事實的層次。經驗主義者傾向於從現實開始工作，而理性主義則傾向於把現實改造成「理性」的反映。經驗主義的天性是看看事物如何工作，而理性主義的嗜好是從頭開始，重新組織一切事物。經驗主義的信條是，如果一項計劃在實踐中沒有成功，必定是理論有毛病；理性主義的信條則是，在理論上爲眞，在實踐中必然也爲眞，所以事情若是出了差錯，那一定是實踐而不是理論出了差錯。」〔註5〕

英國的自由主義傳統主要是由一些蘇格蘭的道德哲學家所明確闡明的，他們中的傑出者首推大衛・休謨、亞當・斯密和亞當・福格森，隨後，他們在英格蘭的同時代人洛克、埃德蒙・伯克等也對這一傳統做了詳盡的闡述，這些思想家所利用的資源主要是那些植根於普通法法理學中的思想傳統。而法國自由主義傳統則是繼承了啓蒙運動的傳統，其間充滿了笛卡爾式的唯理主義：百科全書派的學者和盧梭、重農學派和孔塞多，乃是此一傳統闡述者中的最知名的代表人物。當然，這種劃分方法，並不完全是以國界爲標準的。法國人孟德斯鳩以及晚些時候的貢斯當，尤其是托克維爾等人，更接近於「英國傳統」，另外，英國人托馬斯・霍布斯至少是唯理主義傳統的奠基人之一，以及美國人潘恩等。

對於英法兩國的自由主義傳統，早在百年之前就有人清楚地揭示出了「盎格魯自由」與「高盧自由」之間的區別，他說：「高盧自由，乃是那種試圖在統治或治理中尋求的自由，然盎格魯根據的觀點，這實在是找錯了地方，因爲在這裡根本尋找不到自由的必然後果，乃是法國人在組織中尋找最高程度的政治文明，亦即在政府組織做出的最高程度的干預中尋求政治文明。而這種干預是暴政抑或是自由的問題，完全決定於誰是干預者，以及這種干預對哪個階級有利。然而根據盎格魯的觀點，這種干預永遠只能是極權

〔註5〕 〔美〕薩托利：《民主新論》，東方出版社1997年版，第56頁。

政制或貴族政制,而當下的極權政制,在我們看來,實際上就是一種不折不扣的貴族政制。」〔註6〕

相比之下,哈耶克的區分則更具權威性。他說,唯理主義傳統假定,人生來就具有智識的和道德的秉賦,這使人能根據審慎思考而建構文明;而進化論者則明確指出,文明乃是由不斷試錯、日益積累而艱難獲致的結果,或者說它是經驗的總和,其中的一部分為代代相傳下來的明確知識,但更大的一部分則是體現在那些被證明為較優越的制度和工具中的經驗。

英國的經驗主義自由主義者的認識論立場是,人的認識起源於經驗,而經驗是靠長期不斷地積累的,因而對人的認識能力及人性持悲觀的態度。由於人的理性是有限的,任何人,包括由個人組成的政府,都不可能把握到所有的社會現象,即使是力量上更加強大的政府。而且,就個人相對於政府而言,個人對自己的問題看得更清楚也更為關心,「因為只有與每一種情況有關的個人,才能最充分地瞭解這種情況,並採取相應的行動。」同時,由於「對於一個人的福祉,本人是最關切的人;……任何他人對於他的福祉所懷有的關切,和他自己所懷有的關切相比較起來,都是微薄而膚淺的」。〔註7〕因而對由政府權力來安排個人的生活的做法感到疑懼。這種自由主義強調社會的演進及一切道德風俗、典章制度的形成,不是理性設計的結果,而是出自分散的多人的分別行動。它相信漸進的改良,相信社會的自發秩序,注重法治下的自由。

法國的理性主義自由主義對人類的理性,特別是對一部分精英的理性持有樂觀的態度,視所有社會與文化現象為人為設計的產物,它希望通過人為設計的方式重新組織建立一個美好的社會結構。它認為,道德、知識、個人自由,與建立合理的政治權力等目標可以緊密地結合在一起,如盧梭所指出的,只要人民以知識與道德為基礎形成「公意」,而政府實施國民的公意,那麼政治權力、知識、道德和個人自由之間就不會有衝突,換而言之,握有政治權力的政府就一定會實施符合知識與道德的政策,並尊重個人自由。他認為個人只有在這種情況下,一方面親自參與立法,表達其道德意志,一方面又遵守法律的規定,才能得到自由,也才能真正地成為自己的主人。當然,

---

〔註6〕 轉引自石元康:《當代西方自由主義理論》,上海三聯書店 2000 年版,第 62～63 頁。

〔註7〕 〔英〕約翰・密爾:《論自由》,商務印書館 1959 年版,第 56 頁。

為了公意目的的實現，就必然要求集中力量對社會實行某種理性化的控制或導向，甚至「任何人拒不服從公意的，全體就要迫使他服從公意，這恰恰是說人們要迫使他自由」。〔註8〕

基於這種差別，導致英美自由主義傳統更重視自由和法治，重視對政府權力的限制問題，而歐陸自由主義傳統更注重民主，關心權力的合法性問題即權力的來源問題。前者倡導的是消極自由觀，認為民主只是對自由的保障，後者強調的是積極自由觀，主張個人對公共事務的參與，對公共權力缺乏必要的防範。

顯然，在自由和法治方面，《觀察》及其作者群主要是接受了英美自由主義的傳統，他們的自由觀和法治觀是「盎格魯式自由」的。他們普遍認同的是消極自由，強調自由就是獨立於他人專橫的意志，或者在沒有他人強制情況下的一種存在，也就是對個人的強制減少到社會所能達到的最低限度。而《觀察》及其作者群的法治思想也幾乎全部接受了英國的法治思想，即：法治是「rule of law」，而不是「rule by law」的法制。這幾乎就是英國的法治傳統的翻版。《觀察》及其作者群指出：在西方國家，法治這個名詞之所以為人津津樂道，就是因為它具有限制政府濫用權力，保護人民正當利益的意義在內。在英國，「法治」（rule of law）一詞由法學家代賽（a v dicey）提出的。他於1885年出版的「英憲精義」一書中說法治有三個觀念：第一，人人非經法院依正常程序確定為違法者，不得加以處分；第二，無論任何人，包括統治者與被統治者在內，皆應受制於同一通常之法律與法院；第三，個人所享有之權力，乃是憲法之源泉，而非憲法所賜予。晚近論者對此三點，雖稍有修正，但對其所代表的根本精神，則尚未能動搖分毫。其所代表的根本精神，即在保護人民的正當利益，以免為行政官吏所任意侵害。美國人所謂的法治又比英國人更進一步。美國有一個成文法，根本禁止國會制定任何侵害人民的法律。萬一國會制定此種法律，則聯邦最高法院就可判為違憲，使其不生效力。所以法治這個名詞，在美國具有限制政府濫用權力保護人民正當利益的意味在內。〔註9〕

在民主理論方面，以盧梭的「社會契約論」為主導的民主思想對《觀察》及其作者群的影響似乎更大一些。《觀察》及其作者群認為，雖然，英國亞當

〔註8〕　〔法〕盧梭：《社會契約論》，商務印書館1986年版，第29頁。
〔註9〕　韓德培：《我們所需要的法治》，《觀察》1卷10期，1946年11月2日。

斯密爲代表的個人主義或功利主義自由主義促進了資本主義的進展和進展和成熟，但因資本主義的春蠶絲盡與弊端百出而受到了揚棄。而法國盧梭爲創始者的天賦人權論者「激起了波瀾壯闊的民主洪流，」所以，「盧梭的天賦人權論至今仍光芒四射，深入人心。」〔註10〕

　　《觀察》及其作者群還重視理性的作用，強調民主政治必須是建立在理性基礎之上。他們說：「民主政治有一個基本的假定，即以人人都有理性的，人人都能爲自己的公共的幸福與利益打算的，而且其打算是各有理由的。如無此基本假定，……豈不是任何野心家，皆可妖言惑眾，傳播危險思想，以顛覆政府，使人人無安居之日？」〔註11〕

　　但是，不管怎麼說，《觀察》及其作者群是在充分肯定自由的價值的基礎上來講述民主、法治、革命以及經濟平等的。否則的話，他們就無法走上自由主義之路。從五四以來的知識分子所走過的道路來看，受英美自由主義思想傳統影響大的知識分子，走的是「師法英美的道路」，這方面的典型代表就是胡適。而受歐陸自由主義傳統影響大的知識分子則容易走上「師法蘇俄」之路，選擇共產主義，最爲典型的代表就是陳獨秀。他在接受了法蘭西文明的影響後，合乎邏輯地接受了馬克思主義，成爲了一名共產主義者。

二、新自由主義的衝擊

　　古典自由主義思想家們儘管各自理論表現不一，但在總體上皆肇源於英國傳統的經驗論和不可知論，即：理性的知識必須依賴於或能夠還原爲人的感覺經驗或心理，只有這樣，才能使人的自然狀態即自由得以保存。在政治哲學中他們回答的問題是：「建構什麼樣的國家個人是自由的」。這直接表現爲亞當·斯密的市場原則，邊沁、休謨和密爾等人的功利主義，洛克的契約原則以及葛德文的無政府主義。除葛德文之外，以上所指出的幾位思想家（當然也包括其它思想家）對英國的政治、經濟曾產生過重要影響。無論是因爲英國式的自由主義對其政治、經濟的影響使其強大，還是因爲英國的經濟、政治的強有力的影響，使其「古典自由主義」爲世人所關注，市場原則、功利主義與契約論對世界各國產生過深切而劇烈的衝擊，這是不爭的事實。

〔註10〕李孝友：《讀「關於中共向何處去」兼論自由主義的道路》，《觀察》3 卷 19 期，1948 年 1 月 3 日。

〔註11〕羅忠恕：《學術自由與文化發展》，《觀察》1 卷 12 期，1946 年 11 月 16 日。

經過德國古典哲學從理論上、法國大革命從實踐中、特別是馬克思主義理論及其指導下的共產主義運動對「古典自由主義」的批判性洗滌；兩次世界大戰的衝擊；來自「發達工業社會」內部為解決資本主義所「固有的經濟危機」而採取的國家資本主義方式日趨凋零，自由主義的影響大為減弱。然而，對這些因素交疊作用的反省之中，羅斯福卻倔強地指出：「一個綱領，其基本命題是，並非追求利潤的自由企業制度已在這一代人中失敗，而是尚未經受考驗。」〔註12〕同樣，「消極自由」也以更為徹底的面貌出現，而且在哲學、政治尤其是經濟領域產生過深入而持久的影響，被人們稱為「新古典自由主義」。其中著名的代表人物有：米塞斯、哈耶克、布坎南、弗里德曼、科斯、柏林、諾齊克等等。他們承繼「古典自由主義」的市場原則（主要是亞當·斯密）和契約原則（主要是洛克），但不滿意「古典自由主義」對自由的功利主義制度設計，認為資本主義之所以發生經濟危機、政治危機和其它諸多問題，並不是市場本身是否需要進行制度設計和人為干預的問題，恰恰相反，是人為干預太過的問題，應當使市場更充分地自我發育。比如，科斯認為，只有交易成本為「零」，交易才能夠最為充分，因此，應盡可能地減少政府的人為市場限制，這在政治哲學中表現為哈耶克的《自由憲章》、《法律、立法與自由》等和諾齊克的《無政府、國家與烏托邦》。與「古典自由主義」不同，「新古典自由主義」政治哲學所回答的問題是：「自由的個人將形成怎樣的國家」。

隨著資本主義市場競爭的日趨激烈，自由主義者所倡導的放任經濟的弊端很快就十分明顯。19 世紀中葉，英國知識界開始注意到自由資本主義所帶來的社會問題，特別是工人階級勞動與生活狀況方面的問題：勞動工時，衛生條件，安全條件等等。就在馬克思、恩格斯揭露工人階級狀況的同時或更早時，英國知識界已從道德和美學觀點出發，對工業資本主義進行了持續的批評。在這樣的背景下，早在 19 世紀 30 年代，在自由主義的故鄉英國，議會便開始斷斷續續通過工廠法，規定勞動時間與條件。整個 19 世紀的英國都是國家的責任與職能逐步擴展的時代。經濟與社會生活中愈來愈多的方面開始受到法律的調節與制約。有趣的是，幾乎所有這些政府擴張的行為恰恰是在自由主義政府執政時期完成的。就社會與政治哲學而言，新自由主義主要關注兩方面的問題：自由的性質和國家的作用和功能。在這兩方面，新自由

〔註12〕轉引自哈耶克：《通往奴役之路》，中國社會科學出版社 1997 年版，第 18 頁。

主義者提出一套背離傳統英國哲學而更接近德國唯心主義哲學的理論。但這些新自由主義思想對中國的影響是經過過濾和選擇的。

首先，新自由主義者接受了德國哲學中社會有機體論的社會哲學，對英國自霍布斯以來的機械主義社會觀提出批評。傳統英國自由主義社會哲學的基礎是所謂的機械主義（mechanism），其基本內涵在霍布斯的理論中有明顯闡釋。機械主義社會觀至少包含幾方面的內容：社會是由抽象的個人組成的，個人是本源，社會是派生的，個人的性質決定社會的性質，社會的性質是組成社會的個人性質之總和。除了個人利益之外，社會並沒有任何獨特的利益。與機械主義相反的是一種將社會與國家視爲有機體的學說。這種學說在黑格爾那裡得到很好的表達，在英國唯心主義哲學家那裡亦有較明確的表述。這種有機論一般至少包含幾反面的內涵：社會是一個整體，是一個有機的存在，而不是個人的某種簡單的聯合體；整體大於部分之和，除了組成社會的個人利益之外，社會有某種共同的利益；整體決定部分的性質，從來沒有抽象的個人，絕對的個人，個人的性質是由他所在社會的性質決定的；離開整體不可能理解部分，只有將個人置於整體之中才可能理解其社會特徵；組成整體的各部分之間互相聯繫、互相依存。社會並不是個人的簡單組合，將個人聯繫在一起的是各成員對群體及其宗旨的依附與忠誠。個人作爲社會的成員而扮演某種社會智慧，履行這些職能是個人獲得完善人格並獲得內心最高滿足的條件。

第二，新自由主義者對古典主義者關於消極自由的定義提出批評，並倡導一種積極意義的自由觀念。由於積極自由概念在後來自由主義的發展中成爲十分重要的概念，所以有必要在這裡介紹一下這一概念的闡釋：

> 實現自由是我們公民所努力的眞正目標。然而，當提及自由時，應該謹慎地考慮它的含義。所謂的自由並不僅僅是不受強制的自由。自由並不僅僅以爲著我們可以做我們喜歡做的事，而不管我們喜歡做的事是什麼。自由並不意味著一個人或一些人可以享受以其他人的損失爲代價的自由。當言及自由指的是一種積極（positive）權力或能力，從而可以做或享受某種值得做或享受的事，而這些事也是一個人和其他人共同做或享受的事。

這裡所說的積極自由的概念，用以和傳統的霍布斯式的自由觀念相對比。它認爲，傳統自由主義倡導的是消極自由，即僅僅不受法律限制的自由；

而積極自由則是「從事值得去做或享受值得享受的事物的一種積極的力量或能力」，而且，這種自由必須是我們與其他人共享的。這種自由觀念與古典自由主義的自由觀念至少存在三方面的區別：（1）將自由的概念與權力、能力的概念聯繫在一起。自由不僅僅是缺乏外在限制這樣一個消極的概念，而是去實現某種目標、去做某種事情的實際權力或能力。（2）在自由概念中存在某種道德的因素。自由並不意味著人們去做任何他們希望做的事情，而是意味著去做那些值得做的事情。（3）這種自由概念中還包含著明顯的平等主義因素。自由不應該是某些人的特權，而應該是大家共享的物品。用一位學者的話來說，「真正的自由就是使人類社會的所有成員都享有最大化的能力去實現自己的最大價值。」

第三，新自由主義認為，國家應該在社會發展中扮演積極的角色。在格林的觀點中，積極自由體現了道德與善，而國家是道德與善的載體，國家應履行某種道德的職能。格林的哲學在相當程度上代表了英國哲學向德國哲學、特別是黑格爾哲學的靠攏。

不過，應該指出的是，這種新的自由主義儘管繼承了黑格爾哲學中的某些成分，但同黑格爾的理論仍然有根本的區別。黑格爾的哲學在本質上是國家主義的，格林以及其他英國新自由主義者並沒有得出國家主義的結論。這種新自由主義的基本理論傾向是企圖以黑格爾的哲學支持自由主義，修正傳統的自由主義，從而賦予自由主義新的活力，使自由主義適應新的政治與經濟環境。這就是為什麼他們稱成為新自由主義者而不是國家主義者。但是，正如薩拜因所指出的那樣，唯心主義的自由主義使自由主義與黑格爾學說聯姻的努力是不成功的。黑格爾的哲學在主要方面不是自由主義的，它強調個人必須為更大的集體、為更高的目標做出犧牲，這與英國唯心主義自由主義者們的目標大異其趣。

中國的自由主義從五四時代就表現出了明顯的新自由主義傾向，力圖將自由主義與社會主義加以某種調和。對中國影響最大的兩個西方自由主義人物一個是美國的杜威，一個是英國的拉斯基。美國的杜威屬於民主主義的自由主義，而英國的拉斯基則是社會主義的自由主義。尤其是拉斯基，對於中國的自由主義的影響遠遠超過杜威。他的費邊社會主義，作為一種修正的自由主義理論，在保留自由主義的基本原則，如：個人自由、民主政治的同時，力圖將它同社會主義的平等公正原則調和起來，從而在自由主義的框架內部

發展出一變種，即社會民主主義的思想體系。這種試圖調和自由主義的和社會主義的新理論對於《觀察》及其作者群來說是一個盼望已久的福音。古典自由主義理論作爲一種替資本主義莊嚴辯護的學說，在中國的文化傳統中是找不到任何對應的精神資源的，而主張平等、公正和大同的社會主義理想，卻有可能在中國歷史內部獲得強有力的支持。他們一方面清楚地意識到資本主義發展對社會生產的促進作用，另一方面，又敏銳地意識到在資本主義的發展過程中，分配的公道和平等是一個與發展同樣重要的問題，因而，他們大都摒棄了古典自由主義的「交換的正義」觀，而接受新自由主義「分配的正義」觀，他們在強調自由的同時，十分重視正義的問題。正義在當時主要被表述爲「社會公道」或「經濟平等」這樣的說法，它成爲中國自由主義理論中與自由同樣重要的核心理念。他們認爲：如果說「個人自由」是政治領域的中心概念的話，那麼「社會公道」和「經濟平等」就成爲經濟領域的主要目標。可以說，社會的正義問題——分配的公正和經濟的平等，就成爲個人自由和政治民主同等重要、甚至是更重要的問題。誰抓住了公正這面旗幟，誰就將獲得民心，獲得底層社會的支持和呼應。《觀察》及其作者群就扮演了這一吶喊的角色，他們指出：「所謂新自由主義，實際上與英國工黨已行的政策極其相近。但是與其說它是一種變態的社會主義，毋寧說它是改善了的新資本主義，因爲它建基於根深蒂固的私產制度上，以私產及合法之自由支配爲政治及經濟自由之最後保障。它復承襲西歐自由思想與人文主義的精神。至於英國工黨在其傳統之政治民主體系中，是否會始終採取折衷緩進的方式，抑或因不能放棄主義立場，終趨極端。」〔註13〕

三、五四自由精神的繼承

　　《觀察》及其作者群的另一大思想之源就是對五四精神的繼承。

　　在中國思想史上，沒有比這一時期的反傳統更激烈的了。近代以來，反傳統分方式有兩種，一種是從傳統自身的局限中領悟到了反傳統的必要而發出異端之聲的，另一種是在外來文化的強烈衝擊下感到民族傳統的崩潰。五四新文化運動顯然屬於後者。因此，五四新文化貫穿著兩種精神：反對中國傳統文化和接受西方近代文化。具體體現爲反對舊道德、提倡新道德，反對專制、提倡民主，反對愚昧、提倡科學，尤其是以倡導民主和科學爲核心，

〔註13〕吳元黎：《現代經濟思潮的趨勢》，《觀察》2 卷 9 期，1947 年 11 月 26 日。

掀起了一場具有劃時代意義的思想啓蒙運動。新文化運動是以 1915 年陳獨秀創辦《新青年》雜誌爲標誌的。

陳獨秀把自己創辦的雜誌定名爲《青年》，可以看出他將改造社會的職責寄於青年身上。在他看來，青年「如初春、如朝日、如百卉之萌動，如利刃之新發於硎」；青年對社會產生的影響，「猶新鮮活潑之細胞在人身」，只要表年人「新鮮活潑」，整個社會就會充滿活力和生機。遺憾的是，中國青年因受傳統的以「少年老成」爲美德的觀念影響，個個失去了「新鮮活潑」的天性，而「一無一不與彼陳腐朽敗者爲一丘之貉」。因此，要改變人們的思想，有必要先從改變本性「新鮮活潑」的青年人的思想入手。陳獨秀在創刊號的首篇文章中就「敬告青年」，對「青年」重新定性，即：所謂青年，不單是指年紀輕輕、體魄健壯的人，更指具有青年「腦神經」的人。惟獨這樣的青年才能「自覺其新鮮活潑之價值與責任」。陳獨秀還爲不善於、不慣於動用自己的「腦神經」的青年人提供了判斷「孰爲新鮮活潑而適於今世之爭存、孰爲陳腐朽敗而不容留置於腦裏」的六項標準。這就是：一、自主的而非奴隸的；二、進步的而非保守的；三、進取的而非退隱的；四、世界的而非鎖國的；五、實利的而非虛的；六、科學的而非想像的。

做人就應做一個獨立自主的人，善於進取、進步的人，心胸開放、放眼世界的人，注重實利與科學的人。因爲這種人生態度已爲西方有目可睹的物質成果所證實的一種「適於今世之爭存」的態度。陳獨秀正是基於這種事實而以不容置疑的口吻，「敬告」青年去追求這種生活的綱常名教網絡中的國人從未經歷過甚至想都沒敢想過的新型的、實實在在的、新鮮活潑的人生。〔註 14〕

「法律之前，個人平等也。個人之自由權利，載諸憲章，國法不得而剝奪之，所謂人權是也。」「科學者何？吾人對於事物之概念，綜合客觀之現象，訴之主觀之理性而不矛盾之謂也。」對於陳獨秀比作「若舟車之有兩輪」而缺一不可的民主與科學及其價值的提介與肯定並非始於《新青年》。早在魏源、徐繼佘等人的筆下就已流露出對西方的代議制政體的朦朧嚮往。到了王韜、鄭觀應、薛福成等人活動的洋務時期，代議制政體的提倡已是他們的中心議題之一，伴隨著民主理論的逐步成熟與民主政治實踐的嘗試，這一切都有清晰的軌跡可尋。相對於民主，科學更早地引起中國人的關注。明朝末

〔註 14〕陳獨秀：《敬告青年》，《陳獨秀文選》上海遠東出版社 1994 年版，第 1～8 頁。

年，徐光啓、李之藻等人已開始自覺地接觸和研究來自西方的自然科學。此後，雖然因清朝實行的「禁教」閉關政策，而使這種接觸和研究中斷，但鴉片戰爭以後再次給了中國人追求科學的機會，到 20 世紀初年，幾乎所有的新式學校都開始把科學列爲必修課。對於「民主」、「科學的」表述也日見清晰而接近其本質。嚴復在甲午戰後著成的《論世變之亟》中對民主與科學精神所作的概括就很典型。他說，「於學術則黜僞而崇眞，於刑政則屈私以爲公」，是西方與中國的根本不同所在。這裡的所謂「黜僞崇眞」指的就是科學精神，而「屈私以爲公」則是指民主精神。

陳獨秀及其《新青年》所提倡的科學與民主，其精神實質與前人一脈相承，它們作爲新文化運動的兩面旗幟之所以能夠產生前此無法相比的號召力與影響力，一個重要的原因是《新青年》的同人們不僅首次將「民主」與「科學」緊密結合起來——「科學與人權並重」、「科學與人權」若舟車之有兩輪焉——而且還在於將它們作爲衡量一切社會現象的價值尺度，「認定只有這兩位先生，可以救治中國政治上、道德上、學術上、思想上一切的黑暗」。

爲什麼優良的民主政治體制在歐美行得通，而在中國卻屢遭失敗？經過一番探索，五四先驅們發現：「共和立憲而不出於多數國民之自覺與自動，皆僞共和也，僞立憲也，政治上裝飾品也，與歐美各國之共和立憲絕非一物。」〔註15〕陳獨秀及其同人的這種覺醒，意義非同一般。它將前人對於民主的要求推向了一個更高更自覺的確階段，「民主」已不再僅僅是一種政體，而且還是一種與國民的「自覺與自動」相關的文化，是一種合乎理性的生存方式或生活態度。換言之，「舉一切倫理、道德、政治、法律、社會之所嚮往、國家之所祈求」等等都可以「民主」一詞來概況，而這一切的一切最終目的都是爲了「擁護個人自由權利與幸福而已」。突出強調「個人自由權利與幸福」的實現，既是新文化運動的一大特點，也是此時的「民主」與前人所追求的「民主」內涵不同之所在。至於科學，陳獨秀充分肯定它是根治「無常識之思」、「無理由之信仰」的藥石，明確而而大膽地宣佈，即令是「祖宗之所遺留，聖賢之所垂教，政府之所提倡、社會之所崇尚」，只要經不起科學法則的檢驗，那就「皆一文不值也。」〔註16〕

「民主」與「科學」這兩面大旗是作爲萬能的「救世主」爲《新青年》

〔註15〕陳獨秀：《敬告青年》，《陳獨秀文選》上海遠東出版社 1994 年版，第 26 頁。
〔註16〕陳獨秀：《敬告青年》，《陳獨秀文選》上海遠東出版社 1994 年版，第 33 頁。

的同人們擎起來的，隨著宣傳的日益深入和擴大，它們越來越與中國傳統的價值觀念處在了一種似水火而不能相容的境地。在新青年的同人看來，要想使救世的「德先生」、「塞先生」最終在國人的心目中確立起來，就必須先將國人頭腦中沉積幾千年的舊思想、舊觀念掃除淨盡，而要完成如此艱巨的歷史性使命，又非民主與科學不能擔任。於是，《新青年》高舉著民主與科學的兩面大旗，向中國的傳統文化、特別是傳統的倫理道德觀念展開了全面的進攻和徹底的清算。

真正促使中國「學術政教」發生根本「變遷」，並使中國人逐步覺悟起來的是「歐化之輸入」。陳獨秀把「歐化」自明中葉「輸入」中國，直到當今的「民國憲法實行時代」的歷史時期劃分為七個階段，認為中國人的思想在這七個階段中經歷了三次大的覺悟。第一次是學術覺悟，認識到與西學（自然科學帶來的成果）相比，中學「相形見絀」；第二次是政治覺悟，人們通過「近年來政象所證明」的事實認識到中國歷史上延續下來的政治，「已有不克守缺抱殘之勢」；第三次是覺悟到「欲乎政治上採用共和立憲制」，就應在倫理上奉行「獨立平等自由」原則，即倫理覺悟。與第一、二次覺悟相比，第三次覺悟尚處於「懷疑莫決」階段，目前的任務就應致力於第三覺悟的實現。從陳獨秀對三次覺悟的描述和論證中可以看出，三次覺悟絕不是平面的三個方面的覺悟，而是一個由表入裏、由淺入深的過程。後一個覺悟是緣承前一個覺悟而發生的、遠比前一個覺悟更深一層的覺悟；作為在前一覺悟基礎上產生的後一覺悟，不僅具有自己的特殊的使命，而且還要繼續肩負由前一覺悟所提出的任務。也就是說，「政治覺悟」實現後，並不應放棄由「學術覺悟」提出的「科學」要求，「倫理覺悟」階段當然也不能放棄由前兩個覺悟所提出的「科學」與「民主」的要求。從這個意義上講，奉行「獨立平等自由」原則，既是「倫理覺悟」階段的特定內容，也是科學與民主精神延伸的必然要求。

在中國實行民主共和制是《新青年》的既定目標，因此，陳獨秀做這番論證，實際上是把鬥爭的矛頭直接指向了傳統文化主幹——儒學及其創始人孔子。激進思想界在這位新文化運動的總司令的號召下，普遍開始了對傳統文化的全面而猛烈的進攻。

易白沙首先公開指名批評孔子，認為他是歷代封建統治者慣於利用的「百世之魂」，因此要否定封建專制統治，就不能不否定孔子。吳虞的言辭激烈、

痛快，指出，「儒家以孝、悌二字爲二千年來專制政治與家族制度聯結之根幹」，其流毒「不減於洪水猛獸」。他認爲正是儒家提供的忠、孝才把「中國弄成一個製造順民的大工廠」。因此，要使中國維新富強，必須廢除儒家的教義。魯迅對孔教的揭露和批判更加深刻、無情，他的《狂人日記》借狂人之口說：

> 「我翻開歷史一查，這歷史沒有年代。歪歪斜斜地每頁上都寫著「仁義道德」幾個字。我橫豎睡不著，仔細看了半夜，才從字縫裏看出字來，滿本都寫兩個字「吃人」！

一時間，「打倒孔家店」成了思想界，特別是青年學子中相當流行的口號，尊孔與反孔成爲封建文化與新文化鬥爭的焦點。如同提倡民主與科學一樣，反孔、反名教的要求也不始於《新青年》時代。洋務時期的何啓、胡禮垣就曾尖銳地揭露了三綱五常的實質，指出三綱的提倡使得君臣之間不講「義」，爺子之間不講「親」、夫妻之間不講「愛」，因此，君可以無端殺臣、父可以無端殺子、夫可以無端殺妻。其推演的後果必定是「勇威怯，眾暴寡，貴凌賤，富欺貧」，可見「化中國爲蠻貊者，三綱之說也」。爲中國的維新運動獻出生命的譚嗣同也對中國兩千年來的政治與學說進行過猛烈的抨擊。

　　以反孔、反封建的綱常名教爲核心內容的倫理覺悟，其目的就是要實現人的解放，使人能夠「脫離奴隸之羈絆」，完善「自主自由之人格」，做到「我有手足，自謀溫飽；我有口舌，自陳好惡；我有心思，自崇所信」，凡事都要「聽命各自固有之智慧」來處理，而不是去「盲從隸屬他人」。當然，五四啓蒙思想家面對依然是啓蒙與救亡的雙重課題，這就決定了他們在談論個性解放的議題時，都會有意無意地與民族國家的解放發生糾結。譬如，陳獨秀說：「集人成國，個人之人格高，斯國家之人格亦高；個人之權鞏固，斯國家之權亦鞏固。」這就爲個性解放賦予了雙重的正當理由，即它既是個人道德完善的需要，也是國家得以保存和發展的必需。只有個體獲得「獨立自主」的人格，由個體集成的國家才能夠獲得「獨立自主」的國格；只有個體的權利得到鞏固，由個體集成的國家的權利才能鞏固。同樣，侮辱個體的人格，也就是在侮辱國家的國格，只有個人的人格提高了，國家的國格才能提高。所以，中國要想提高國家的國格，鞏固國家的權利，就應首先從完善個體的「獨立自主」人格、鞏固個人的「平等自由人權」處入手。在這裡，個性解放既是啓蒙的課題，也是救亡的課題。也正是在這個意義上，個性解放的深遠歷

史意義才能進一步顯示出來。

　　不論是把「民主」與「科學」比作能「救治」一切黑暗的「藥石」，還是比作若「舟車」之不可或缺的「兩輪」，它們相對於使人成其爲人的最終目的而言，也只不過是一種手段或工具而已。「藥石」是由人開具的，車輪舟輪也是由人駕駛的。因此，說到底，只有人的「覺醒」才是眞正的覺醒，只有覺醒了的人，才能操縱「民主」與「科學」這兩個有效的輪子將人類載向理想的境地。

　　五四運動所提倡的民主與科學精神，顯然對《觀察》及其作者群造成了很大的影響，雖然二者的思想不能一一對應，但在精神實質上卻的非常一致的。追求民主，目的是要追求人對人的自由；追求科學是要追求人對自然的自由。可見，民主不過是說實現個人自由意志的工具而已。《觀察》及其作者群還從五四先驅們那繼承了一種「解放」的精神。

　　對於五四自由知識分子來說，獲得獨立、自由的主要意義在於從傳統中國的社會和文化束縛中求得解放。因爲他們認爲傳統中國的社會和文化所加給個人的壓抑實在是太嚴苛了，因此，爭取個人的獨立、自由，對五四自由知識分子來說主要就是從束縛個人的自由的社會和文化中解脫出來。然而，這種個人自由與西方的個人自由又不盡相同，西方的個人自由的一種價值理性，而中國的個人自由則帶有一種鮮明的工具理性色彩。簡單地說，《觀察》及其作者群所以接受西方個人主義的思想價值，主要是借它來支持並辯解反傳統運動，以其得「人」的解放。

第五章　自由價值與中國社會:《觀察》對自由本質的全面解讀

　　《觀察》及其作者群的主體是自由主義知識分子，他們深受西方價值觀念的影響，其中，西方的自由觀是他們整個政治思想的基礎。在這些人的心目中，人具有追求自由的天性和權利，這是人的絕對價值。正如洛克所說：「沒有任何人能夠接受別人的指令去相信自己的信仰，即使他要如此做，也是不可能的。」〔註1〕信仰是不能強迫的。信仰眞理、追求眞理都是人的自由，自由必須是自己選擇的而不是別人強迫的。德國社會學家曼海姆曾經說過：「近代的自由知識分子不屬於任何固定的階級，知識和思想成了他們唯一的憑藉，因此他們才能堅持自己的思想上的信念。」〔註2〕從思想史來看，西方近代知識分子充滿理性的價值觀念和堅持自由獨立人格的文化精神是有歷史淵源的。在西方文化的全部背景中可以看到，古希臘、羅馬奠定了追求眞理、科學和理性的文化傳統，柏拉圖和亞里士多德時代的知識者充滿了求知的欲望和探求眞理的勇氣，開創了西方文化自由、民主、平等的理性先河。文藝復興衝破了漫長的中世紀的宗教枷鎖，繼承了古希臘、羅馬的「人的尊嚴」的模式，找到了作爲人的天性和權利的自由，使人成爲眞正的人。《觀察》及其作者群的自由觀深受這一思想文化傳統的影響，在消化吸收的基礎上，形成了他們獨具一格的自由觀。

〔註1〕　洛克：《論寬容的一封信》，商務印書館1998年版，第1頁。
〔註2〕　余英時：《士與中國文化‧自序》，轉引自《自由者尋夢——「現代評論派」綜述》，上海文藝出版社1997年版，第127頁。

一、自由的劃分及其本質屬性

（一）消極自由與積極自由

《觀察》及其作者群認為，從抽象上看，「自由有消極自由與積極自由兩種。」具體地說，消極方面，自由有取消約束和限制的含義，比如信仰自由，就含有別人或政府不能干涉個人的宗教信仰，必須容許個人有選擇信仰的自由。還比如言論自由，也同樣含有反對任何人干涉的意思；積極方面，自由有任意選擇辦法或觀點的語意。正如上面所說的兩種自由，在積極方面就含有任意選擇宗教信仰，選擇言論觀點的意義。顯然，《觀察》及其作者群的這種劃分是借用了格林的詞彙來描述「消極自由」和「積極自由」。

「自由」向來有兩種不同的界定。第一種界定關心的是「在什麼樣的限度內，一個主體可以做他想做的事，而不受別人的干涉。」也就是消極自由；第二種定義的自由則主要考慮的是「什麼人有權決定他應該去做這件事或成為某一種人，而不應該做另一件事或成為另一種人。」這就是積極自由。《觀察》及其作者群的解釋顯然更為通俗易懂。

《觀察》及其作者群十分重視自由的價值，但在「消極自由」和「積極自由」兩者之間，他們更側重於「消極自由」。這與《觀察》及其作者群的大部分人留學英美，深受英美自由主義傳統的影響是分不開的。在《觀察》及其作者群的心目中：自由是免於強制，是對個人自由的尊重。儲安平就明確地指出：「自由者，無政治約束之謂也。」〔註3〕具體地說，自由是獨立於他人專橫的意志，或者在沒有他人強制情況下的一種存在，也就是對個人的強制減少到社會所能達到的最低限度。毫無疑問，《觀察》及其作者群所要求的免於強制的自由，主要是指除於國家政權強制的個人的政治自由。

（二）政治自由與社會自由

對於中國人是否享有的自由，一般存在著兩種截然不同兩種觀點。一種觀點認為：中國人享有的自由太多，各自為政，一盤散沙，以至於國弱民窮。這一派的代表人物是孫中山先生；另一種觀點認為：中國衰敗的主要原因就是專制統治太嚴，人民享有的自由太少所致。這一思想的代表人物是嚴復。《觀察》及其作者群對這一歷史上的疑難問題有著自己的獨到見解。他們認為：對於中國人所享有的自由，不能籠統地說，必須作具體分析。中國人所

〔註3〕 儲安平：《儲安平文集》（上），東方出版中心1996年版，第287頁。

享有的自由實際上有兩類，即：政治自由和社會自由，而這兩種並不是均等的。近代以來，中國積貧積弱，屢戰屢敗，一個最基本原因就是中國人的政治自由太少，社會自由太多，具體地說，有如下幾個方面：

在人身自由方面，許多違法作惡殺人越貨的惡棍、盜匪，常得逍遙法外，而在思想上稍有激進一點的人，他的生命常不能得到合法的保障。

在言論自由方面，對於那些隨便揭發他人的隱私，破壞他人名譽，刊登荒誕離奇不合人情的文字的報紙或印刷品，它們在社會道德上所造成的影響，政府常漠然對待，但報紙或印刷品，如果發表了在思想上有「問題」的文章，那麼，這份報紙及印刷品的編輯、發行人及作者，都將遭受不可抗拒的壓迫、威脅或制裁。

在信仰自由方面，各種荒誕不經的教義，肆意傳播，絕對無人加以阻止，封建迷信活動一如百年以前。但一個人的信仰假如一涉及到「政治的思想」，那麼，他馬上就要受到有關方面的注意或監視。

在職業自由方面，辦學校、開書店、出刊物、發行報紙，均須受到特殊管制，因為這些職業都是傳播思想的職業，至於一般與思想無關的職業，政府則不怎麼干預，所以殺人者仍得高枕無憂；貧窮無告的父母將其子女鬻賣為奴婢或娼妓，絕對自由；至於人民有職業無職業，自然更無人過問了。

在集會結社自由方面，抽頭聚睹、私家堂戲、結夥械鬥、下級幫會等，都不受真正嚴格的限制，但政治性質的集合結社，即使明文不禁，實際上也是不容易舉行的。

總之，在中國人的行為及一般生活中，凡涉及政治的，處處都要受到限制；只要與「政治」無關，極盡自由之能事。由於對政治的過於敏感與強調，使得「政治」在中國處於崎形狀態，社會發展失去了平衡。毫無疑問，社會的發展是多方面的，平均發展的社會自然要比崎形發展的社會健康、有序。自由主義尊重每個人的權利，每一個個體都享有同等的權利，都是不可侵犯的。如果人民沒有政治上的自由，那麼，人民的意志就得不到伸張；人民的意志得不到伸張，則國家政治便失去了其賴以存在的基礎，同時國家職能的發揮也會受到很大的局限。在另一方面，民眾的社會自由如果不受限制，尤其是一部分人的自由沒有約束的話，另一部分人的自由必然會受到侵犯而失去自由，這與自由主義的宗旨是背道而馳的，是不能容忍的，所以《觀察》

及其作者群主張，人民所享有的自由，「應大者大之，應小者小之。」〔註4〕否則的話，中國社會便難以進入快速發展的軌道，中國社會也就永遠擺脫不了貧窮落後的局面。這是中國貧窮落後的一大病根。

（三）心理上的自由與生活上的自由

人首先是生物學上的人，然後才是社會中的人。自由是一種存在，它從心理上發出，在生活中表現。心理上的自由與生活上的自由既相互關連，又有所區別，《觀察》及其作者群對這兩種自由進行了區分。

首先，心理上的自由是指一個人的思想、情感、意志或動作可以不受任何原因、條件的支配而表現。現代心理學絕不承認存在著無原因無條件的思想、情感、意志或動作。而且可以假定，如果原因、條件相同，那麼，這個人所產生的思想、情感、意志或動作必然是相同的。不過決定及影響人們思想、情感、意志或動作的原因條件，十分複雜微妙，不能千篇一律，一言以蔽之。引發的原因，有的在於外界，有的在內部，有的在眼前，有的在遠方；有的在當前，有的在過去；有的很顯著，有的很輕微。人們能見到的，只限於外界、眼前、當時存在的顯著原因、條件。至於存在於人本身內部的、遠方的、過去的或輕微的原因、條件則不易見到，所以對心理上的自由，常常會使人誤解，以為某人的思想、情感、意志或動作可以不受任何原因、條件支配而自由發生的。換句話說，就是以為所謂心理現象可以不受因果規律的支配，心理現象是不服從自然規律的主觀自為。

而人們通常所說的自由指的是生活中的自由。所謂生活中的自由，是說一個人的思想、情感、意志或動作，不受另外一個人的思想、情感、意志或動作的決定，而是受自身心理邏輯中的原因、條件的決定。這種說法有些費解，但是從相反的方面來看，似乎容易理解一些。所謂生活中的不自由，就是說一個人的思想、情感、意志或動作，不能照著心理邏輯中的原因、條件的決定來表現，而是要以另外一個人或一些人的思想、情感、意志或動作做唯一的決定者而產生的表現。比如，有一個人有一件事件對於當事人來說，已完全具備了引起他發怒的原因、條件，從心理學上的因果律和自然規律來講，這個人的發怒，是被這些原因、條件所決定的，不可遏制，不可避免的。所以在心理邏輯上邊講，這個人的發怒，是不自由的，非發怒不可的。而在

〔註4〕 儲安平：《儲安平文集》（上），東方出版中心1996年版，第471頁。

生活中，這個人的發怒是自由的，他是依著憤怒情緒所決定的原因、條件而發怒的；並不是本來就沒有足夠的原因和條件，而由另外一個人或一些人的思想、情感、意志或動作的強使他發怒的。另外如某一對象，其本身和其所出現的環境以及當事人的本身情形中，並不具備引起完全信仰的條件，而由另外一個人或一些人用他們的思想、情感、意志或動作，來強使這位當事人對該對象發生信仰，這樣的「信仰」，如果眞能發生的話，那在心理邏輯上講，到可以說是相當自由的，因爲他居然所擺脫因果律與自然規律的限制而自由發生。可是在生活中講，這種「信仰」是不自由的，因爲他不是根據著他理應根據的原因、條件而發生，乃是由別人的思想、情感、意志或動作強迫使發生的。所以，「個人的行爲，在心理邏輯中是沒有自由的。讓一個人依據著心理邏輯所決定的去行爲，那就是生活中的自由。因之心理邏輯的不自由便是生活中的自由。誰要想眞正干涉別人的行爲，便得從心理邏輯中的原因、條件下手。原因、條件控制好了，你就讓他自由地去生活，而他的行爲已毫無自由了。反之，誰要想打破心理邏輯的不自由，那是絕對做不到的。」〔註5〕

（四）學術自由與思想自由

學術自由與思想自由就如同數學中的兩個交叉集合，既相互包容，又不是完全重合。《觀察》及其作者群對於學術自由有一種全新的解釋。它包括三方面的內容：

第一，學術自由並不僅僅局限於思想自由。一個人的思想自由在某種意義上說是絕對自由的，不論政治上還是宗教上是如何嚴格限制思想的自由，但思想在思想者的頭腦裏永遠是自由的。無論政治上有多麼嚴密的措施，但決不能把思想從思想者的頭腦中完全奪去。權力可以把一個所謂具有危險的思想者拘禁起來，但權力卻不能禁止思想者思想他那「危險的思想」。權力愈要去防範他那危險的思想，可能越是適得其反。無數社會實踐表明，一個革命者的思想體系以及對於思想的自信力，無不是因爲外界的壓迫而愈趨成熟，並使其革命的意志，更加堅決。所以，「我以爲思想在思想者的頭腦裏，永遠是自由的。」〔註6〕

〔註5〕　張述祖：《自由的心理》，《觀察》2卷22期，1947年7月26日。
〔註6〕　羅忠恕：《學術自由與文化進步》，《觀察》1卷12期，1946年11月16日。

　　第二，學術自由並不是說政府不管學術事業，就有學術自由了。在現代國家政治生活中，沒有那一方面不與政府有關係。如果有關的話，那麼就不能不管。但這個「管」，不是管制，而是管理。管制是限制學術的自由。學術自由如果受到限制，則學術工作者的精神便受到了壓抑，學術工作，也無從進展。而管理則大不一樣了，它是指政府對學術負起責任，有目的，有計劃的發展學術事業。「我們感覺我國的學術事業難以進展，其最大原因，即政府未能充分負起責任，竟可說未能負起管理之責。」一個學術機關亦如同一個人一樣，不應該使它規律化、形式化、統一化，應該容許每一個大學，每一個學術團體，表現出他們的特殊風格，獨創的精神，獨具的個性。必有充分的學術自由，這樣才能有學術的充分的發展。一旦實現了統一，那麼個性將全部消失，創造精神將隨之喪失了。這足以造成文化的萎縮與倒退，「這是由於政府徒謀管制事業，而未負起管理學術工作的結果。」〔註7〕

　　第三，學術自由不僅要解除外界的拘束，外面的限制，更重要的是要解除個人內在的束縛。外面的拘束是指社會政治環境，不容許思想發表的自由，客觀的條件，沒有能給學術工作者充分的支持與扶助，使學術事業得不著所應有的經費而發展，使學術工作者無安定的生活，不能施展他們的抱負，運用他們的創造的能力而言。假如把這些外面的拘束與限制取消了，也不能算真正有了充分的學術自由。還有學術工作者內在的束縛。內部的束縛未解除，其自由恐怕還達到一半的程度。所以說內部的束縛是指學術工作者本身的心理態度及精神生活。

　　《觀察》及其作者群指出：我國學術界最缺乏的是批判的、分析的、客觀的精神。「提倡科學的則常說哲學是賣弄玄虛，其實西方的科學何嘗不是從哲學中演化來的。介紹西洋文化的，則張皇失措地說中國文化，一錢不值。」否則便是走向了另一個極端，牽強附會，認為西方的科學皆源自中國，西方學術「皆我所有」：墨子的木鳶，就是飛機的發明；諸葛亮的木牛流馬，就是汽車、火車的前身，不然，一定就是「中學為體，西學為用」，似乎是「西學無體，中學無用」。

　　人們通常所說的思想自由是指思想發表的自由，也就是言論出版的自由。《觀察》及其作者群發現，歷代統治者無一不是以為人民一旦有了言論出版的自由，就必然要任意詆毀政府，批評現有的一切政治措施，而使社會不

〔註7〕　羅忠恕：《學術自由與文化進步》，《觀察》1 卷 12 期，1946 年 11 月 16 日。

安定。統治者常常藉口維護社會穩定以限制人民的言論及出版的自由。

　　《觀察》及其作者群認為這種說法是最錯誤的。「防民之口，甚於防川，川壅而潰，傷民必多」，這是千古不易之理。他們一針見血地指出：言論自由並不妨礙政治穩定，相反，「凡經不起人民批評的政治，必然是壞的政治。凡欲勵精圖治者，莫不容納人民的意見。」〔註8〕更何況現代的政治是民主政治，民主政治的一切的設計，都是以民意為歸宿的，更應使人民有充分言論出版的自由。人民批評政府，無論是對政策的批評，還是對執政者的指責，如果他的說法，全是被情感所激動的，或者是為了私憤的發泄，無論他說的怎樣動聽，決不會得到多數人的擁護，群眾並非都是如統治者所說的那樣「群氓」。這是因為他們的說法不合公理，不能與公共的幸福或利益相一致，大多數人，必然會以他是在發泄自己的私憤而自生自滅。如果政府有這種雅量，乾脆讓那「無理取鬧」的言論自由地去發泄，這也是有利而無害的。英國的海德公園，雖容許任何人去談說，任何人都可以去罵政府，正因為他們容許如此，絕對不是人人都去罵政府的，假如真有人要去發泄氣憤，他發泄之後，也就不會再鬧事了，我們看英美的報紙，容許人民指謫政府，隨意批評，但政府並未因此而顛覆。可見，言論自由，其言論必須合理，因此也不至於因言論自由，而演變為全是怪誕的言論。「我們說思想自由，但思想必須合乎邏輯，必須依論理的法則而推展，決非胡思亂想。所謂思想自由，是指發表自由，不受外力的束縛，並非不受理性認識的支配。」〔註9〕

　　把自由視為一種價值，是人類有史以來就有的價值觀念。中國人所描繪的理想境界——「日出而作，日入而息，帝力於我何有哉？」就是這樣一個不受干擾的充滿自由精神的境界。但是把自由視為一種個人的權利則是現代西方的發明。

　　對於一個現代人來說，個人自由是真正的自由，這種自由首先表現為一系列受法律保障的，不受政府干預的個人權利。正如前文所講的那樣，自由是只受法律制約、而不因某個人或若干個人專斷意志受到某種方式的逮捕、拘禁、處死或虐待的權利，它是每個人表達意見、選擇並從事某一職業、支配甚至濫用財產的權利，是不必經過許可、不必說明動機或事由而遷徙的權利。它是每個人與其他人結社的權利，結社的目的或許是討論他們的權益，

〔註8〕　羅忠恕：《學術自由與文化進步》，《觀察》1卷12期，1946年11月16日。
〔註9〕　羅忠恕：《學術自由與文化進步》，《觀察》1卷12期，1946年11月16日。

或許是信奉他們以及結社者偏愛的宗教，甚至或許僅僅是以一種最適合他們本性或幻想的方式消磨幾天或幾個小時。最後，它是每個人通過選舉全部或部分官員，或通過當權者或多或少不得不留意的代議制、申訴、要求等方式，對政府施加某些影響的權利。〔註10〕

《觀察》及其作者群在認同這些權利的同時，還突出強調：自由是權利與義務的統一。權利和義務的脫節，是對自由的侵害。自由是權利，也是義務，決不能把它單純看成是權利。正如孟德斯鳩所指出的那樣：「自由是做法律所許可的一切事情的權利；如果一個公民能夠做法律所禁止的事情，他就不再自由了，因為其他人也同樣會有這個權利。」〔註11〕自由是個性的張揚，是人性的體現，因此，自由是不能強制的。它不能用一個整齊劃一的標準去度量的。否則，自由就要被扭曲。《觀察》及其作者群認為：凡是一個在講究「統制」，講究「一致」的政黨統治下，人民是不會有真正自由的，同樣也不會有真正民主，因為「人類的思想各殊，實為一種自然的人性。假如任何政黨想使在他統治下的人民在思想上變成一種類型，這實違反人性而為絕不可能之事。」〔註12〕

自由的思想的目的就是每一個人格的充分發展，其它宇宙間的一切悉數是工具。自由思想的核心，簡單地說，就是自由的胸懷，也是一種態度，或風格，即治學、觀物、與對人的態度與性情。不過這種精神不是隨便能得到的，它不像是一件現成的貨物，可以信手拈來，「必須積若干學養而後方可致之。」〔註13〕

這種自由的精神，對於任何宗教信條是不受約束的，可稱之為「懷疑的精神」。對於任何問題採取分析的態度，又可以稱之為「批評的態度。」就是在西方也不是沒有和這種自由精神相反的情形，這種情形就是羅馬的宗教，即今天的天主教。這種宗教有一套的教條，無論如何不許思想超出其外，而西方文化上之所以有今天這樣的光輝燦爛，正是由於有破除這種藩籬的新教的出現。容忍有不同聲音的存在，這是思想自由的基本條件。

當然，自由精神的培養離不開教育，從自由出發的兩大教育原則，一是

〔註10〕〔法〕邦雅曼·貢斯當：《古代人的自由與現代人的自由》，商務書館1998年版，第26頁。
〔註11〕〔法〕孟德斯鳩：《論法的精神》（上），商務書館1998年版，第154頁。
〔註12〕儲安平：《客觀》1卷4期。
〔註13〕潘光旦：《讀『自由主義宣言』》，《觀察》4卷3期，1948年3月13日。

認識你自己,一是任何事物不宜太多。說認識你自己,目的是在控制你自己;說任何事物不宜太多,指的是和你生活有關的一切事物,你的欲望、你的情感、你的思考、你的理想、你的信仰。把兩個原則結合起來,就等於說,你能控制你自己和你因生活發出的種種企求與欲念,那麼,「你所求與所得不至於過量,過火,轉而使你自己被它們所束縛控制」。〔註14〕而「自由的教育就是要養成人們的自由胸懷,使他對於各種不同的學說與主張能徹底瞭解,然後自己做一番分析。由自己反覆思想,從獨立自主的觀點,加以選擇,如此才能免除盲從。」〔註15〕

　　自由的發展不是一帆風順的,但總的發展趨勢是一直向前、不可抗拒的。自由的進程雖有起伏,但每經過一次起伏,在量的方面,就擴大一次,換言之,就是獲得自由的人,一次比一次增多。如在現代的社會,獲得自由的人,總比封建社會多,封建社會獲得自由的人,總比奴隸社會多,就是明證。而《觀察》及其作者群的目的,就是「全民自由,或全體自由。」〔註16〕

　　自由不但容易引起岐義,而且很容易被人利用,拉大旗做虎皮,《觀察》及其作者群清醒地意識到了這種危險,他們呼籲:「自由最怕被大眾混淆,被少數人用大眾的名義予以歪曲、利用,所謂社會全體也者,好比全民、大眾一類的名詞。是最不可捉摸的,凡屬不可捉摸的名詞必容易被人利用,成為口實,古今中外,有得幾個野心家或野心的少數人不挾社會、全民、大眾之名以行其威福之實的呢?」〔註17〕真正的自由第一步是對內與對己而言的,自由的人是自己欲望、情感、興趣、思慮、理想、信仰的主人,而不是它們的奴隸;第二步對外對人的自由。美國革命所標榜的幸福,以及社會主義者所稱的最大多數的最大幸福,至少一半也必須從這種自由裏產生,「否則徒然是攘奪,是苦惱,不是幸福。」〔註18〕

二、自由與社會進步

　　自由與寬容在本質上是一致的,從這個角度看,自由即寬容。《觀察》及其作者群對此有很深的理解,他們表示,自己要講話,也要允許別人講話,

〔註14〕潘光旦:《讀『自由主義宣言』》,《觀察》4卷3期,1948年3月13日。
〔註15〕張東蓀:《知識分子與文化的自由》,《觀察》5卷11期,1948年11月6日。
〔註16〕李澂盧《服從社會與意志社會》1卷19期,1947年1月4日。
〔註17〕潘光旦:《讀「自由主義宣言」》,《觀察》4卷3期,1948年3月13日。
〔註18〕潘光旦:《夢魘的覺醒》,《觀察》4卷7期,1948年4月10日。

「於重視自己的思想的同時，亦須同時尊重他人的思想。」〔註19〕因爲世界上的事物是豐富多彩的，每個人看問題的角度也不盡相同，所以，在政治上的看法，不應千篇一律，強求一致，應該是見仁見智，容許不同。《觀察》及其作者群的態度是誠懇的，公平的。他們希望各方面都能在民主的原則和寬容的精神下，力求彼此的瞭解。

作爲愛好自由思想的人，《觀察》及其作者群對於政治上的信仰表現出了極大的寬容態度：對於青年，沒有一絲成見，盡可信右信左，盡可信其所信，「而且他們能信其所信，無庸且爲我們所鼓勵且器重者。」他們所要說的就是一句話，就是「信仰任何一種思想都不是極端重要的，重要的是，尤其是信仰一種政治上的思想，必須基於理性而非出於感情。」〔註20〕

思想的禁錮必然導致社會發展的停滯。要實現社會的進步必須要有一種懷疑的精神與批評的態度以衝破思想的禁錮，而自由的精神就是這種兼而有之的思想。它沒有固定的內容，不是具體的主張，只不過是一種「態度」。在這種自由的精神下，無論何種學說或思想，只要由嚴格的邏輯推出，有充分的事實作證據，換一種說法，就是由科學的方法研究而成，都可以被自由精神所承認。《觀察》及其作者群強調，現在大學中只講正統派的思想而置其他思想於不顧，這不是自由的精神。所以，自由精神只是一種批評的精神與一種容忍的態度，沒有一個學說與思想不可以批評。牛頓的定律在50年前是金科玉律，假如阻止了人們對它有所懷疑，那麼，相對論便無由發明，同時，也沒有一個學說或思想不可以容忍。只要言之成理都應加以承認。總之，在自由的精神下「根本不能有「邪說」，亦不能有「一尊」，只有研究的所得而無開始的信仰。」〔註21〕假使沒有這個自由精神，恐怕不會有實驗科學的產生，也不會有進步的觀念的出現。所以，西方文化雖然有種種弊端，但其中所含有的這種自由精神卻是最可貴的，這是爲別的文化中所沒有的。「老實說，即馬克思亦正是這種文化程度的產物，不先有這個風氣，則馬克思的思想是不會產生的。」〔註22〕

〔註19〕儲安平：《我們的志趣和態度》，《觀察》1卷1期，1946年9月1日。
〔註20〕儲安平：《我們的志趣和態度》，《觀察》1卷1期。1946年9月1日。
〔註21〕張東蓀：《政治上的自由主義與文化上的自由主義》，《觀察》4卷1期，1948年2月28日。
〔註22〕張東蓀：《政治上的自由主義與文化上的自由主義》，《觀察》4卷1期，1948年2月28日。

自由精神也是一種寬容的態度。正是在這種精神的哺養下，人類的精神才能豐富多采，人類社會才能不斷進步。自由主義者也就必然是持有這種寬容精神的人。《觀察》及其作者群指出人類進步是由於不斷演變而來的，在這種演變的過程中，各個勢力或各個因素在彼此相激、相蕩、相摩擦、相協調，時而彼此接近，時而彼此突然隔離。歷史是就由這些複雜演化關係而形成的，「自由主義始終是這演化關係中的重要份子，決不因遭受左右夾攻而被消滅。自由主義者也能瞭解其他力量所能具有的歷史使命，決不因所見不同而企圖消滅其他力量。在歷史演進中，各個力量都有其歷史功能，當其功能完全喪失之時，即此力量不復存在之時，這一切只有讓歷史來決定。」〔註23〕作為一個自由主義者，必能容許其他相對立的力量存在，同時也要深信其本身力量的存在，必須這樣才能產生相激相蕩的現象，否則人類的歷史將是沉滯而固著的，無演變之可言。所以，「只有自由主義者，才能自由批評『異見』，同時充分尊重『異見』。只有自由主義者，才能始終堅持民主的原則和民主的精神來從事民主運動，解決政治問題。」〔註24〕

（一）自由是衝破思想鉗制的利器

《觀察》及其作者群認為，阻礙中國社會進步的因素太多，而這層層束縛的解除，就依賴於自由主義的偉力。自從宗教革命以來，西方社會在自由主義領導下，先後衝破了宗教的禁錮，政治為之解放，以致自由經濟的大門也隨之被打開。正因為這個緣故，所以 16 世紀以來的政治潮流，是一股向民主更民主的方向發展的潮流。……但是如果沒有自由主義作動力，這一切運動都會歸於失敗。沒有自由主義，洛克沒有勇氣寫他的人民政府論，盧梭也沒有勇氣寫他的契約論，「至於一般的革命團體，也不會做出種種革新的事業。民主政治是自由主義所孕育產生的。」

自由對於人類對於社會，雖然有這樣無窮的益處，但對封建領主、專制君主或獨裁者是不便利的。所以自由的產生，一旦被他們察覺，必然遭到抑制與打擊。不過社會總是向前發展的，而要求自由的傾向，總是孕育其中，雖因統治階級的打擊，可能一時受挫，但一遇機會就會立即表露其出來。自由的行程，如此起伏，不能暢通的繼續發展，正是社會進步所以緩慢的原因，

〔註23〕楊人楩：《再論自由主義的途徑》，《觀察》5 卷 8 期，1948 年 6 月 16 日。
〔註24〕施復亮：《論自由主義者的道路》，《觀察》3 卷 22 期，1948 年 1 月 24 日。

因此說：「凡限制自由者，就足以障礙社會進步。」〔註25〕

自由主義爲什麼能發揮這樣的偉大的歷史作用？理由極爲簡單。只有自由的愛好者，才能認清眞利眞害，所以，也只有自由主義才能促進進步。自由是發展人類潛藏智慧的工具，因此，自由主義之下人類才能不受專制的毒害；自由是權利，也是基礎，因此，自由主義之下人類的利益才能有充分的保障。總之，只有自由才能使人類有更美滿的生活。

（二）自由是人類進化的必要條件，這是由自由主義的創造性和鬥爭性決定的

《觀察》及其作者群指出，自由是人類進化必需的條件。但人類對自由的要求並不是確定不變的，而是以時間、地點爲轉移。在穴居野處的時代，人們急切地要求躲避風雨和野獸侵害的自由，在不知利用輪船火車的時代，自然不會想到要有運輸往來的自由。但人類所追求的自由總是走在他們所處的那個時代的前面，即這種自由在當時還不會獲得而有待於追求。時代每前進一步，所追求的自由也跟著前進一步，因此，自由是促成人類進步的動力。

自由的品性是獨特的。進步必須有賴於創造，因此，自由具有創造性；進步與創造在於改變現狀，因此，自由是反現狀的；滿足於現狀是保守，保守的目的在於使現狀成爲一種不變的靜態，因保守的生活態度不能有創造，因而不能有進步。自由與保守是對立的，它要使現狀不固著於靜態，要變化就不能有障礙變化的力量，因此，自由是反干涉的；保守及干涉的力量必然存在，要改變現狀必須克服這一勢力，因此，自由具有鬥爭性。在這類鬥爭中，自由可能暫時失敗；失敗是暫時的，它是固著於某一現狀而無進步的時代。這一現狀終究是會被改變的，會變成另一種現狀，這就表明前一現狀中的自由要求畢竟達到其改變的目的。人類要求哪種自由，是根據現狀決定的，首先必須認識現狀才能考慮到進一步的要求。現狀是綜合以往歷史的結果，根據現狀就是根據歷史，「故任何時代的自由要求仍然是歷史的繼續，而非切斷歷史，更非超出歷史。」〔註26〕

（三）變化與進步並不是同步進行的，進步與否的標準要看人民是否獲得自由

進步是自由主義的基本精神，沒有進步就沒有自由主義。而社會永遠在

〔註25〕鄒文海：《民主政治與自由》，《觀察》1 卷 13 期，1946 年 11 月 23 日。
〔註26〕楊人楩：《自由主義者向何處去？》，《觀察》2 卷 11 期，1947 年 5 月 10 日。

變動之中，但變化並不一定就是進步，有時變化是進步，有時則是退步，進步或退步的原因，固然十分複雜，但最關鍵是要看人民是否獲得自由。如果在一個社會環境中，所有的條件都是給予個人以自由發展的機會，這個社會一定是進步的；如果所有的條件都是限制個人發展的桎梏，這個社會一定是退步的。因為人類是最富有發展性的動物，儲備著一種為其它動物所沒有的潛能。但這種潛能只有在自由環境中，才能盡量發揮，如人類堅定的信仰、創造的智慧、以及批判的能力等等，無不以自由這個工具來開發。也只有自由，才是開發人類潛能的最好的工具。

為什麼只有自由主義才能促進社會進步呢？當然，進步是有爭論的。有人說，反自由主義也可以促成社會的進步。歷史上日、蘇、德就是比較進步的國家，甚至有人說，只有意志集中的極權政治才能促成進步。《觀察》及其作者群的回答是：從理論上說，極權政治的目的在於維持現狀，它雖可能有所改革，但其改革之目的仍然在於維持現狀，因此，極權政治是天然反進步的。從實際上看，日、蘇、德諸國的所謂進步是偏重於物質的，其本質是非常脆弱的。堅甲利兵不能代表進步。真正的進步是指人類中有更多的人能增高其文化水準，能自由發揮其創造力，能普遍地感覺到生活的愉快與自由而不受暴力的干涉。根據這個意思來看，則原子能是進步的，自由主義所欲追求的進步，不是多多地製造原子彈，而是充分發揮原子能來增進人類生活的自由。

自由主義者始終要求進步，不斷從變革現狀中求進步。因為自由主義者所要求的自由，只有在進步的環境中才能實現。進步就是要使更多的人民獲得更多的自由。而反動派則侵害人民的自由，也障礙社會或國家的進步。所以，自由主義者要反對反動派。《觀察》及其作者群反對暴力革命，但為了實現社會的進步，有時也在所不惜。革命要流血，這是自由主義者所不歡迎的，但它可能產生進步，也就不應該為自由主義者所反對了。追求這種自由的力量，也許比自由主義者更進步，其鬥爭的方法也許不是自由主義者所贊同的，但也不可加以敵視。因為自由主義的要義在於變，它是一個創造歷史的動力，歷史在不斷地變，自由主義本身所要求的也在不斷地改變。在這種歷史進路中，它曾一再地與其它求進步的勢力合流，等到其它勢力已不再求進步的時候，便與他們分手，再指示出更進一步的目標。自由主義是始終走在前面的，始終不滿於現狀而求進步，所以它始終為掌握著權力的一方所厭

惡。對於自由主義者以外的促進進步的力量，《觀察》及其作者群是採取聯合的立場，「團結進步的力量，聯合進步的力量，推動中國走上進步的道路，這應該是今天中國自由主義者責無旁貸的責任。」〔註27〕

三、政治的自由主義與文化的自由主義

同上文提到的一樣，自由主義是一個頗具爭議的概念。這在《觀察》及其作者群對自由主義的理解中也有體現。《觀察》及其作者群認為自由主義有如下含義：

（一）自由主義是一種人文主義。人類以自覺的精神，發現自己，以獨立自由的自我為依歸。這就是眾所周知的人文主義，也就是自由主義。每個人在此自由意志之下，從事研究，從事創造，實開闢近代各種科學研究之門。〔註28〕

（二）自由主義是一種人生觀，是對於社會的一種態度，因其所處的社會背景與時代背景不同，其態度與特性也與之相異，但是萬變不離其宗，無論任何時代的自由主義者，都是基於個性的自覺和企求個性能得到完美的自由發展為出發的。對於任何壓抑個性的社會制度，自由主義者必然挺身反對。所以每當一個社會制度僵化，妨礙了多數人生存的時候，自由主義者就吹響了改革的號角。〔註29〕

（三）宗教革命也是一種自由主義。宗教革命掃除教皇的束縛使信教者人人可以通達上帝。這個革命對於做人的態度發生了劇烈的變化，此後養成哲學點的懷疑主義，思想上的寬容精神。當然，十六世紀以來的進步也不是風平浪靜的，中間還有許多反動的插曲，不過大體來說，自從自由主義發生了它的力量，趨向於合理以及接近於民主運動始終沒有間斷過。這種歷史上的教訓，愛好民主的人實在不應該忽略的。〔註30〕

（四）自由主義是近代社會中唯一的進步力量。近代社會之所以能日趨合理，自由主義的貢獻最多。民主政治是一種進步的制度，也是合理的制度，它的發育與健康，自然也要靠自由主義的輔助。民主政治不是種死的理想，

〔註27〕施復亮：《論自由主義者的道路》，《觀察》3卷22期，1948年1月24日。
〔註28〕李澂盧《服從社會與意志社會》1卷19期，1947年1月4日。
〔註29〕李孝友：《讀「關於中共向何處去」兼論自由主義的道路》，《觀察》3卷19期，1948年1月3日。
〔註30〕鄔文海：《民主政治與自由》，《觀察》1卷13期，1946年11月23日。

它的內涵是活躍而富有伸縮性的。〔註31〕每一個時代的自由主義者都與新興的改革的勢力站在一起。自由主義者的這種敢於反抗權威的叛逆精神，在整個人類進化史上有著極其輝煌的偉績。……研究過近代史的人，更可以從洛克、盧梭、伏爾泰、潘恩……這一串響亮的名字裏，看出其對人類文明的卓越貢獻。

（五）有許多外國名詞，意義非常空泛，在一個字之後，加上了 ism 的語尾，並不一定成爲一種「主義」。liberalism 一字即是這一類。他並沒有中文「自由主義」那樣嚴重。依我的看法，他並不是一種嚴格的「主義」。由 liberal 引伸出來的 liberalism 一字，是指那種度量大、能容忍、不偏狹、無偏見、重改革的態度而言；這種態度固然尊重思想言論的自由，然它的意義並不側重在自由一方面。我們通常稱爲「自由主義」，實在是勉強而又勉強的。照這樣講，所謂自由主義不過是一種對人對事的態度。態度寬大和進步的人，即是自由主義者。所以自由主義一詞的本身，並不像社會主義或資本主義等名詞有一定的內容，它只是說明一種態度而已。〔註32〕

《觀察》及其作者群把自由主義分爲兩種，即：政治的自由主義與文化的自由主義。政治的自由主義就是單純的自由主義，也可以稱爲舊式的自由主義。這種自由主義原是歐洲 18 世紀所倡導的一些原理原則。這些原理原則用到文化上，應用到政治上，就形成了現在的西方國家的自由主義理論。這種自由主義的要點在於建立個人價值而成爲個人主義的文化。個人主義在於養成個人的責任心與自尊心，「在原則上絕對與平等無衝突，須知從封建社會把個人解放出來卻非用這種個人主義不可。」所以，18 世紀的自由主義建立了個人主義的社會，從歷史上看，這是一件空前的功勞。「其價值眞可謂與日月同光。」然而，由於崇尚自由，在經濟方面發生了問題。個人主義與自由主義的盛行，在經濟方面必然是自由放任主義在經濟生活中佔據了主角。雖然放任政策在資本主義的初期是有功績的，因爲它能夠促進生產的發展，使資本主義得以形成，然而，就因爲放任經濟，使資本主義發展壯大，資本主義的敝端也越了越明顯，對內愈見貧富不均，對外愈趨侵略。政治離不了經濟，經濟反過來又對政治反作用，政治自由主義就是因爲放任經濟的弊端，使得政治自由主義百孔千瘡。可以說，「政治的自由主義在今天二十世紀已是

〔註31〕鄔文海：《民主政治與自由》，《觀察》1 卷 13 期，1946 年 11 月 23 日。
〔註32〕鄭愼山：《釋 liberal · liberalism》，《觀察》4 卷 6 期，1948 年 4 月 3 日。

過時的了。」

這種舊式的自由主義主張如果要在中國尋找實例的話，民初的憲政最為典型。這種民國初年的憲政決不能成為戰後立國與建設的方針，可以把這種憲政與飛機、鐵路相提並論，同樣是西方文化中的好東西，一到中國來就變質，就會加重了人民的負擔與痛苦，當然，這不是主張不要把這些東西引進中國來，而只是說明毛病不在這些東西本身，而在於中國社會的特殊國情和一個統治上的特殊勢力。假若這些東西不為這樣特殊勢力所獨佔，那麼，它依然是好東西。文化上的自由主義和政治上的自由主義有很大不同。政治上的自由主義可以形成一個政黨，或名為自由黨，或名曰民主黨。而文化上的自由主義並不須有固定的內容。它只是一種「態度」，而不是具體的主張。所以，「文化的自由主義是人類文化發展上學術思想的生命線。中國今後要吸收西方先進文化，進一步要對於全世界文化有所貢獻，更不能不特別注重這個自由。政治上的自由主義過時了，而文化上的自由主義卻永遠不會過時的。中國文化要有所發展，就不可缺少這種自由主義。」

當然，政治上的自由主義與文化上的自由主義都不是孤立存在的，在計劃經濟的社會中必然要受到「計劃」的影響。一種社會改革能否成功，要看它能否促進生產的增長，由於社會主義和計劃經濟可以保障生產的發展，所以是不可抗拒的。這樣，計劃經濟的實現，就必須造成「計劃內的自由」，即有限的自由，而不可能是早期那種自由主義所主張的放任主義的自由。《觀察》及其作者群認為，人類最理想的發展之路，是經過充分的個人主義之後，再走上社會主義或共產主義之路，可惜中國根本沒有這種可能。而現實又要求中國非馬上進入社會主義不可，這就如同一個沒上過中學的人直接上大學一樣，基礎不牢，所以，只能對他所學的課程有所增減。減掉的課程只能是——政治自由，而增加的則是——文化自由。當然，社會在發展過程中，在短時間內政治上相對固定在某一個階段是一種不得已的辦法，並沒有什麼大驚小怪的。但必須在固定中為富於變化、充滿活力的一些方面留有發展的餘地，這個餘地就是「文化上的自由主義」。「在這方面，使中國養成良好的自由傳統，充分培養個人主義的良好方面，亦階我所謂補習中學功課是也。」而這種文化上的自由必須是絕對的。《觀察》及其作者群認為，大學中只講正統的思想而置其他思想於不顧，是違反自由主義精神的。文化上沒有自由主義，在政治上決無法建立自由主義。中國只要有文化上的自由主義存在，

中國社會就大有希望，「文化上的自由存在一天，即是種子未斷，將來總可以發芽。」〔註33〕可見，文化上的自由主義是中國走上興旺發達之路的關鍵所在。

〔註33〕張東蓀：《政治上的自由主義與文化上的自由主義》，《觀察》4 卷 1 期，1948年 2 月 28 日。

第六章 「選票」與「飯碗」:《觀察》對政治民主與經濟民主的辨析

　　民主（democracy）一詞最初起源於古希臘，意為「人民的統治」。這一基本含義，雖歷經了幾千年也沒有什麼異議。中世紀封建統治的漫漫長夜，似乎淹沒了古代城邦的民主精神。文藝復興運動以及隨後發生的啓蒙運動，使閃耀著理性精神的人文主義和民主主義，在新的歷史條件下重放光彩。經過近四百年的民主運動實踐，民主政治思想深入人心，形成了一個強大的政治潮流。近代民主政治制度陸續在西方主要國家建立，基於各國不同的政治文化傳統，形成了不同的模式，如英國是典型的議會制立憲政體，美國是典型的總統制共和政體，法國是半總統制半議會制的民主共和政體。西方的民主政治有許多共同的制度特徵，議會制是近代民主的象徵，選舉制是民主的基石，多黨制是民主的中樞，議會制、選舉制、多黨制構成了民主制度三大要件，這三大要件通過民主機制得以運行。

　　民主機制主要有參與機制、競爭機制、制衡機制、法治機制，它們的運行使得民主制度保持一種動態的平衡，體現了民主的普遍原則。邱吉爾說過，民主不是最好的，但是缺點最少的。《觀察》及其作者群深受這些思想的啓迪，在與中國政治的比較中，形成了自己的民主政治思想。

一、中國政治傳統與民主政治

　　在中國，「民主」一詞不是舶來品。中國古代也有民主這個詞語。《尚書》中就有「天惟時求民主」,「厥作民主」等說法，但它是「人民的主人」或是

「為民作主」的意思，與西方的民主概念是完全不同的。所以，《觀察》及其作者群一針見血地指出：「從中國政治的歷史來看，不論在思想上或史實上，我們毫無民主政治的憑籍。」〔註1〕

中國是一個有民本思想而無民主傳統的社會。中國古典文獻與政治實踐完全可以證明這一點。尚書中的「厥作民主」是「為民之主」而不是「尊民為主」。孟子的「民為邦本」，「天聽視我民聽」等政治思想，都只能是「民本思想」，而不是民主思想。這裡一字之差，可謂差之毫釐，謬之千里。戰國時期齊國的馮歡為孟嘗君擅自燒了老百姓的債券，他的動機和目的不是為了給老百姓謀幸福，而是為孟嘗君「市義」，這個「市」字是「政治資本」的形象表述。所以說：「民本」之「本」，也就是近代人所說的「政治資本」之「本」，「主」動者仍然為統治者，而不是被常當作資本的「民」，這是明白無誤的。還有一個原因是中國最大多數的納稅人與國家的財富在本質上都是一樣的，不過是皇帝的私產而已。人民繳納賦稅，是為了報效皇帝，而不是如現代國家那樣「取之於民，用之於民。」自古至今，統治者讓人民活下去的目的是為了培養稅源，而不是愛民。

相比之下，英國是老牌的民主國家，他們的政治民主則是由納稅人爭取來的，中國的納稅人自古至今，越是受苦受難最深，承擔的義務最重，越是沒有政治權利。如果說他們還有一點權利的話，那就是「奉獻自己一切」的權利。可以說，越是在鄉村中受徵實、徵借、徵派、徵工、徵役等剝削最重的老百姓，越沒有發言權。在戰亂中，他們連活下去的生存權也被剝奪了。假如生物學上「用進廢退」的原理能用在政治上，那麼，要使中國最大多數的納稅人在短期內產生參政的興趣是不可能的。雖然這「不是今日中國不能實行民主政治的全部原因，卻是主要原因。」

《觀察》及其作者群清醒地認說到，中國人民從未夢見過當家作主。中國古代傑出的政治家如子產等，因知道尊重「輿論」，而使齊國出現了政治清明的局面。但這並不是說他不能禁止輿論，而是不願禁止。所以，「人民不因為政府而遭殃，是運氣，不是權利。」何況一個鄭喬敵不過十分之一個嬴政，更「何況鄭喬不世出而嬴政以百計？」〔註2〕

中國是一個以農業立國的國家，小農經濟與專制政治具有天然的親和

〔註1〕 吳世昌：《從中國的歷史看民主政治》，《觀察》3卷18期，1947年12月27日。
〔註2〕 吳世昌：《從中國的歷史看民主政治》，《觀察》3卷18期，1947年12月27日。

性。中國社會以「家」為基礎,積「家」為國,稱為「國家」。另外,在交通、通訊不便利的年代,要控制一個幅員遼闊的大一統的帝國,而且要維持這樣一個統一的局面,非用專制的中央權力不可,這是農業文化的必然結果。每一個家庭就如同是一個個分散的馬鈴薯,需要一個麻袋將它包容起來,這個麻袋就是專制政體。這裡除了因為權力本身的誘惑外,更重要的是維持大一統的局面的事實需要。大一統專制的結果就是政治以人治為主,「一切政治活動皆自上而下,而大大小小的官吏只能一心迎合上級的意志,以保住自己的官位。」對上阿諛,對下驕橫,各級官吏都是如此。倒霉的是老百姓。人民只能賄賂官吏,以求一時的太平。在這種專制政治下,做領袖的要「言莫予違」,做官的要「一朝權在手,便把令來行」,在社會上混的要「把點顏色給你瞧」,整個社會有力量而無理性。「官尊、民卑、官富、民貧。在一般人的心目中,也就視為當然。」〔註3〕這一切充分說明了:民主政治與中國的政治傳統相距是多麼的遙遠!幾千年中國政治讓中國人民耳濡目染的都是專制政治及其附屬品。

民主政治是實現和平轉換政權的方式。《觀察》及其作者群指出,中國武力統一的政治傳統與民主政治也是格格不入的。中國武力統一的歷史表明:中國不是難於統一而是統一的代價太大。

自戰國以後,中國的每一次統一都要經過長期的內戰,付出無數的代價。中國歷史上的第一次大統——秦始皇的統一就是這樣。秦始皇的統一不是用齊桓公會盟的方式,而是用暴力來消滅六國,為後世立下一個最壞的榜樣。楚人曾頗為感慨地說:「秦滅六國,楚最無罪。」其實,其它五國又何嘗是有罪而被消滅的?秦國任用法家變法,以求國家的富強,本無可厚非,但是秦國任用酷吏,嚴刑苛法,迫使人民揭竿而起,卻是秦朝暴政的結果。「用血寫的法律,人民也會用血來洗去。」在戰國的長期戰亂之後,統一的趨勢原已無可避免,然而,中國歷史上第一次大統一局面是用無數的暴力造成,之後又用極度專制的中央集權,給以後中國統治者造成了極壞的影響。結果是消滅了戰國時代的一切優點:諸子爭鳴的思想自由、成一家之言的學術自由,處士橫議的言論自由,立談拜相的參政自由!僅僅保留下來戰國時代唯一的罪惡——內戰。以後的一統王朝,為了要防止分裂,都用這樣的一套中央集權的辦法;這一套辦法的本質又必然要逐漸腐化中央政府及其人物,弄得民

〔註3〕莊智煥《中國政治上的四種矛盾》,《觀察》1卷11期,1946年11月9日。

不聊生，於是又有野心家起來謀反，取而代之，或者形成分裂割據的局面。但不論是中央集權還是地方割據，其殘民自肥是一樣的，──如果是被外族征服，情形就更加悲慘了。可以說最主要的就是用暴力取得的政權，別人自然會有「彼可取而代也」的思想，用暴力搶得政權既然可以如此威風而舒服，那麼，別人自然也會有「大丈夫當如是也」的慨歎。所以說，「無論怎樣，在中國政治史上絲毫找不出民主的跡象是確定的。」〔註4〕

　　歷史不容許假設，但假設有時卻可以給人們以新的認識視角。《觀察》及其作者群假設了這樣一種事實：秦始皇的統一，不滅諸侯而自立為盟主，則中國歷史上專制集權之腥穢淫毒，必不至如是其甚，禍延到今日的中國，還無法推進西洋的百餘年前早已有了的民主政治。秦始皇大一統的事實，以今日的標準看來，為功為罪，當自有評說。所以說：「閉塞的社會，迷信的傳統，專制的權威，完全是不能產生民主種子的石田。如果這許多束縛不能層層解除，斷難發生民權的哲學，自然也不能產生民主政治。」〔註5〕

　　《觀察》及其作者群認為，民主政治並不是虛無縹緲、不可捉摸。在中國社會裏，民主政治最起碼的要求就是，「每一個公民都有說話的自由，並要有容忍別人說話的自由；每一個公民都有選擇生活的機會，並獲得生活安全的保障；每一個國民都有選舉政府決定政策的權力，並保有批評政府及政策的權力。」〔註6〕這也是民主政治的基本精神。本著這種的精神來制定出一套制度，就是民主制度。這個制度在中國社會中的具體表現應該是：在中央政府有人民選出的代表組成的權力機關，在地方政府有人民所選出的官吏為他們忠實的服務。無論中央與地方，如果發現有危害他們（人民）生活的份子，他們不僅有權力對他們進行指責、彈劾，甚至罷免。人民在日常生活中有輿論作他們的武器，在選舉的時候，他們更可以表現主人的權力。在這樣的國家裏，人民將權力握在自己手裏，選擇他們所最喜歡且認為最能幹的人來替他們辦事。這就是孫中山先生所說的「人民有權，政府有能。」事情辦好了，人民自然擁護；辦不好，人民就另外換一批人去辦理，絕不會像執政的國民黨的許多貪官那樣，為了官位，硬著頭皮，辦不好而偏要辦。這樣即使有少數別有用心的人鼓動內亂，也是徒勞無益的，必然是無疾而終。分裂不會有，

〔註4〕　吳世昌：《從中國的歷史看民主政治》，《觀察》3 卷 18 期，1947 年 12 月 27日。

〔註5〕　郤文海：《民主政治與自由》，《觀察》1 卷 13 期，1946 年 11 月 23 日。

〔註6〕　李澈盧：《以民主締造統一》，《觀察》1 卷 12 期，1946 年 11 月 16 日。

統一愈益鞏固。用不著養幾百萬大兵,來消滅內亂。所以,《觀察》及其作者群認為,民主政治就是民意政治,只有在民主政治下,民意才能得到充分的體現。

說民主政治就在民意政治,源於這樣一個推論:民主政治有一個基本的假定,即人人都有理性的,人人都能對自己的行為負責,人人都能為自己和公共的幸福與利益打算的,而且其打算是各有理由的。「如果沒有這個基本假定,豈不是任何野心家,都可以妖言惑眾,傳播危險思想,以顛覆政府,使人人無安寧之日了?」〔註7〕

出於對理性的自信,《觀察》及其作者群對政權持相當樂觀的態度,他們認為:政府不好,該當反對;受人反對也沒有什麼可怕之處。反正政府建立在大多數人民的利益之上,多數人民覺得它好,能代表他們的利益,少數人反對也無關大局。任何一種政治制度,不管是好還是壞,都有反對派存在,這是非常正常的現象。倒是一片讚揚,沒有反對的聲音存在,才是極不正常的社會,也就是不民主的社會,這樣的社會在本質上是一個不給人民說話機會的社會,那根本沒有什麼民主政治可言。《觀察》及其作者群運用逆向思維,認為:從相反方面看,人民反對政府不僅無害,反而有益。因為只有有人反對政府,政府才不敢胡為,才有監督,才能進步。如果「沒有共產黨反對政府,政府比現在還要糟得多,很多人這樣覺得。」〔註8〕用一句形象的話說,就是:好政府讓人推翻不怕,翻個身仍然可以爬上去。越怕讓人推翻,越走向偏狹,越不求長進,便也越有被推翻的可能。批判的武器不能代替武器的批判,物質力量只能用物質去摧毀。這就是好政權與壞政權的辯證法。雖然《觀察》及其作者群的言論言之成理,但這種假定畢竟是一種假定。

所以,民主政治的真諦,簡單地說,就是人民能控制政府,尤其不讓政府違法侵害人民的利益,假如政府違法侵害人民的利益,人民就能對他們繩之以法,並讓政府賠償損失,或讓政府的負責的官員不得不引咎下臺。因為民主政治也是責任政治,不許有世襲的、固定的統治階級,執行政令的人,也同樣不能世襲,必須經過選舉而產生,並且要有任期。國家的最高權力必須掌握在由人民代表組成的機構手中,絕不能容忍任何人敢明目張膽地濫用權力。

〔註7〕 羅忠恕:《學術自由與文化進步》,《觀察》1 卷 12 期,1946 年 11 月 16 日。
〔註8〕 嚴仁賡:《我們對於時局的幾點認識》,《觀察》2 卷 23 期,1947 年 8 月 2 日。

可見，民主政治不是空中樓閣，而是人民群眾權利的實實在在的體現。民主內容的好壞，民主的性質如何，都不是空談主義、高呼口號所能決定，而是要由多數人民的風格、言論、行為來決定的。什麼是民主？「人民有說話的機會，有聽到一切言論和消息的機會，有用和平的方式自由選擇生活的途徑的機會，有用和平的方式選擇政府和政策的機會——而且這些機會，不待將來，此時此地，便可得著，便可利用——這就是腳踏實地的起碼民主。假使這種起碼的民主尚且辦不到，卻明唱玄虛的高調，暗用武斷的方法，那決不是民主，而是民主的蟊賊。」〔註9〕

《觀察》及其作者群認為，民主政治是一個非常複雜的概念，很難以一個簡單的定義來概括，但扼要地說就是「民有、民治、民享」的三大特點為主要內容的。用這個標準來看，自由主義和社會主義都具有民主的內容。但如何細區分，二者還是有明顯差距的。

首先，自由主義堅持主權在民，只要是公民，不管他們的性別、宗教信仰、社會地位，都是國家的主人。社會主義者及共產主義者也不否認主權在民的觀念，他們所不能認同的是：自由主義者的民主政治理想是「資本主義國家」，這與事實不符。在無產階級被剝削的社會當中高唱全民政治，那純粹是一種「狂語」。真正民有的政治組織，只能出現在「無產階級」掌權的社會主義社會裏面。換言之，「共產主義者否認『資產階級』是民。他們把這個國家主人翁的高貴地位留給了工農階級。工農以外的非民消滅後，全社會的人都成了民，都成了主。這就是共產主義的民主。」春秋時代魯國大夫季康子想「殺無道以就有道」。孔子卻說：「子為政焉用殺，子欲善而民善矣。」講的大概就是這個道理。自由主義者與共產主義者都接受民有的觀念，兩者間的主要區別只在對於「民」的看法不同。

其次，自由主義者與社會主義者都接受了民治民享的觀念。兩者間除了在於「民」的差異外，雙方還有一個重要的分歧點是，自由主義者雖然以民享政治為他們的出發點，他們立論的重心多偏於民治。他們深信：只有讓人民管理自己的事，才能保證政治的清明。換言之，民治是民享的必要條件，至於人民如何管理自己的事，那也只有讓人民自己去決定。全體一致既然事實上不可能，人民的決定也只好以多數人為標準了，或以代表多數的政黨為準。放任政策、統治政策、社會政策都可以由這種方式決定而付諸實施，縱

〔註9〕 蕭公權：《論民主》，《觀察》1卷7期，1946年10月12日。

然人民的自由因而受到了的限制,那這個限制也是人民自己選擇的。

　　共產主義者雖然不否認民治的原則,但他們比較側著重於民享。為了達到分配的平均和生活的充裕,「共產主義者不反對用流血的革命手段打倒『資產階級』,用嚴刑監謗的政治手段維持政權,用獨斷統籌的經濟政策推進建設。」〔註10〕人民贊成,政府是這樣做,人民反對,政府也是這樣做。執政者自信這樣做法是為了人民的真正利益,既然他們代表了人民的利益,那就不妨放手去做,這種作風頗像從前所謂「仁惠專政」。假使人民的自由受到了限制,但是他們將來可以得著無窮的受用,這樣做完全是為了人民群眾本身。

　　由此可見,自由主義和共產主義都具有民主的內容,但它們顯然是兩種不同類型的民主。應該說,任何一種政治主張,不管它是好還是壞,都不能夠得到全世界一致的接受。自由主義者與共產主義者出於對民主政治的不同理解,由此產生的解決問題的方法也大相徑庭。對於不同的見解採取了兩種截然不同的方法,「一是排除異己,把信奉『邪說』者殺盡滅絕。二是各從其心,各行其是,各求自勝而不相害。」前者是思想上的武力征服,後者是思想上的和平競爭。何去何從,要由所信奉的主義來決定。不過有一點可以肯定:有作用力必有反作用力,是物理學上的定律;「以暴易暴」,是社會學的定律。用武力來征服思想,在得到勝利以前必然要遭受武力的反抗,在得著勝利以後是否能夠使戾氣化為祥和也沒有把握。何況人類一時一地的知識有限,宇宙真理難以窮盡。現有的最完善的真理未必是最後的真理。一人一國所持的真理未必是全部的真理。用武力征服的辦法雖然有效,但卻有斷絕人類進步的危險。人類社會的歷史一再昭示:人類為半真理、偽真理而流血已經太多了。文明的一個顯著特徵就是減少不必要的流血,加速可能的進步。用文明生活的標準來看,與其用武力征服的方法,還不如用思想上的和平競爭的方法好。《觀察》及其作者群可以接受共產主義的民享理想,但他們更願意採用自由主義的民治的方法:以和平的競爭來發展自信的真理。誰是誰非,誰成誰敗?一切都要取決於人民的最後的裁判。因為:「用不民主的手段來推行民主。其結果終是有害於民主的。」〔註11〕

〔註10〕蕭公權:《論民主》,《觀察》1卷7期,1946年10月12日。
〔註11〕蕭公權:《論民主》,《觀察》1卷7期,1946年10月12日。

二、民主政治、專制政治、官僚制度與國家統一

　　民主有異於專制，這是不爭的事實。但二者的主要差距在那呢？《觀察》及其作者群從民主制度所具有的代表層面與適應力上進行了分析，認爲：民主有異於專制，是因爲民主富有活力而專制死板僵化。民主之所以有活力，是因爲每個人都可以貢獻其意見，儘管人們無法相信三個臭皮匠一定勝過諸葛亮，但多數人的意見畢竟反映了所代表面的廣大；專制之所以死板，因爲政權完全由少數人包辦和把持。智者千慮，必有一失。何況少數把持政權的人未必是智者。也可能如同《曹劌論戰》中說的「肉食者鄙」。每個人都可以貢獻他們的意見，自然這個制度可以吸收各種優點，活潑而有生機。少數人包辦和把持，則難免要停滯於少數人私利之上。

　　《觀察》及其作者群對於民主與專制（包括專政、集權）是有著強烈愛憎情感的。他們對民主懷有一種由衷的愛慕；對於專制則是發自內心的憎恨。他們認爲，專政是民主的對立物。專制有幾種表現形式：君主專制是專政，獨裁是專政，集權是專政，一黨專政也是專政；形形色色的專制儘管表現形式千差萬別，但萬變不離其宗，他們共同的本質是：壟斷政權。封建專制是將大權集於皇帝一身；集權是將主要權力，集中於少數人手裏。權力是把雙刃劍，它本身就具有被濫用的趨勢。權力既然掌握在少數人的手裏，就有被濫用的危險，以致侵害人民的自由權利。任何專政方式都是不民主的，在眞正的民主國家裏，不應有任何專政方式存在。所以，拿民主政治來號召的國家，應當放棄專政，因爲既有一部分人民專政，必有大多數人，至少是另一部分，要被剝奪政權。專政的一部分人，要把持政權，必竭力排擠他人，致使其不能參與政權的行使。更爲維護本身利益起見，必不能眞正提倡全民福利。反之，被剝奪權利的人民，必採取一切方法，不惜出以暴力及武力抵抗，來維護他們的權利。所以，在不民主的國家，意見或原則的衝突，往往容易釀成內戰。「民主政治不是一個革命的制度，民主制度是防止革命和內戰的最佳方式。」〔註 12〕至於假民主之名，拉大旗做虎皮，以行獨裁之實的，就更談不上民主了。因爲民主與集權，是兩種根本不同的原則，不能並存，民主不能集權，集權就不民主。《觀察》及其作者群的這一觀點顯然是針對國民黨一黨專政而發的，也是對國民黨二十多年一黨專政的否定，但同時也隱含著

〔註12〕〔臺灣〕殷海光：《中國文化展望》，中國和平出版社 1988 年版，第 486～487 頁。

對無產階級專政的排斥。

民主與科學是五四運動時期高揚的兩面旗幟。《觀察》及其作者群從先輩們的手裏接過了這兩面大旗，並用自己的學識和智慧重新對自由與民主進行了深刻的闡釋。《觀察》及其作者群指出，民主與科學無論在西方還是在中國，都不是自然天成的。在西方和中國的歷史上，都有過一個理髮師當外科醫生的時代，雖然理髮師可能治好病，甚至在某種情況下他所治癒的百分比會超出外科醫生，然而，他的治療是不科學的，因爲他的治療不是根據知識。外科醫生的治療之所以是科學的，是因爲他對於人體構造、藥物性能及治療的程序與反應，都有合理而透徹的瞭解。科學的精神就是重視知識，在不重視知識的社會，就只好讓理髮師來代替外科醫生。

知識的敵人是愚昧。安於愚昧的人，不但沒有發現或接受知識的可能，甚至連這種要求也沒有。構成愚昧的因素是權威、傳統、偏見，滿足於已知，受制於師承：在這些因素所交織成的情況下，新知識就不會產生，縱使產生了，也會被當成異端邪說像象布魯諾那樣，被執行火刑。與此相反，在尊重科學的社會就大不一樣了。科學精神是科學的根本，它不但刺激科學家去探索新知識，同時可使整個社會有探索或接受新知識的膽量，這種態度是科學所需要的，同時也是整個社會所需要的。假如只把科學與民主放在口頭上，仍然要以愚昧代替知識，以武斷代替說服，無疑會使這個社會仍然停留在一個既不科學又不民主的時代。「中國的科學是個先天不足後天失調的姑娘，本身就欠缺科學精神；中國的民主是一位嬌生慣養頤指氣使的孩子，本身就不知有所謂民主態度。在一方面，科學與民主的招牌是已經掛起來了，然而一切判斷不根據知識，甚至沒有求知的意思。」〔註13〕《觀察》及其作者群從五四先驅手中接過民主與科學兩面大旗的一個重要原因就是民主與科學始終沒有在中國紮下根，中國缺乏民主與科學精神使中國社會貧窮落後、舉步維艱，以致於在激烈的競爭中落伍了，所以，民主與科學在中國仍然是任重道遠。

民主與科學是相輔相成的，雖然民主與科學分屬兩個不同的範疇，但二者卻有著互爲因果、相互促進的關係。在個人、多數人、及傳統的強力盛行的情況下，只有專制，而無民主。強力的目的在於阻止新知識的產生，換句話說，就是保衛愚昧，是反科學的，所以在欠缺民主態度的環境中，同時也

〔註13〕楊人楩：《科學精神與民主態度》，《觀察》5卷6期，1948年10月2日。

會欠缺科學精神。在安於愚昧的時代，理髮師要來治病，人們還可逃避；在屈於強力的時代，巫蠱鬼魅要來治病，人們將無可逃避。「今天的政治力量，如瀉地的水銀，無孔不入。它深入每一個人日常的生活，統治著每一個人的命運。」沒有一個家庭，一種事業或活動，不受到政治的干涉。在過去，「一般人可以不理會政治，而今天政治的壓力卻迫使人人非理會它不可。」在這種情況下，必須重視民主與科學，也把民主與科學融入到社會政治生活中去，正確的態度是樹立科學的精神，堅定民主的態度，並把二者有機地結合起來，因為：「只有科學精神與民主態度的結合才能成為促進社會進步的動力，這一動力可使愚昧及支持愚昧的強力同時消滅，從而可使科學更發達，民主更澈底，可使人們易於合理地解決一切問題，易於消除一切阻遏社會進步的障礙。」〔註14〕知識既然是有時間性的，那麼，根據知識而產生的政治思想自然也有時間性的。知識與政治思想的可貴在於變，在於不斷地增訂與修正，前一代所視為天經地義的東西，到了這一代可能要經過修正甚至要被推翻，這就是進步。只有在科學精神與民主態度配合以後，人們才能追求這種進步，才能對於舊有的一切無所留戀，始終能毫無保留地接受新知識，這就是民主與科學的最可貴之處。

「官僚制度」（Bureaucracy）這個名詞的涵義，通常有好壞兩種解釋：好的方面是指循規蹈矩，一絲不苟的精神及有條有理、敬業而守信的作風；壞的方面則是六親不認的面孔、形式手續的偏重、公事公辦的做法。無論在任何政治制度下，「官僚制度」都是不可避免的統治工具。有許多對於官僚制度厭惡的人，總是在挑這種制度的毛病。的確，官僚制度之弊在於制度本身。不過有一點必須認清楚：官僚制度要去其弊端，必須與法治相輔而行。官僚制度離開了法治的，所剩餘的便僅有黑格爾所說的「東方式的專制：治人者自由，治於人者而奴」。

《觀察》及其作者群認為，官僚制度在政治上的一般表現是：

第一個是「忙」。政府中的官員有一個很普遍的現象，即：「在野之時，有其專長，有其不長，而居朝之後，便立刻變為無所不能，無所不長。不只是用人者這樣想，被用者也是這樣想，一般群眾亦往往作如是想。」〔註 15〕因此，中國的官員大致可分為兩大類：一類是兼差職的忙官，一類是投閒置

〔註14〕楊人楩：《科學精神與民主態度》，《觀察》5 卷 6 期，1948 年 10 月 2 日。

〔註15〕張銳：《論中國的「官僚制度」》，《觀察》2 卷 7 期，1947 年 4 月 20 日。

散的親官。親官無權，它有能力，也苦於無法表現。忙官應當是既有權又有力的人，只是他們太忙，所以也就無法辦事；或者能辦事，也怕未能辦到好處。有才幹，有權力而不能有成績，聽起來好像很滑稽，而擺在眼前的事實卻難否認。如替一個有權的官做一個起居注，便可以看出除去睡眠以外，其餘的時間是如何分配的。若干時間「疲勞集會」，若干時間會客拜客，若干時間經常迎送，若干時間勾心鬥角，若干時間應酬答對，若干時間批閱公文，若干時間考慮或推行他所負的任務。最後兩點應當是主要工作，恐怕也就是佔據時間最少的兩點。「無怪多少素孚眾望之士，一登官途，也就心身交困，默默無聞。」

第二個是「驕」。前面所說的忙，一部分是人為的，大部分是自取的。自取的忙基於自信過重，也就是「驕」的一種表現。做官的人也許應當有「天下事無不可為者」的勇氣，但決不能有永遠自以為是的成見。永遠自以為是便是永遠覺得無所不知；因為無所不知，所以有時便無所知。「夫政不簡不易，人不能近；平易近民，民必歸之」。政治最終的目的是民眾的便利，但是，「有多少官吏肯舍己之見，從人之見，有多少官吏批閱撰文公事時想到這件公文發出去可能對於民眾或其他機關發生不良的影響？有多少官吏施政時經常想到平易近民的原則？只要看到許多法規政令的繁瑣可厭，矛盾牴觸，空疏脫漏，生吞活剝的情形，便可以充分體驗到好官自為的因果。這樣的全能主義，如何得了！」〔註16〕

第三是「推」。中國的官吏的一大特徵是：怕人說他沒有權威，同時又最怕負責任。彼此推諉是官場的積弊，在公文書上隨時看得見，可以辦，叫「尚為可行」；不能辦，叫「暫從緩議」；很對，叫「尚無不合」；不對，叫「似有未便」。紹興師爺套白狼的老套到現在還是官場上常用的手法。「推拖」的技巧凌駕於國家之上。官僚制度的守則是公事公辦，但是，「國內政府機關公文的遲鈍，為世界之冠。」其中，有機關重疊，權限不清，公文旅行等諸多因素在內。

第四是「騙」。幾十年來，中國的行政，如果有長足的進步，那就是官僚的進步。新官到任，照例有宣言計劃，施政方針。實際上，十有八九是宣傳的空頭支票。不能說這是存心欺騙，但對於自己施政的力量沒有準確的估計而信口開河，或閉門造車而不管它出門後是否合轍，至少也得算不是故意的

〔註16〕張銳：《論中國的「官僚制度」》，《觀察》2 卷 7 期，1947 年 4 月 20 日。

欺騙。僚屬以此欺上司，上司以此騙民眾；政令與現實永遠不會兌現。

在官僚制度下，官僚制度與民眾禍福，休戚相關。缺乏法治精神，官僚制度勢必流於苛暴、專橫。中國社會總是呈現「分久必合，合久必分」的局面，始終難以實現真正的統一，一個主要原因就是在官僚政治下，中國的統一的基礎太脆弱的。中國要想實現真正的、永久的統一，只能是建立在民主政治之上。

《觀察》及其作者群認定：「中國需要統一，必需統一，這是任何人不能否認的，也是每一個國民所內心祈求的。」但是中國人民所祈求的統一，不是秦始皇式的統一，而是真正、永久的統一。過去之所以屢有分裂發生，就是沒有民主政治爲基礎。民主政治爲天下公器，國家爲全民共產，必須用民主政治才能解決公平、合理的問題。不能像漢代劉邦那樣，把國家看成自己的私產。只要公平而合理，一切問題都可以迎刃而解。也只有公平而合理地解決，才能一勞永逸，使問題不至再起，這是民主政治所以能夠完成統一、鞏固統一的道理所在。

民主政治不是單純的理論，而是具體的政治制度，當務之急，是必須有一個真正的由人民選舉出來的代表所組成的國民大會，來制定一套爲人民所需要的憲法。「在這憲法中，將中央與地方的權限依照建國大綱第十七條的原則劃分清楚，對地方權限無妨放寬一些，這個並不妨害國家的統一，英美很可作爲我們的借鑒。這套憲法是國家的根本大法，也是國家的政治制度，必須建立在堅強的基礎上。這個堅強的基礎就是舉國的同意。」

反觀秦始皇式的統一：遷富豪於咸陽，銷兵器爲金人。如此統一，雖炫耀一時，集權一身，但不久即傾覆。這是因爲沒有堅實的基礎所導致的。怎麼樣才能鞏固統一的基礎？一言蔽之：「實行民主政治」。中國幾千年的歷史，都是一治一亂，孫中山先生爲了想得到永治不亂，一勞永逸，才以革命創造民國。顧明思義，也是要實行民主政治。只有實行民主政治，才能統一，才能實現真正的統一，永久的統一，尤其在現代，更非如此不可。

所以，中國一切政治上的問題，只有用政治協商的方式才能解決。武力解決不了問題，更不要再耀武揚威的打內戰了。國共雙方現在所爭的是「既得權力」，自從有了選舉制度以後，「既得權力」已無存在的理由了。「中國只能走和平統一之路，這是符合民主政治要求的，也是中國社會的唯一光明之

路」。〔註 17〕

民主政治必是政黨政治,這是毫無疑問的。但革命政黨與民主政治卻不存在著這種必然的聯繫,《觀察》及其作者群認為,革命政黨缺乏容納力,強烈的排它性,使革命政黨在本質上與民主政治是相牴觸的。國共衝突的最基本的因素就在兩黨的本質上。因為革命政黨為實施其政策,都能採取斷然手段,在革命過程中它不容許有其他力量阻礙或變更其政策的實現。「因此革命黨的政治都採取一黨專政辦法,黨自己有黨軍,黨軍是為本黨主義而奮鬥,它不是國家的軍隊。中國共產黨雖然在口號上也是喊著為爭取民主而努力,然而他們的民主與我們所想像的民主顯然兩樣,例如解放區縱然沒有檢查新聞等機構,而實際上對於新聞的控制比政府所轄的區域更要嚴厲,即此一端也說明了中共所稱的民主是什麼一回事。」〔註 18〕革命政黨既然是採取暴力手段來改革政治,對於武力鬥爭為主,和談只在對自己的黨比用戰爭來戰勝對方還有利的情況下才可能。「國共問題之所以不能用和平方式解決,其癥結就在在這裡。」

對於國民黨口頭上的行憲,《觀察》及其作者群給予了批判與揭露,他們指出,中國國民黨在政治理想上固然是標榜著政治民主和經濟民主同時並進,然其建國程序係採取由軍政時期,訓政時期而憲政時期,「今天已經是施實的前夕,事實上還是軍政,訓政並存。」

兩個革命政黨同時存在於一個國家以內,武力的衝突在本質上說是沒有方法可以避免的。革命政黨既然是採取暴力來改革政治,那麼,對於武力的培養與控制也必然是一個先決條件。國共兩黨都已有相當強大的軍隊存在,單從武力的本身來看,也就沒有辦法能以和平方式實現統一。二個以上武力的存在,要想實現統一,必須在一方力量打倒另一方時才有可能,否則就是雙方相互牽制成為分治局面。歷史上杯酒釋兵權那是在君臣名份下的佳話,而不適合今天政黨相互抗衡的時代。

應該說,政黨政爭是民主政治中的正常現象。但在民主政治下,政黨政爭必然是和平的「爭吵」,而不是武力的「決鬥」。世界各國政黨的對立不止中國,然而,中國的政爭一定要在戰場上決出勝負,可見,主義上的不同還

〔註 17〕李輮盧:《以民主締造統一》,《觀察》1 卷 12 期,1946 年 11 月 16 日。
〔註 18〕陳彥:《國共問題何以不能和平解決的追索》,《觀察》2 卷 24 期,1947 年 8 月 9 日。

不是國共兩黨衝突的基本因素。與西方國家的政黨相比，《觀察》及其作者群認為，中國的黨派都有傾向於職業化的趨勢。「吃黨飯、吃團飯，固已人人皆知。而在野黨派，也頗有並無正常專業，而賴其團體以生活的份子。」〔註19〕中國黨派挾武力以自存是如此，中國黨派不民主也是如此，中國國家的貧窮也是如此，中國黨派無論怎麼腐敗，人民也奈何不得他們。

由於特殊的歷史與文化背景，黨派協商是中國民主政治的一大特色。在表面上好像只是黨派的事，而實際上卻正是在實現民主。用這樣的方式來實現民主，當然是一種不得已的辦法。但國民黨所謂的民主是虛假的，或者說是對民主的曲解。

民主當然可有種種的解釋。但國民黨對於民主的解釋是錯誤的。他們以為有了憲法，辦了選舉，就是民主了。而實際上，國民黨有憲法也是一紙空文，辦選舉由黨部壟斷，這不但不是民主，而是反民主。所以，憲法與選舉不是民主的核心，各黨共存，都能發展，才是民主。除了各黨並存合作以外，「另求民主，這不是曲解民主，便是有意造成假民主。」而各黨協商，由共同而得一致，由不同而互相鉗制，這才是真正的民主。「民主的精神就在於容納『異』，而折衷於『同』，第一是 COMPROMISE；第二是 CHECK AND BALANCE。沒有這兩點，則決沒有民主。如果現在要成立任何人民團體，黨部先要『指導』，儘管指導者的程度不知要比被指導者低了多少倍，但還是要「指導」的。否則便『不合法』或非法。國民黨區域固然如此，『解放區』也未必不如此，不過也許是暗中指導而非公開指導。」〔註20〕

中國要建設真正的民主政治，必須從改造革命政黨開始。《觀察》及其作者群毫不客氣地指出，中國社會的一切困難無不歸因於有這樣兩個政黨。中國要轉變為真正的民主國家，決不能容許有不適合於民主政治的集團在國內為所欲為，其中，最主要的一個問題就是必須把國民黨由特別政黨變為普遍政黨，即由民主國家所不能容許的組織變為民主國家所能容許的組織。人類過去的歷史就是一部特權逐漸消失的歷史。任何特權，即使用強大的力量來維持，也不能延續多久。這類特權包括少數特別的享受，也包括相應的多數人的犧牲。整個社會所趨附的目的是少數人特權階層的目的，而在達此目的的進程中，多數人變成了「活的工具」。任何一個人都不會長久給他人做工具，

〔註19〕樓邦彥：《論官吏的民權》，《觀察》1卷23期，1947年2月1日。

〔註20〕張東蓀：《追訴我們努力建立聯合政府的用意》，《觀察》2卷6期，1947年4月5日。

他遲早要反抗，反抗到他和別人地位一致時爲止，也就是說，把革命政黨改造成爲適應民主政治的政黨。

三、民主政治的保障及其在中國的失敗

《觀察》及其作者群認爲：民主是一件易碎品，這就把民主的保障問題顯現了出來。在民眾選擇能力低下與人民政治程度不高的情況下，怎樣才能保證民主不被扭曲呢？《觀察》及其作者群以雅典和希特勒上臺爲例來說明這個問題。

雅典人民往往不願意出席國民大會，法律上雖有缺席罰金的規定，但仍然難以提高人民的民主政治素質。德國人民在 1932 年 7 月的選舉當中，有百分之三十七的選民擁護納粹黨。在 1933 年 3 月有百分之四十的人作同樣的選擇。德國的國會下院在 1933 年 3 月間除共產黨的議員外，一致贊成給予希特勒內閣以獨裁的權力。在 1933 年 5 月更全體一致贊成希特勒內閣的外交政策。德國的獨裁政治可以說是人民自己的選擇。可見，人民的選擇不一定是民主政治的保障。

還有一個問題就是：在人民政治程度不夠的情況下，如何實現民主？

在以往的思想家和政治家中，認爲這個問題不能解決的大有人在。中國的孔子曾說：「民可使由之，不可使知之。」韓非子說：「民智之不可用，猶嬰兒也。」希臘哲人蘇格拉底說，「一個缺乏軍事或醫藥知識的人，縱然被全世界的人所選舉，也不是一個眞正的軍官或醫生。」柏拉圖鑒於雅典平民政治的缺點在於民眾的無知，所以他相信，除非治人者都是哲人，人類的痛苦是不能解免的。近代贊成獨裁，反對民主的人，都懷疑人民的政治能力。

近代民主政治的擁護者，雖然放棄了 18 世紀的樂觀主義，承認民眾智慧的缺乏，但他們相信這個缺點是可以通過教育方法來補救。然而，提高民智的途徑，因各國歷史環境不同而有很大的差異。這就要具體地分析各國具體的歷史條件。

近代民主政治的形成，有演進與突變兩種方式。英國的民主政治發源於 13 世紀初年諸侯抗拒王權時期。經過 17 世紀兩度革命以後二百餘年中繼續發展，達到一定的水平，這是前一種的典型代表。在發展的過程中，人民的政治經驗逐漸提高，人民的政治權利逐漸擴大，所以，因民智低下而引起的困難比較上不太嚴重。只要普通的教育能夠普及，人民便可充當國家的主人

翁，而愉快勝任。中國的民主政治創始於辛亥革命，可以說是一種突變的例子。革命以前的中國人民不但絲毫沒有得著任何民主政治的經驗，甚至普通教育所給人的知識也只有少數人能夠得嚼，民智的問題因此比較嚴重。德國在第一次世界大戰後建立的民主政治也是由突變而成的。德國的普通教育雖較中國普及，但德國人習慣於普魯士的君主統治，封建勢力和軍國主義對於魏瑪憲法所賦予人民的權利，大多數人並不是衷心接受。希特勒的成功足以說明民智的問題在德國的歷史環境下，也有特殊的嚴重性。由此可知，在缺少民主政治傳統的國家裏面，培育人民的民主能力與習慣的教育工作是十分必要的。

用訓政方法來提高民智必然是自上而下的民治。這是不得已的辦法。「凡不得已的辦法定然有無可免的困難。」但一定要分清是真訓政，還是假訓政。民治是人民自治。領導人民去自治，在邏輯上似乎有點近乎矛盾。反對訓政辦法的人，自然而然地會把它看成是變相的獨裁。《觀察》及其作者群認為，訓政不一定是獨裁，也可以做民主的先驅。關鍵在於主持者是否「出之以誠，行之得當。」具體地說，訓政是否民主，要看推行的用意是否在培育人民自治的能力。培育自治的能力就是讓人民取得主人的資格。這樣的訓政就是民主的準備。「假如訓政的作用在灌輸某一種主義，消除異己的思想，縱然所灌輸的是一種好主義，消除的是壞思想，總不能由此養成人民的自動能力。這只是納民於政的企圖，不是還政於民的準備。人民很難從這樣的訓政取得主人翁的資格。」〔註21〕這其中隱含著對國民黨訓政的不滿，但也反映出《觀察》及其作者群仍然對國民黨抱有幻想，並希望國民黨走上他們所設計的民主之路。

任何事情的取得都要付出代價的，民主政治也是一樣。《觀察》及其作者群認為，民主政治的代價就是公務員權利的限制。因為在政黨政治之下，政府權力的取得、維持與更換，必取決於人民的意思。在政府權力可能更換時便產生了一個極其困難而又亟須解決的問題，就是公務員如何能忠實地服務於不同的主人。政府的更換使得政策也隨之變動，在這種可能的情形之下，假使公務員不能中立，一方面公務員本身的服務精神將會受到影響，另一方面政府的政策也難以付諸實施。一般情況下，在不改變政治現狀之下，公務員應該採取中立的立場原是不成為問題的，公務員的中立應該是政府對

〔註21〕郭叔壬：《憲政與中國文化》，《觀察》4卷3期，1948年3月13日。

於公務員的要求，也是人民對於公務員的希望。而如何使公務員維持中立，有治標與治本兩種方法：治標的方法是對於公務員的幾種公民權利加以一種程度的限制；治本的方法是以政府對公務員的中立來換取公務員對政治的中立。這兩種方法雖然有治標與治本之分，可是兩者是互為因果的，任何的一種方法都不能單獨解決公務員的中立問題。

公務員犧牲的幾種公民權利，都屬於政治活動的範圍，換句話說，就是既然做了公務員，就不能再參加積極的政治活動，否則公務員的中立地位也就無法維持了。政治活動中最積極者莫過於民選議員或其他民選公職的競選，一般的民主國家除掉規定公務員不能兼任民選議員或其他民選公職外，又對參加競選加以相當或絕對的限制。例如英國自從 1884 年以來，公務員不論以何種方式參加國會議員競選時，必須辭去其公務員的職務。在法蘭西第三共和國，關於公務員參加競選，法律雖並不加以一般的限制，可是，在不同的時期，政府總是以命令的形式，加以不同程度的限制，至於公務員不能兼任國會議員一項，則是憲法條文所明確規定的。可見，一般民主國家大多認為在民主政治之下，公務員地位與完全的公民地位是相互衝突的，要顧全一方面，必須犧牲另一方面。

然而，公務員的積極政治活動，並不僅限於參加民選公職的競選。為維持公務員的中立地位，公務員雖然能消極地行使選舉權，但絕不能公開地積極地以任何方式表示政治的主張，攻擊政府的政策，反對或擁護某一個候選員或某一個黨派。諸如此類的政治活動，英美等國家的公務員都是不准做的，依據美國的法令，公務員一律不准參加積極的政治活動（Active part in political management or in political campaigns），而所謂積極的政治活動，就是凡各級議會議員或其他民選公職的競選，政治性的委員會的參加，政治集會的籌備、主持、或參加，選舉官的充任，競選運動各種工作的參加，政治刊物的編輯、主持、或投稿……等活動都能屬於積極的政治活動，這實在是範圍更廣的一種限制。

政府如果以民意為依歸，政府權力自然常會更換，而對於公務員的要求也就越了越高：「要求他們在受不同主人的指揮之下，在不同的時候忠實地執行傾向或性質完全不同的政策，做到人民與政府兩方都信任他們中立的地步，那麼民主政治雖則有流弊，其流弊也就難以發生。」〔註 22〕何況民主政

〔註22〕樓邦彥：《論官吏的民權》，《觀察》1 卷 23 期，1947 年 2 月 1 日。

治所要求的僅爲公務員不以公務員的身份來參加積極的政治活動，而並不是永久剝奪他們爲公民的權利。當他們一旦覺得充當公務員而犧牲一部分的公民權利是一件不值得做的事情的時候，他還可以「捨此而就彼」，放棄公務員的地位，而去做一個積極的公民。

所以，「政府要是能以中立的態度對待公務員，公務員才能維持中立，這恐怕是公務員中立問題的癥結所在。」〔註23〕不攻擊政府是公務員自己就能做到的，而不積極地公開擁護政府這一點，則有賴政府對公務員的中立態度。此所以獨裁國家是不發生公務員中立問題的，獨裁國家根本就不要求公務員中立，不但如此，它還要公務員積極地擁護政府，於是政治與行政打成一片，民主政治也就滅亡了。

民主政治以政黨政治爲基礎，在行政部門中自然應當有一部分中立的公務員不顧政府的更換，始終忠實地把不同政府的政策執行出來。人類的缺陷是他們不能超越個人的主觀成見，去判斷事物，所以民主政治要求公務員中立，並不是要求他們放棄爲人的權利，也不是強求他們做一件違反人性的事情，而是限制他們不去積極參加政治，只有這樣，政府與人民都不致於懷疑他們具有積極的政治主張，民主政治也就有了一定的保障。

民主政治在中國的失敗有多種多樣的原因，可以毫不誇張地說，中國政治的弊病多得不可勝舉，而且是互爲因果，因此，政治責任也難以判定。但總的說來，還是一個毛病，就是人民不能而且不願意過問公共事務，真正用人、用錢的大權，不在民意機關手裏。法令無權威，玩政治的人肆無忌憚，才弄到弊端叢生的地步。

近代民主政治的產生、發展，是與近代工業化的產生和發展相一致的，可以說近代工業化是民主政治不可或缺的基礎。中國民主政治的失敗就是因爲缺乏工業化所造成的種種社會結果爲基礎，所以，中國的民主政治總是顯得頭重腳輕，沒有根基，以至於在政治實踐中屢試屢敗。「民主政治在中國屢試而屢失敗就是因爲中國總是停留在農業的階段，工業發展始終沒有形成一個可與地主階級對抗的資本家階級。因此，中國的民主政治不爲中國社會所竭誠擁護。」

民主政治的內容是全面的，豐富的，是不能僅從表面上去認知的。對民主政治的片面性認識，無異於盲人摸象。《觀察》及其作者群認爲，憲政政治

〔註23〕樓邦彥：《論官吏的民權》，《觀察》1卷23期，1947年2月1日。

僅是人民全部生活中的一個部分，如果不在其他部門之內平行下功夫，就如同緣木求魚，必然是無疾而終。「從民初到現在，40 年來，我們所以沒有建立起來一個良好的制度者，就是因為我們翻來覆去，光是注意到一個政治形成的改造，而未曾注意到整個社會內容的改造。一定是工業化，工業化程度的深淺，可以決定一個文化的是否充實。一個國家之所以富強，除船堅炮利之外，還有許多的原因，而這許多原因又正是我們所沒有的。」〔註 24〕現代化是一個整體的東西，就如同有汽車就得有汽油，穿西裝同時需要穿皮鞋一樣，絕不能從一樣或幾樣現代化的器物上去判斷。

對於民主政治在中國的失敗，《觀察》及其作者群用了一個十分形象的比喻來說明：一個制度對於一個民族就如同一件衣服穿在一個人的身上一樣，必須大小合身，長短適體，尤能足滿禦寒的實際需要。假使一個短小身體的人硬要穿一件長大的衣服，或者在夏天偏要穿一件皮衣服，這都是不合時宜的。一個民族硬要學另一個民族的制度文化習俗也會有這樣的情形。所以，「一個制度無論是從外國搬運來的與否，而欲其生根，則必須自自然然。……迎接外國文明必須從本國文明中的相似點入手，就是想生根必須用接根之法。再淺言之，所謂生根亦就是看其有無此需要。」〔註 25〕

民主政治在中國的失敗並不全是政治人物不願實行民主，而是社會傳統風氣，注定著它的失敗。民主的基礎是理性、自由、與工業社會。以民主政治的發展歷程而言，民主政治是文藝復興後西方社會的產物。在西方文化的搖籃，希臘的哲人們的思想，已傾向於理性的獨立，與自由研究之風。中世紀宗教的統治，壓抑不住自由思想的幾個宗教革命家。科學家對自然科學的探討，人類理性的摸索，終於迸出思想革命——政治革命的浪潮，而以法國大革命為這一革命高潮的頂點。在歐洲古老的國家，雖然是專制的君王，對人民應有的權利也不能不加以尊重。英國傳統的民主更不必多說，就是大陸國家，對城市自由的許可，法國最早三級議會的模式，國王和人民舉行權利談判，都是難能可貴的傳統。在他們的思想中，決沒有中國幾千年的儒家所謳歌的「普天之下，莫非王土，率土之濱，莫非王臣」這一尊的思想模式。因此，一般的人民只有「撫我則後，虐我則仇」的詛咒，卻沒有天賦人權這

〔註24〕 郭叔壬：《憲政與中國文化》，《觀察》4 卷 3 期，1948 年 3 月 13 日。
〔註25〕 張東蓀：《我亦追論憲政兼及文化的診斷》，《觀察》3 卷 7 期，1947 年 10 月 11 日。

一類的想法。學者更是深受儒家思想傳統的影響，持有「學成文武藝，貨與帝王家」的抱負。他們教育人民的只是如何去服從統治，教育統治者如何統治人民，從來沒有教人民解決自己問題的說法，這是中國傳統的政治觀念，而且中國人樂天安命，忠厚忍辱的人生觀，父祖相傳，決不肯挺身而出，主張自家的權利，追究政治上的責任與是非，更是缺乏民主政治下個人負責的條件。所以，民主政治在中國的失敗是不可避免的了。

四、經濟民主的基本內涵

由於受到了邊沁、密爾的功利主義的影響，《觀察》及其作者群的經濟思想從一開始就遠離古典的自由放任主義而親近干涉主義。「最大多數人的最大幸福」成了他們的最高價值和最高信念。正是在這一信念指引下，使他們堅信：自由放任的市場秩序無法實現這一功利主義的目的，只有通過國家立法、福利政策等干預，才能最終實現這一目標，用當時一句流行的話，叫做「大家有飯吃，各人選路走」。《觀察》及其作者群的經濟民主思想正是這種思想的直接表現。

（一）修正的資本主義

《觀察》及其作者群對資本主義既不是全盤肯定，也不是全盤否定，而是試圖兼收並蓄，取其優點，棄其缺點。他們認為，「資本主義的經濟特徵是財產的私有（特別指生產工具的私有），利潤的追求，經濟的自由（投資、儲蓄消費與就業的自由）——用一個合理的單位計算如何用最小成本獲致最大的利潤。」〔註26〕不過，近代資本主義的一個最大弊端就是社會中存在著經濟上的不平等。按著近代經濟理論，工資勞動者是資本主義造成的，在他們產生了以後，便處在被剝削、被壓迫的地位。他們那種：「工資非薄不能自治；工時加長，不能勝任；失業無告，痛苦呻吟孤生活情況，可以說是由資本主義中的主角資本家負歷史負責的。勞動者對於社會的服役大，而報酬少；至於資本家，我們即使不能說他們沒有服役，至少也是服役小，而報酬多。」〔註27〕這種對比實在是資本主義的一個內在的矛盾，而這個矛盾正是最大的社會不公平之處。

〔註26〕陳志讓：《資本主義經濟與社會主義經濟》，《觀察》1 卷 21 期，1947 年 1 月 25 日。

〔註27〕吳恩裕：《一個歷史的教訓》，《觀察》3 卷 17 期，1947 年 12 月 20 日。

這種不平等能長久地延續下去嗎?《觀察》及其作者群認爲是不會的。經濟上的不平等,使資本主義的生存發生了危機,大多數人都處於被剝削、被壓迫的地位,這是不人道的。所以,資本主義必須改造,尤其是經過這次世界大戰,資本主義的許多弱點暴露得更加明顯。生產過剩,資本集中,貧富不均,經濟恐慌等,都是資本主義制度的必然產物。它與全民福利常常是矛盾的。對於這種病症,只有以社會主義改革的精神去修正資本主義,所能求得財富分配的逐漸平均,生產計劃比較合理,使全民的福利增加,大眾的生活才有保障。同時,《觀察》及其作者群也注意到了馬克思對資本主義的批判,他們感到:「馬克思深恨資本主義的種種弊端,而提出了社會主義經濟思想。他所重視的是組織而非自由,是平等,是進步,是經濟的安定,絕不僅是生產的增加。要調和進步與安定的矛盾,他以爲私有財產必代之以財產的公有;無政府狀態的生產必代之以經濟計劃。只有這樣才能增進國民的經濟幸福,免除資本主義經濟制度的缺點。」〔註28〕

在資本主義制度下,平等與自由是矛盾的。資本主義的目的是少數人攫得利潤,而民主政治的目的,是大眾享受物質的福利。因此,兩者是根本衝突的。在資本主義社會裏,民主政治的目標如「自由」和「平等」等,都不是真正的自由和平等,平等根本沒有事實作依據,人們只有從法律上的條文看到平等而已。同時,這個社會中的自由,也只是少數階級的特權,大多數人並不能享受,所以,《觀察》及其作者群得出結論「我們決不能走上資本主義的老路,因爲在資本主義社會經濟的基地上,真正的民主政治是不會生長出來的。」

但是,《觀察》及其作者群反對資本主義是有條件的,並不是青紅不分,全盤否定。《觀察》及其作者群解釋說,反對走上資本主義的路,並不是反對工業化、現代化。因爲資本主義只不過是一種生產方法。「凡是生產方法都有兩種特點。一是生產的技術問題,二是生產的分配問題。反對資本主義只是反對其私有財產制度,而並不反對其生產技術。任何社會都可以採用最進步的技術從事於生產,同時,建立起公平公道的分配方法,只有這樣,社會才能在平等中取得迅速的進步,社會財富才能迅猛增加。」〔註29〕中國只有採

〔註28〕陳志讓:《資本主義經濟與社會主義經濟》,《觀察》1卷21期,1947年1月25日。

〔註29〕吳恩裕:《一個歷史的教訓》,《觀察》3卷17期,1947年12月20日。

取這樣的方法，才會迅速地走上工業化、現代化的發展之路。這是唯一能達到工業化或現代化而又沒有經濟上的不平等的辦法。

（二）、有計劃的干涉主義

《觀察》及其作者群對社會主義普遍具有好感，並且認為，近幾十年來，中國正背負著二千年封建社會的重負，向著那比較遙遠的世界革命的目標——社會主義邁進，其負擔之繁重與過程之長遠，真有類於「挾泰山以超北海」之勢。儘管通向社會主義的路還很漫長，但與社會主義相伴生的計劃經濟卻是社會發展的大趨勢。第二次世界大戰後，世界政治趨向民主，經濟則逐漸走向社會改革及有計劃的干涉主義。這是《觀察》及其作者群對世界經濟發展趨勢的一個基本判斷。

由於對有計劃的干涉主義的由衷熱愛，《觀察》及其作者群心目中計劃經濟的「理想國」是：所有的生產工具都收歸國有，並制定依勞動能力而有所等差的分配制度。同時有限度地消滅私有財產制度，下決心擯棄自由放任的經濟政策，從自由主義的市場經濟轉向有干涉的計劃經濟，允許私有財產和利潤制度在一定限度的範圍內存在，對有關國計民生的私人企業予以維持。但對他的發展，必須根據全民福利的立場隨時加以調整。就思想方面而言，中國並不落後，孫中山先生所主張的民生主義實具有這種有計劃的干涉主義精神。平均地權與節制資本全是以避免財富集中、謀全民福利為目的的，至少在原則上，是著重干涉的經濟政策，不願再蹈資本主義的覆轍。由此可見，世界的潮流和中國精英人士的看法是一致的。「為我國經濟建設著想，時間有限，必須在短期內完成人家自工業革命以來的進度。所以，我們更應該認清楚原則，迎頭趕上才是。」〔註30〕

隨著社會的發展，民主不僅限於政治方面，還要向經濟領域擴展，而政府對經濟的管理的職能也要相應地發生轉變，也就是說，民主不應局限於政治方面，而應擴及經濟與社會各方面。在十九世紀自由主義思想指導下，「理想的政府是無為的政府，需現代的政府必須有能。」〔註31〕因而，不有能執行大規模的經濟計劃，以安定民生。政治力量的擴大，在經濟上的意義是政府對人民的「所得」操有決定的大權，對一個工人的工資，農民產品的價格，工業與銀行家的利潤，都可以干涉。政府的經濟措施與千百萬人的生死攸關。

〔註30〕戴世光：《中國經濟往何處去》，《觀察》1 卷 10 期，1946 年 11 月 2 日。
〔註31〕戴世光：《中國經濟往何處去》，《觀察》1 卷 10 期，1946 年 11 月 2 日。

所以，政治鬥爭顯得特別激烈，而這種鬥爭的成敗最後取決於經濟方面的多於政治或軍事方面，它表明經濟生活已在社會生活中佔據了主導的地位。

《觀察》及其作者群列舉了不贊成有計劃的干涉主義的 3 種主張。

第一、由於種種原因，中國社會中的許多人過份推崇民主政治，進而因民主誤解了自由的涵意，認為自由放任的經濟制度與政治民主是不可分割的。為了實現民主，必須實現自由。其實，在經濟方面，近代所謂「自由」主要的是指：「不虞匱乏的自由」和「免除失業的自由」。這並不一定要包括「企業的自由」在內。在過去的經濟制度中，人們業已瞭解了完全自由企業制度的弊端。所以，人們不能因政治民主而反對有計劃干涉的經濟制度。

第二、近年來，由於中國國營事業的無計劃，缺乏效率和一部分事業充斥著官僚資本，由此就認為國營不如民營，其實這是犯了「因噎廢食」的錯誤。因為，如果人們認為原則是對的，就不能放棄原則，就應該全力以赴來改善並糾正種種不良的弊端。除此以外，別外還有一種看法認為：「國營與民營爭利，有國即無民」。實際上，這是誤解國與民的關係。

第三、在勝利前後，政府有的重要措施失當，人民失掉信心。田賦徵實的偏重，通貨政策的失策，接收工作的手續不清，放縱既得利益集團等等，使國民發生一種畏懼懷疑的心理，這是一種反應。這種反應擴大的結果，就認為政府最好是對一切不加干涉，任其自由發展。實際上，這種反應本無可厚非，只是這種看法是不正確的而已。

經濟生活的目標在謀全體人民的幸福，而每個人的利益應該以公共的利益為前提。如果每個人只謀個人的利益，自然會侵害別人的利益，進而侵害全體人民的福利。具體地說，有計劃的干涉主義是促進生產的關鍵。為了促進生產的發展，必須採用計劃經濟，但也應看到，中國經濟應走的途徑是既不能採完全放任自由的經濟，也不應該是以某些經濟集團的經濟利益為本位的計劃經濟，而應該由政府站在全民福利的立場，對經濟採取有計劃的干涉主義，它包括社會改革、防止獨佔、平均財富、建立直接納稅系統、發展國家資本等重要措施，只有這樣，中國的經濟建設才有意義。

（三）經濟正義觀

《觀察》及其作者群除了在政治領域中強調自由、平等、法治外，在經濟領域中的經濟正義觀格外引人注目。《觀察》及其作者群認為，所謂經濟正義，簡單地說就兩點內容：其一是工作權（即人人都有就業的權利）的保證，

其二是生存權（即人人都有基本生活的權利）的保證。具體地說就是，一個人應該得到充足的食物來維持健康，得到最低限度的衣、住、燃料來保持溫暖，得到充分與平等的教育機會來發展自己，得到休息與享受的便利，得到避免因失業、疾病和老年而引起的危險的保證，而最重要的，是不能讓他因為生兒育女而淪於窮困悲苦，做父母的既不以子女為累贅，做子女的也不必受無理的虐待。這一切實在是一個現代公民所享有的基本權利。《觀察》及其作者群的正義觀已具有了明顯的社會主義色彩。它反映出了馬克思的經濟理論的廣泛影響，也從一個側面反映了中國人對美好生活的極端渴望。

《觀察》及其作者群的經濟正義思想是在深刻分析資本主義百年發展史中得出的，也是資本主義與社會主義根本區別之一。在一百五十年來資本主義的發展過程中，人人都可以看得出來，經濟不公和社會不安是它的兩大病症。自從一九二九年發生世界經濟大危機以後，資本主義的國家普遍地受到打擊，到處都鬧著「物價暴跌，生產停頓，失業日眾，民生益困」的病象。在這種對照之下，一般人就開始去思索問題的癥結所在，一方面去探究資本主義的弊病，另一方面又去研究社會主義進步和安定的原因。經過研究可以發現，資本主義和社會主義這兩種制度，不僅在機構上和組織上有著明顯的區別，而且在精神上更有著本質的不同。在資本主義的社會裏，雖然有經濟的自由卻無經濟的正義；而在社會主的國家裏，則正因為有了經濟正義，才能讓社會呈現出安定的局面。

發現問題是為了解決問題。《觀察》及其作者群提出，要達到經濟正義這個目的，必須有一個生產不斷擴充而分配相對合理的社會機構。這些條件只有在實行計劃經濟的社會裏才能具備。至於資本主義的國家，除非把自由企業的原則加以變更，否則難以實現。不過自由企業制度是資本主義的基礎，如果自由企業的精神受到了限制，資本主義的性質也就會隨之發生改變。於是，如何一方面維持自由企業的制度，而另一面又從能實現經濟正義以促進社會的安全，使之成為資本主義的興衰存亡的關鍵問題。因為，「在依然保持自由企業制度的社會裏，不論維持充分就業的方案是怎樣的周密，經濟循環的病態恐怕不是可以完全消滅的。」〔註32〕而要實現經濟正義的理想，又是有條件的，必須具備幾個必要的條件，其中，「最重要的是一個國家要有一個能夠處處為人民打算的政府和一個不為特殊權勢謀利益的計劃。儘管資本主

〔註32〕鄭林莊：《經濟正義與社會安全》，《觀察》2卷3期，1947年3月15日。

義的國家是怎樣不甘於讓自由企業的精神受挫折，可是要實現上述這些理想，政府的協助和干涉是終難避免的。」而且經濟正義和社會安全始終是當前社會發展的主潮。事實勝於雄辯。「凡是趕不上潮流的終必被時代所淘汰。試翻閱一下古今的歷史，似乎還沒有一個民族能逃得掉這一個社會發展的鐵則！」〔註33〕

（四）自由與平等的經濟基礎

自由與平等的完全實現，必有賴於堅實的經濟基礎作保障。如果沒有經濟作基礎，自由與民主只能是口頭上的或是寫在紙面上的。近代歷史的發展說明，自由始終沒有擴展普及於全民，就是有由於貧困的農工階級在現代國家中，雖然表面上享受自由的法律權利，但是他們自身的經濟情況，卻阻礙了他們實際上享受這種權利，法律上的規定是「應該」享受自由；而實際的問題是「能」「不能」享受自由。「這種『能』與『不能』的背後，實在隱藏著階級的分野，財富分配的不均。」〔註34〕這種情形正是所謂「不平等」的具體體現，也就是經濟地位的不平等，嚴重地制約著政治權利的實現。有錢的能享受的平等，能享受自由的，在現代國家中都成了特權階級。他們自由的獲得，是建築在社會的經濟不平等上面，因此，少數人經濟上不平等的存在，恰好是全民不能普遍獲得自由的經濟原因。

經濟平等關係到社會穩定等一系列大事。中國歷史上常常「用均平的方法解決政治上的問題，以求得社會秩序的穩定與人心的歸符。這是中國歷代統治者常用的方法」。〔註35〕所以，「凡是國家因戰事或政治腐敗或社會上貧富懸殊之時，政府必被迫要採取實現經濟平等的措施，以實現均平的目標。」而經濟平等的實現，必須要有兩種政治形勢：一是政府權力的增大，如漢武帝時代的專賣監鐵及課商人重稅，以國家財政之力，有打富濟貧之意；還有土地資源收歸國有，如王莽的「五均六管」，「更天下田曰王田」，及北魏至唐初的均田政策等，無論成敗，都是政府權力為了實現經濟平等而採取的措施。二是政治繼續腐敗而不可收拾，政府雖然要增強權力，而只是從武力控制與政治的壓迫出發，以圖政權的鞏固，結果適得其反，引起全民的暴力革命，社會陷於混亂，如漢末外戚宦官的政治，就是用「八校尉」和「四中郎

〔註33〕鄭林莊：《經濟正義與社會安全》，《觀察》2卷3期，1947年3月15日。
〔註34〕吳恩裕：《自由乎？平等乎？》，《觀察》3卷12期，1947年11月15日。
〔註35〕賀昌群：《中國歷史的悲劇》（上），《觀察》2卷23期。

將」做武力的控制，用黨羽做政治壓迫的工具，才引起了黃巾軍的起義。黃巾軍以太平道爲號召，太平道的主要措施之一，就是遍設「義舍」，義舍就是供米飯而不供肉食的供應站，用通俗的話說，就是：「凡相信太平道的人都有飯吃。」

　　生存是發展的基礎，生存的需要先於政治權利的需要，或說生存權利是人的第一需要。如果不能得到衣食的滿足，瀕於餓死的境地，像中國的災民一樣，當然談不到民主自由之類的問題。但從政治觀點而論，也許正是衣食不足，才更有爭取民主自由的必要。

　　毫無疑問，全民普遍地獲得自由，必須建築在經濟平等之上，所以，取消經濟上的不平等，然後才能實現全民的自由。在經濟不平等的社會中，佔優勢的階級是少數人，取消他們的經濟優勢是取消一種社會的特權。人類歷史進步的原因是一個不斷地取消種種特權的過程！而取消少數人經濟的特權，自然包括進行分配財產，或至少是限制財產攫得的方式。這就產生一個問題：是不是要剝奪現代國家中法律中對私有財產的保障呢？當自由權利變成「特權」，並妨害了「全民」幸福時，這種特權是應該被剝奪，被取消的。但這並不表示：「自由」與「平等」是衝突的。它只是說明「特權」或少數人能獨享的「自由」和「平等」發生了衝突。

　　所以，《觀察》及其作者群呼籲：不要再認爲平等與自由是衝突的。因爲全民的自由，必須以平等爲基礎；也不要認爲如果要平等就必須損失一些自由，因爲那些自由既已成爲少數人的特權，那麼，取消它也是應該的。他們以中國的民主運動爲例來說明爭取自由、平等的合理性。因爲自由是社會進步的動力。西方民主政治的經驗已經昭示給我們：沒有平等的基礎，眞正全民的自由是不會實現的。平等和自由是不衝突的，人們一方面固然要爭取自由，另一方面也要促成平等，以爲自由的基礎。但這種爭自由的運動必須是普及到各個階層，否則就不免流爲某一種人特權的爭奪了。如果市民爭取經濟平等的運動是以都市爲出發點，而又逐漸普及於鄉村，那自然是可以的。「如果是始於都市，又止於都市，那就不免是特殊的經濟平等而非普及的經濟平等了。」〔註36〕這也是《觀察》及其作者群自由主義者所不希望發生的。

〔註36〕吳恩裕：《自由乎？平等乎？》，《觀察》3卷12期，1947年11月15日。

五、經濟民主與政治民主

　　《觀察》及其作者群認為經濟民主與政治民主分屬於兩種不同的主義。經濟民主屬於社會主義，而政治民主則從屬於自由主義。經濟民主與政治民主實現的方法也大相逕庭。

　　政治民主的觀念可以用英美的自由主義來代表，它的基本信念是：人人同樣具有生存所必須的若干權利，而個人本身具有實現這些權利的能力。政治社會的目標就在以人民公共的力量保障權利使其不遭侵害。人民固然不許暴君苛政侵害權利。他們也不歡迎仁君仁政「越俎代庖」替他們滿足生活的需要或決定生活的方向。因此，「自治是政治組織的極旨。為了辦事的便利起見，人民不必自己操持行政之權，但決定何事須辦的權力必須操於人民之手。」〔註37〕

　　《觀察》及其作者群不承認政府做事的增多就是人民權力的減少。只要政府所做的是由人民自己或其代表所決定的，而不是別人替他們決定的，它便符合民主的條件。假如人民不滿意政府或政策，他們在法律上和事實上都有改變和改選的權利。所以，自由主義所注重的是政治民主，政治民主的中心就是人民的政治平等。對於民主的解釋，應該有兩種：個人和他人的需要與發展，可以說，人類個體需要的滿足，可以衡量民主的成就。所謂個人需要的滿足，不但包括一種安全與幸福的合理標準，而且包括對教育、娛樂、自由、自主政府及自我表現的均等機會。所謂活動的參加，不但包括個人用討論投票和實際服務的方式，參加國家政治，地方政府與社會事業，而且包括參加各種團體的自由。這種自由自然不是以別人為犧牲的自由，而機會也不是違反合作的機會。

　　政治民主與經濟民主如同一對孿生兄弟，僅有政治民主而沒有經濟民主，政治民主是不完整、也是不全面的。具體地說，經濟民主則可以拿社會主義，尤其是共產主義做代表，其基本信條是：經濟生活是全部社會生活的基礎。除非人民在經濟上能夠平等，他們不能在任何方面得到平等。古希臘城邦中有奴隸的存在，這不是完全民主而是片面民主。近代國家如英美等固然沒有奴隸，但資本主義制度下的無產階級在本質上無疑於古代的奴隸，這不是真民主，而是偽民主。要想得到完的、真正的民主，人們必須實現經濟的民主。資產階級決不肯輕易放棄既得的權利和勢力，因此，「武力革命是

_____

〔註37〕蕭公權：《說民主》，《觀察》1 卷 7 期，1946 年 10 月 12 日。

難於避免的手段。即使革命成功了，經濟建設也不能由『自由競爭』而推進。生產工具必須公有，生產事業必須統制，反動的思想和勢力必須肅清。因此『無產階級獨裁』是無可否認的政治制度。『獨裁』當然不是民主，但是為了實現經濟平等，這是必要的工具。」〔註38〕最後目的是民主，「所以貌似不民主的無產階級『獨裁』卻是實現民主的——至少比貌似民主的資本主義民權政治更加民主。人民雖然受了政府的統制，但在被統治的過程中，他們踏上了經濟民主之路，向著真正的民主邁進。」可見，經濟民主是必須被強迫才能實現的。

綜上所述，政治民主注重個人自由，經濟民主注重人類平等，後者偏重物質的滿足，前者偏重意志的實現。英美有政治民主而無或缺少經濟民主。蘇聯有經濟民主而無或缺少政治民主。再說得粗淺一點，就是「英美人民有充分的權，而利則不足；蘇聯人民有充分的利，而權則不足。」〔註39〕《觀察》及其作者群的這一思想是深受社會主義影響的產物。

政治民主與經濟民主各有所長，中國在後發展中完全可以「去其弊，取其利，」把二者的優點結合起來為我所有，為我所用。經濟制度決定了生活方式，因此，每個人的生活方式與教育能力和政治經濟的關係，成了不可解的連鎖。每個人的生活和工作都必然的須依靠政府的政策和制度，政府的政策和制度如果發生了弊病，便會直接影響到每個人的生活和工作，所以，人民有批評或監督政府政策和制度的能力，有向政府要求保障生活的權利，《觀察》及其作者群天真地認為：「今日世界大勢已進入多數控制少數的時代。客觀地說，經濟條件可以控制全部政治的措施。因資本主義的過度發展，造成了財富集中於少數人，絕大多數人貧困了，這絕大多數人就是中下等階級。」〔註40〕世界是在進步，不民主的局面，終於要被消滅的，政治民主與經濟民主也並非是魚與熊掌不可得兼。別人家的短處，中國並沒有必須抄襲的義務。中國人需要豐衣足食是天經地義的，政治民主與經濟民主，二者可以得兼，而且必須得兼。

那麼，經濟民主和政治民主到底孰重、孰輕呢？也就是一碗飯較一張票到底先選擇哪個呢？《觀察》及其作者群認為選票重於飯碗。他們指出「思

〔註38〕蕭公權：《說民主》，《觀察》1卷7期，1946年10月12日。
〔註39〕蕭公權：《說民主》，《觀察》1卷7期，1946年10月12日。
〔註40〕賀昌群：《中國歷史的悲劇》（上），《觀察》2卷23期，1947年8月2日。

想史上的叛徒,有誰是因為缺少那一碗飯呢?自由主義不反對共產主義的經濟民主,但需堅持要有政治民主;它不會滿足於英美式的政治民主,因為英美式的政治民主並不是政治民主的極境。」〔註41〕對於認為一碗飯較一張票更重要的人,《觀察》及其作者群特別提醒:在人們還沒有得到一張票以前,千萬不能放棄這一張票的要求;否則民主要和他們相隔得更遠。假如人們真有一張選票在手,那麼,他們就可能利用這一張選票來爭取一碗飯;至少不會阻止人們要求這一碗飯,「故經濟民主與政治民主是絕對不相衝突的。至於有人以為我們現在已經有了一張票,那是違反事實的說法,讓事實去否定它好了。」〔註42〕

私有財產與人的生存有密切的關係。一個人必須先有了必需的基本物質生活資料,然後才能談到美術、宗教、哲學、道德等生活,否則,就等於說他無以為生。真正的無以為生就等於不生存或死。但是,在一社會中,每個人各自為政地生產維持生活的資料,雖然可能,但其中不免因缺乏有意識的計劃與分工,供給與需要的失調,而產生人力的浪費。這種浪費是減少整個人類生活水準的原因。同樣,維持生活的私有私享的資料也同樣可能,但其中不免因強與弱、天才與低能、健壯與病老、際遇與晦運等種種的不同,而造成「貧富不均」的現象。這種貧富懸殊的現象,是引起人類戰爭的基因,「因為改變另外一種生產及分配生活資料的方法,人們也可以生存;亦即人性也可以表現。所以取消私產並不是取消人性的基本要求,即亦不是取消人們的生存。」〔註43〕

《觀察》及其作者群指出,從經濟上說,中國如同其他國家一樣,只有兩條路。一條是經濟的路,一條是不經濟的路。「所謂經濟的路就是在把人類在自然科學上所研究的成果充分應用於工業,並把工業所生產的果實,依照不勞動者不得食的原則,把他分配給勞苦的大眾,和為大眾謀利益的精神勞動者,於是提高他們的物質生活的水準;不經濟的路,是把自然科學所研究的成果不必充分應用於工業,並把工業所生產的不充分的果實,依照財產神聖的原則,把它多分配給寄生的階級和為寄生階級謀利益的奴僕,少分配的給勞苦的大眾和為勞苦大眾謀利益的精神勞動者,於以降低勞工階級相對的

〔註41〕楊人楩:《再論自由主義的途徑》,《觀察》5卷8期,1948年6月16日。
〔註42〕楊人楩:《再論自由主義的途徑》,《觀察》5卷8期,1948年6月16日。
〔註43〕吳恩裕:《論人性與私產》,《觀察》3卷4期,1947年9月20日。

生活的不准。」〔註44〕在這兩條路中，究竟走哪一條路，人們必須加以選擇、決定。

由於中國是一個經濟落後，物質財富缺乏的國家，因此，在走一條「經濟的路」的同時，要在注意生產的同時，十分重視分配的工作，也就是走一條兼顧生產與分配的「經濟的路」。生產的目的在於消費，消費的目的在於滿足欲望，要提高一個社會的生活水準，必須先提高人民消費的質與量，而要提高人民消費的質與量，又有賴於生產的發展。個人要想消費，必須先獲致可供個人消費的有形或無形的物資，或取得換取這些物資的媒介物——貨幣。「在貨幣經濟下，個人籍生產創造所得，籍所有獲致有形或無形的貨物，乃用之於消費，於是欲望得以滿足，生產享受得以充實。」〔註45〕總之，消費是經濟活動的最終目的，生產是達到這個目的的手段。

在重視生產的同時，還有一個非常重要的問題，就是分配。公平的分配不只限於可以消除社會的不安定，而且也因分配較為公平，消費總量提高，多數人的生活水平也可以提高，於是生產才能得到振興，經濟才能出現繁榮，社會才能有進步。「由是觀之，從提高人民生活水準言，分配與生產同等重要，未容軒輊。」〔註46〕

一個合理的經濟制度，應該不僅能維持較高水平的生產發展速度，還能保障全體人民享受舒適的生活，所以，還需要照顧到社會的公平，這就是現代社會主義的來源，也就是世界經濟政策演變的大趨勢。以往的社會制度都是有缺陷的，不全面的，從與過去的對比中，人們不難發現：「舊日的封建社會，既不重生產，亦不重分配；近代的資本主義社會，只重生產，不重分配。惟有社會主義的社會，才能夠兼顧生產與分配。」〔註47〕社會主義是人類社會最完善，也是最人道的社會。

〔註44〕樊弘：《只有兩條路！》，《觀察》4卷7期，1948年4月10日。

〔註45〕樊弘：《只有兩條路！》，《觀察》4卷7期，1948年4月10日。

〔註46〕嚴仁賡：《社會主義乎？資本主義乎？》，《觀察》4卷17期，1948年6月19日。

〔註47〕嚴仁賡：《社會主義乎？資本主義乎？》，《觀察》4卷17期，1948年6月19日。

第七章 「自由仍須守法」:《觀察》關於自由與法律誤讀的匡正

法治一詞來源於古希臘。英國人在 16 世紀末從意大利直接引用了該術語,意指「法律適用於各種人等」。稍後以英語的形式出現,意指法律對所有人平等適用以及行政官員也負有責任的狀況。此一意義在 17 世紀得到了普遍使用,直到最後為「法律面前人人平等」、「法律之治」、或「法治」等術語取而代之。法治是一種以法治國的政治主張,它要求從法律上切實保障公民的種種自由權利。法治是近代資產階級民主政治體制中必不可少的一環。任何社會的存在,都需要一種嚴格的規範來維持秩序。這個規範是維繫人際關係正常發展和社會機制正常運轉的紐帶。法的合法性在於它同終極價值的關聯和人對終極價值的普遍認同。人是生而平等的,不管是皇帝還是平民百姓,在法律面前應該是人人平等的。人人都應平等地享有法律所保障的權利。然而,中國傳統社會是一個法治意識普遍缺乏的社會,「只許州官放火,不許百姓點燈」是公認的「強權即公理」的法則。中國近代第一位駐英大使郭嵩燾對中國沒有法治,只有人治的傳統有過十分精闢的論述。他說:「聖人治民以德,德有盛衰,天下隨之以治亂……西洋治民以法。法者,人己兼治者也。故推其法以繩之諸國,其責望常迫。其法日修,即中國之受患亦日棘,殆將有窮於自立之勢矣。」〔註1〕

西方的法治思想,對於自由主義知識分子來說,無疑是他們心目中等待的一扇沒有開啟的門,可望不可及,也是他們的希望所在。《觀察》及其作者

〔註1〕 郭嵩燾:《郭嵩燾日記》3 卷,湖南人民出版社 1982 年版,第 548 頁。

群從維護自由、民主的立場出發，根據他們對西方法治思想的理解和中國社會現實法治建設的認識，揭露了國民黨政府行憲政是假，搞專制獨裁才是真的本質。在揭露與批判中，提出了自己的具有鮮明自由主義特點的法治思想。

一、法治與自由

（一）、中國社會的人治傳統

二千多年來，中國社會一直處於儒家思想的統治和支配下。儒家重視德治、禮治而不重視法治，甚至可以說是蔑視法治，鄙視法治。孔子曾說：「道之以政，齊之以刑，民免而無恥；道之以德，齊之以禮，有恥且格。」孔子之後的兩位儒學大師，孟子說：「徒法不足以自行。」而荀子則直截了當地說：「有治人，無治法。」明確地表達了對法治的否定。荀、孟之後歷代儒家對法治的見解大體相差無幾。人治社會的一個最基本的規律就是「人存政舉，人亡政息」。用《觀察》及其作者群的話說就是「得人則治，不得人則亂，這不但是前代的一個原則，並且是歷代明顯的事實。」〔註2〕當然，人治社會的存在，是與小農經濟相適應的一種權力運作方式，尤其在人民智識未開，傳統意念與習慣可以發生重大影響的時候，人的因素顯然較法的因素重要。存在就是合理。人治社會的長期存在，在中國自給自足的自然經濟中是具有其合理性的。

從政權的表現形式來看，人治往往是寡頭政治。寡頭政治就是一部分人壟斷政治，把持權位。以人為中心，政治的形態，隨政客官僚縱橫排闔，或一部分人的陰謀狡計為轉移。一般人民不能參與政治，民眾輿論不能影響政治。從政治的實質上看，人治往往沒有固定的政策，沒有固定的計劃，有時也能想到民眾的福利，而特別注意的，還是本身的利益。人治是不對人民負責的，也絕對不會得到人民的真正擁護。

《觀察》及其作者群從兩方面對人治傳統進行了剖析。從官員看，中國的官僚一向自私自利，血緣觀念、財產觀念濃厚，為官的無不以陞官為發財的手段，以做官作為拉幫結夥的途徑，公私不分，政治弊端頻生；領導人私心自用，與所屬部下，唯阿成性，「皇帝思想」濃厚。「多磕頭，少說話」滿清官僚的做官秘訣，成了為官的通則。責任感不強，無是非觀念，說出的都是不疼不癢的議論，制定的都是不疼不癢的辦法。少幹事，免是非，是官場

〔註2〕 劉乃誠：《現代中國政治改革的幾種原則》，《觀察》2卷5期，1947年3月29日。

中明哲保身的做法。「章程一大堆,無人領會,辦事人多,但無人辦事。」
〔註3〕

　　人治政治傳統的兩種基礎就是中國人的不守法與不守秩序的惡德。自古以來,中國社會就有「爲尊者諱,爲親者忌」,與「刑不上大夫,禮不下庶人」的古訓,從而就地取材形成了不守法而重人情的惡習。加上「政治不良,法治難建,法令每成具文,故一般人皆不重視與遵守法令。漸成不守法不守秩序的習氣。」〔註4〕中國自漢武帝以後,儒家學說深入人心,而宗法社會數千年保持不變,法治精神始終不能建立。尚情不法,在客觀上使大公無私的社會準則無法成爲社會的規範,而社會不免陷入無政府狀態。所以,中國人講情面不守法的惡習最爲世人指責。這種狀況,在文化落後的簡單社會裏,不守法還勉強可以敷衍苟安,但在複雜的現代社會裏,不守法就不能建立良好的社會秩序,社會就不能正常運行,而法律一旦成爲社會公認的行爲準則,任何法律與規則,都必須得到忠實的遵守與執行。如果法律妨礙人們的行動盡可以作出修改,但個人與團體都必須嚴守法律。英國政治的清明,就取決於人民守法的精神,而中國人則不然,一般人都以能不守法爲榮。這是中國社會的一個極壞的政治傳統,它直接影響了中國社會的法治建設。

(二)自由與法治的一致性。

　　自由與法治具有天然的聯繫,自由本身就具有尊重法律的含義。這種觀念早在古希臘時就已經形成。薩拜因是這樣描述的:「雅典人並非把自己想像爲完全不受拘束,但他們對拘束劃有極其嚴格的界限:一種約束只不過是屈從於另一個人的專斷意志;另一個約束是承認法律的統治地位。這個約束是自願同意的。」

　　正是基於對法律統治與專斷意志統治的區別,古希臘人區分了自由與專制國家。他們認爲,專制政體就是運用非法強迫手段統治的政體。在那裡,最大的敵人就是掌國的君主。在他的統治下,只有單獨一人發號施令,法只不過是專制統治者任意發佈的命令。與專制政體相比,「在自由國家裏,主宰一切的是法律而不是統治者。」所以,古希臘人認爲,城邦政治成功的秘訣是尊重法律。「自由與法治是良好政體的兩個相輔相成的方面。」〔註5〕

〔註3〕　孫克寬:《重演歷史?創造歷史?》,《觀察》4卷8期,1948年4月17日。
〔註4〕　胡先驌:《思想之改造》上,《觀察》1卷7期,1946年10月12日。
〔註5〕　〔英〕喬治·薩拜因《政治學說史》上冊,商務印書館1986年版,第39頁。

自由的第一步實際上就是要求法治，霍布豪斯指出：普遍自由的第一個條件是一定程度的普遍限制。沒有這種限制，有些人可能自由，另一些人卻不自由。一個人也許能夠按照自己的意願行事，而其餘的人除了這個人認為可以容許的意願以外，卻無任何意願可言。從中可以看出：「自由與法律之間沒有根本性的對立。相反，法律對於自由是必不可少的。」〔註6〕《觀察》及其作者群正是繼承了西方自由主義的精髓，所以他們堅信：「自由不是放縱，自由仍須守法。」〔註7〕

自由的最主要的基礎就是法治。自由也是衡量法治真假的最主要的標準之一。真正的法治會給社會裏的每一個人帶來一個公平的與沒有具體目的的行為架構。人們在這個架構中，可以根據自己的意願做自己要做的事。他不會受到別人的干擾，因此，統治和法律必須以人民同意和保護個人權利為基礎。按照洛克的理解，法律必須包括在自然秩序下屬於一切人的基本權利。這些權利對於人的生存至關重要，不僅不能讓渡，而且自動地構成了統治者行為的限制。洛克說：「法律的目的不是取消或限制自由，而是維護和擴大自由。這是因為在所有能夠接受法律支配的人類的狀態中，哪裏沒有法律，哪裏就沒有自由。」〔註8〕孟德斯鳩也指出：「在一個有法律的社會裏，自由僅僅是：一個人能夠做他應該做的事情，而不是被強迫去做他不應該做的事情」。「如果一個公民能夠做法律所禁止的事情，他就不再自由了，因為其他人也同樣會有這個權利。」〔註9〕可見，隨著現代自由民主政治思想的形成，法治被恰當地理解為專制和無政府的對立物，康德說：「個人是自由的，如果他只服從法律而不服從任何人。」因此，《觀察》及其作者群認為，法律保障人民的自由權利與人民守法是互動的行為，但保障在先，守法在後。「法律需先保障人民的自由，並使人人在法律面前一律平等；法律若能保障人民的自由和權利，則人民守法護法之不暇。」〔註10〕

（三）自由與秩序不是天敵，自由與秩序沒有必然的衝突。

然而，自由在中國社會中卻存在著嚴重的誤讀現象。許多人認為，自由就是思想上不負責任的態度。更有人認為，自由就是胡作非為，就是不守法

〔註6〕〔英〕霍布豪斯：《自由主義》，商務印書館1996年版，第9頁。
〔註7〕儲安平：《我們的志趣和態度》，《觀察》1卷1期，1946年9月1日。
〔註8〕轉引自〔英〕哈耶克：《自由秩序原理》，三聯書店1997年版，第206頁。
〔註9〕〔法〕孟德斯鳩：《論法的精神》上，商務印書館1997年版，第154頁。
〔註10〕儲安平：《我們的志趣和態度》，《觀察》1卷1期，1946年9月1日。

紀,其結果必然導致社會混亂。其實,自由絕不是「水滸傳」中「牛二式」的胡作非爲、無法無天。李澤厚指出,自由的本質是對人己權限的一種明確規定和法律規範。嚴復當年翻譯密爾的《自由論》爲「群己權界論」是頗有道理的。然而,就自由觀念輸入中國以來,自由常常被誤讀。一般地說,中國傳統文化中在某種程度上確有無嚴格規定的,寬泛的,無限制的自由。但這種自由與法律是背道而馳的,它是一種缺乏法律限制的自由,「因此,常常是強凌弱、眾欺寡、上壓下,同時是『一盤散沙』或『一袋馬鈴薯』式的毫不相干的『自由』。而不是眞正的自由,它只能導致少數人的專制和無政府狀態。」〔註11〕《觀察》及其作者群指出:社會秩序的保障來源於對公認準則的認同,否則各行其是,自以爲是,那樣的社會秩序是可想而知。「自由不是一個人的自由,而應容許所有人的自由。一個人的自由是專制,而允許大家自由,則我的行爲無往不受他人自由的限制,如何能盡量放縱自己變成漫無標準?」洛克也指出:「自由意味著不受他人的束縛和強暴,而這種自由在不存在法律的地方是不可能存在的:一如我們被告知的那樣,這種自由並不是每個人的爲所欲爲。」〔註12〕因此,《觀察》及其作者群堅信:「自由主義的社會才會產生公是公非,一切人當以此爲規範,決不能假自由之名胡作非爲。」這種公是公非就是法律。人的行爲規範是秩序的保障。沒有一個共同認可的行爲標準,就會導致社會秩序的混亂。正因爲有了這種公是公非,所以,社會秩序才有了保障。事實勝於雄辯。歐洲許多國家是比較有自由的社會,在那裡,無論是排隊上車,還是買票看戲,均秩序井然。可見有自由的「歐洲的秩序與紀律實遠勝於沒有自由的國家。沒有自由的社會也許有法律制度,但這種法律制度無非是一人或少數人的私意,約束人的力量非常薄弱。又因制定法律制度的一人或少數人,往往因自己不遵守這種法律制度,所以法律制度的尊嚴受到打擊。這在自由的社會是絕對不可能的。在自由的社會中,法律制度是公是公非的結晶,任何人很難以私意去破壞它而不受制裁,因此,「自由的社會中人人須爲他的行爲負責,而沒有自由的社會才是不負責的社會。要說漫說的無標準,也只有專制的社會才會發生這種現象。」〔註13〕那種認爲自由導致社會混亂的說法不是來源於對自由主義的無

〔註11〕李澤厚:《中國現代思想史論》,東方出版社 1987 年版,第 46 頁。

〔註12〕轉引自〔英〕哈耶克:《自由秩序原理》,三聯書店 1997 年版,第 203 頁。

〔註13〕鄒文海:《民主政治與自由》,《觀察》1 卷 13 期,1946 年 11 月 23 日。

知，便是對自由的曲解與歪曲，甚至污蔑。當然，法治並不是說法律越多越好，也不是指那些根據政治的需要所制定的法律。眞正的法治是指一種特別的法律秩序的建立與在這種秩序之內的法律的執行。在法治秩序中，每個正常的人都知道守法是自利的，不守法是對自己不利的，在這種認識中，個人的自由來自社會的秩序，因爲每個人都須守法，而且願意守法，這樣就會建立起一種穩定、健康的社會秩序。

因此，放縱的增加就是自由的減損，任何人都應該瞭解自由的眞諦，並與放縱鬥爭，就像對待侵略者一樣。所以，自由與法治並沒有天然的衝突，可以毫不誇張地說，自由的社會是一個最守法、最有秩序、最能利用知識與人的尊嚴的社會。

（四）人身自由的保障

《觀察》及其作者群認爲，人身自由的保障問題是實行法治的一個最起碼的要求。人身自由可以說是人民所應享受的「基本權利」中最基本的，而且沒有比這個要求更低的要求了。人身自由如果沒有保障，那麼其他種種諸種自由，如居住、遷徙、言論、出版、集會、結社、工作等等自由，都無從談起，無由行使，無從享受。所以，人身自由也可說是上述種種自由中最可寶貴、最應該給予保障的一種自由。「近年來國人『保障人權』的呼吁，往往是出於要求保障人身自由而發出的，或者說，是專門指保障人身自由而言的。」

人身自由被非法侵害，屢見不鮮；它表明這種自由仍然沒能獲得充分、有效的保障。《觀察》及其作者群說，只要翻開報紙看，就可隨時找到不少的例證。至於未經報紙刊載的非法侵害人身自由的事件，還不知到能有多少呢。雖然社會朝野人士常在討論「法治」、「憲政」等問題，但是假如連這種人身自由——最基本、也可以說是最起碼的一種自由，都還沒有保障，那麼，所謂「法治」「憲政」，恐怕都是無稽之談，不免成爲自欺欺人的空談或廢話。

如果要看人身自由有沒有保障，不是看法律上怎麼樣規定的，而是要看怎樣實行的。中國社會人身自由被非法侵害，最顯明、最常見的就是非法逮捕和拘禁。人民遭到逮捕或拘禁，並不是絕對禁止的，也沒有理由應該絕對予以禁止。但是，如果要逮捕或拘禁就必須依照法律去做，否則便是非法逮捕或拘禁，是非法侵害人民的人身自由。而依照法律包含有以下三點的意義：「第一須有法定的原因做根據；第二須有法定的機關去執行；第三須依法定的程序和方式去執行。關於這三點，在我國現行的行事訴訟法上都有很清楚

而細密的規定。」〔註14〕但實行起來,卻是有法不依,有令不止。

二、法治與法治國家

(一)法治的本質

《觀察》及其作者群對法治的認識是十分清醒,十分深刻的,他們從形式到內容對法治進行了認真的剖析。他們認為:法治有兩種意義。如果從形式方面來說,法治就是一個國家裏面,由一個具有最高權威的機關利用法律的強制力來實行統治,以維持安寧秩序。所謂「萬事皆歸於一,百度皆準於法」,就可以作它的注解。如果從實質方面即政治意識方面來說,法治則是憑藉法律的強制力來推行或實現政治上的一定主張的一種制度。因此,政治上的主張不同,法治也就有了不同的內容。

然而,理解法治不能僅從形式上去理解。內容才是根本,也就是我們通常所說的內容決定形式。「不能說有法律就有法治。」如果僅從形式方面來談法治,則古今中外的國家,多多少少都可以說是實行法治的國家。這種法治準確地說是「法制」(rule bylaw)而不是「法治」(rule of law)。過去的君主專制的國家和法西斯獨裁的國家,都可以稱之為法治國家。這些國家決不是不利用法律的強制力來實行統治。恰好相反,它們利用法律的強制力來實行統治這一點,與近代的民主國家相比較並沒有什麼不同之處。不過它們的法律是出於君主或獨裁者一己的好惡,被統治的人民無權加以過問而已。我國先秦時代的法家,如管仲、商秧、韓非所主張的法治,如果僅從形式上看,也不能不說它是一種法治,而且他們對法治的剖析說明,多有精湛獨到之處,然而,他們所主張的法治都是君主專政下的法治,是僅僅幫助君主統治人民的法治。德國國家社會主義工人黨上臺以後,德國的法學者依然在大談法治。他們所談的法治認為「領袖即法律」,領袖與法律混而為一的法治,他們所稱的法治國家實際就是「領袖國家」。可見,如果單從形式方面來主張法治,法治可能是君主專政的法治也可能是法西斯獨裁統治的法治,所以,提倡的法治不可不在形式之外,特別重視實質意義上的法治。

所謂實質意義上的法治,就是以民主政治作為法治的精髓和靈魂。中國社會誠然需要一個「萬事皆歸於一,百度皆準於法」的法治國家,但更需要一個以民主政治為主要目標的法治國家。這個目標就是人民能控制政府,尤

〔註14〕韓德培:《我們所需要的法治》,《觀察》1 卷 10 期,1946 年 11 月 2 日。

其不讓政府違法侵害人民的利益。假如政府違法侵害了人民的利益，人民就能執法相繩，使政府賠償損失，或使政府中的責任人負起相應的法律責任。從這個方面上講，法治就是法律至上之意，不但中央要有中央的法制，地方要有地方的法典，而社會中的一切問題都必以法律爲準繩。國家內的各種問題都要依法律進行，個人間的一切關係也必須依法予以調整。行爲標準一經確立，多數人自然能努力遵守，那麼，社會秩序自然不難維持。所以在法治社會內，不論是政黨的政爭，或是團體間的糾紛，或是個人間的衝突，都要依法解決，不能容許有非法行爲，更不能以武力解決社會中存在的問題。

在法治社會內，不但事事要有法律依據，而且人人要守法，在法律面前人人平等，如有違法事件，人人都要受法律制裁，不能因官職而有特殊處理，不能因地位而享受特殊權利。大權在握的人也要依法行爲，不能玩弄法律，更不能有違法行爲，違法就有毀法的可能，這種危險很大，社會上是必須要加以嚴厲制裁的。由此可知，在法治社會裡，不能有違法的人和違法的事發生而不受制裁，更不能使任何人超越在法律之上。法治如果不是建築在民主政治之上，那麼，所謂的法治就不免成爲少數人弄權營私、欺世盜名的工具。正是從正反兩方面的經驗中汲取了深刻的教訓，《觀察》及其作者群才深切地感受到了實行法治的必要與迫切。《觀察》及其作者群確信：「唯有在民主政治的保證之下，法治才能成爲眞正於人民有利的一種制度。也唯有在民主政治的保證之下，法治才更易求其充分徹底的實施。」〔註15〕

《觀察》及其作者群認爲，法治的實行需要兩個條件：第一、法治之下的法律必須是抽象的、沒有具體目的、不爲任何政治團體服務的；第二、法治必須是公正的、普遍的、有效的，也就是法律面前人人平等。在西方國家，法治這個名詞之所以爲人津津樂道，就是因爲它具有上述兩個條件，同時，能有效地限制政府濫用權力，保護人民正當利益不受侵犯的意義在內。眞正的「法治必須建立在民主政治之上，而民主政治歸根到底又在於保障公民的自由的權利。由此可見，只有保障公民自由的法律才是法治。」〔註16〕

（二）法治國家的標準

認識問題是爲了解決問題。《觀察》及其作者群對法治的認識具有鮮明的工具理性色彩，實行法治的目的是爲了建設一個法治國家，那麼法治國家

〔註15〕韓德培：《我們所需要的法治》，《觀察》1 卷 10 期，1946 年 11 月 2 日。

〔註16〕韓德培：《我們所需要的法治》，《觀察》1 卷 10 期，1946 年 11 月 2 日。

（簡稱法治國）到底是一個什麼樣子呢？《觀察》及其作者群早已成竹在胸。他們的答案是：一個國家，如果它的統治權的行使，以法律爲準繩，受法律的約束，那個國家就是法治國，而一個法治國家必然呈現這樣的結果：

第一、國家的統治權絕不是毫無限制，它只能在國法所定的範圍內活動，而人民也能夠在國家法律所定的範圍內自由活動。因此，國家與人民的關係並不是無限制的服從關係：國家只能依法要求人民行爲或不行爲，而人民對於國家也必須依法主張他們的權力，並且這種權力應該得到國家的尊重。

第二，依照法律的觀念，必然拋棄不遵法律、僅憑個人好惡、專斷妄爲的觀念。因此，在一個法治國家中，一切大官小吏在爲國家行使權力時，必須處處並時時顧及到法律，而絕不能使大官小吏的個人意志凌駕於法律之上，致使法律失效。

第三，在一個法治國家中，不但人民要受法律的制裁，就是一切大小官吏也要受法律的制裁。因此，官吏的行爲絕不是不負責任的行爲，而是要依照法律負責任的行爲。如果不是這樣的話，官吏就能夠逍遙法外，而法治一定不能得到眞正的貫徹執行。

第四，在一個法治國家中，人民不受法律之外的責罰，因此，人民只要遵守法律，便可安居樂業。人民即便觸犯法律，也必須經過依法審判後，才能受法律所規定的責罰。

第五，在一個法治國家中，官吏及人民都必須依法行爲，也就是都要受法律的制約，這就要求必須有一個機關機構來認定他們的行爲是否合法，是否應該給予以法律所規定的制裁。這個機關就是司法機關。但要使司法機關能嚴格地依法履行其職責，不得不使司法機關處於獨立地位，並使其免於一切其它機關的干涉。因此，一個眞正的法治國家必須有獨立的司法機關。〔註17〕

（三）人在法治國家中的作用

在法治國家，人的因素究竟怎麼樣呢？是不可替代，還是無足輕重嗎？《觀察》及其作者群認爲：在程序上，人的因素是不重要的，可在政策的具體執行上還是很重要的。法律是人制定的，又是人來執行的，所以，即使是在法治國家裏，人的作用仍然是重要和不可替代的，只不過是人與法發生了

〔註17〕李浩培：《法治實行的問題》，《觀察》2卷12期，1947年5月17日。

角色的轉換。發生在二戰時期英國的例子最能說明這個問題,在第二次世界大戰初,英國是保守黨領袖張伯倫組閣。二戰爆發後,英法聯軍一敗再敗,敦刻爾克大撤退後,英法聯軍處處被動挨打,法國被佔領,英倫三島岌岌可危,而國內的其它政黨又不與他合作,張伯倫內閣束手無策,在各方的指責與要求下,張伯倫退休,邱吉爾出來組織混合內閣,從此英政府站立起來,逐漸頂住了納粹德國的進攻,消除國難。從張伯倫內閣的下臺與邱吉爾內閣的成功可以發現:人的因素在法治下不是不重要,只不過這是在法治下,個人才能的發揮是要通過法治來體現的,與人治完全不同。中國所要求的法治,必須是真正的法治,而且需要慢慢走入法治的軌道,只有這樣,才是真正利國利民的舉措。毫無政治道德的,連同毫不負責的人治,是民主政治的障礙,是民主政治的仇敵,也是中國實現法治不可逾越的障礙。

三、中國法治實行中的問題與出路

(一)實行法治的關鍵

法律的關鍵在於執行。建設真正的法治社會是近代以來任何一個社會的立法目標,中國社會也是一樣,那麼,中國實行法治的關鍵是什麼呢?《觀察》及其作者群強調實行「法治最關鍵的是政府官吏守法與否的問題,而非人民守法與否的問題。」〔註18〕這是因為:在任何一個政治社會裏面,固然需要有大多數人民願意守法,無論他們是自願的,還是被迫的,然後才談得上法治。假如人民對於政府頒佈的法律,偶而有違法行為發生,這也不是不願守法,而且在違法時一經政府「執法以繩」,便「倚首聽命,翕然就範」,這種情形對於法治的實行,實在是沒有什麼大的妨害,而且可以說不但無妨,這還正是實行法治所企求的一大目的。假如要求人民個個都不違法,都沒有違法的行為發生,這只能求諸於理想的大同社會,而不能求諸於現實的政治社會。法治這個名詞本身就隱含著有人民可能違法的前題在內,只有如此,統治者才有可能利用法律的強制力對違法行為予以制裁,以實行政治統治的必要。所以說法治決不是希望所有的人都不違法,而至少從統治者的角度來看,應該指統治者在人民違法時候,能夠憑藉法律的強制力予以制裁,以實現他們的統治。但是,如果僅僅是讓人民承擔守法的責任,而不是讓統治者

〔註18〕韓德培:《人身自由的法律保障問題》,《觀察》3卷11期,1947年11月8日。

也承擔同樣的守法的責任,這種法治,從人民的眼光來看,仍然是不平等的,那不是民主的法治。一個國家的統治者,本來是掌握武力或權力(指軍隊、警察、監獄等等)的唯一合法者。正如孟德斯鳩所言:「凡是有權力的人容易濫用權力」。因此,要講求法治,就更需講求對統治者的權力如何用法律加以限制,使他們僅能在法律的範圍內行使他們的權力。近代西方所講的法治在開始的時候,無不是從限制皇室或行政機關的權力一點著手的,也就是這個道理。統治者守法的責任也並不是說他們絕對不做違法之事,而是在他們有違法行為時,也一定讓他們接受法律的嚴格制裁,而不由自己任意把法律摔在一邊。倘若政府的官吏對法律能有這樣的瞭解,瞭解他們並不是超越法律之上,而是和人民一樣,也都負有守法的責任,那麼「法治」「憲政」等問題,才可能不致於完全落空。

(二)中國法治難以實行的原因

「法之不行,自上犯之」。《觀察》及其作者群認為:「今天所提倡的法治,如果不能使政府官吏尤其行政和軍事方面上下各階層的當權者,認真守法,則所謂法治云云,充其量也不過是『只准州官放火,不許百姓點燈』的法治,是『禮不下庶民,刑不上大夫』的封建意味的法治。」〔註19〕而要達到使政府官吏守法的目的,只有把法治建築於民主政治基礎之上。民主政治固然需要法治,因為沒有法治,民主政治就不能鞏固,有可能演變成為群魔亂舞、獨裁混亂局面。但是法治更需要民主政治,因為沒有民主政治,法治就要落空,人民的利益就沒有真正有效的保障。中國所需要的法治,不但在形式上要做到「齊天下之動」,而在實質上尤其要做到使政府官吏尊重人民的正當權益,不得任意加以侵犯,不能「高下其手,予奪由心」。

中國距離法治國家的目標仍然有一段漫長的路要走,主要是由於在中國政治社會中,法律是法律,事實是事實,兩者常相違反。許多官吏的行為,並不是依照法律,而純粹是出於他們的主觀好惡行事,其行為常逾越他們的權限,侵害人民的權利,而這種行為很少被禁止,因此,在人民方面,他們在法律上均享有權利與自由,但事實上幾乎沒有任何政治權利可言。在官吏方面,他們依法律是要負責任的,如果有違法行為也是要受法律制裁的,但實際上「老虎」幾乎全部得以免除制裁,而「蒼蠅」有時不免受到制裁,而

〔註19〕韓德培:《我們所需要的法治》,《觀察》1卷10期,1946年11月2日。

受制裁也不是完全依照合法的程序進行。

《觀察》及其作者群認為，中國法治不能眞正實行的原因有兩方面：

一方面在於人民自身。權利需要自己來維護才能得到確立，才能得到保持。一個人依法享有的權利可能被他人違法侵犯。對於這種違法侵害，如果權利人能依法維護他們的權利，以各種合法的手段與侵害他們權利的人相鬥爭，那麼，他們的權利仍然有保持的希望，而法律的效力也同樣依賴這種方法得以維持，因此，權利人努力維護他們依法享有的權利，實際上具有維護法治的效果。相反，如果權利人不維護他們的權利，不與違法侵害的人相較量，實際上等於權利的放棄。如果權利人每次遭到違法侵權時都予以容忍，那麼，在侵害他人的人與一般人心目中，將逐漸視違法侵害為一種正當行為，而權利人依法享有的權利將化為烏有，法律也將等於一紙空文。因此，權利人如果不依法維護享有的權利，不與違法侵害的人相鬥爭，實際是等於毀棄法治。不幸的是，中國的普通民眾大都有權利而不知維護，對於違法侵害他們權利的官吏，常不給予以依法的反擊，對此，《觀察》及其作者群發出了「怒其不爭」的感慨：「我國的一般老百姓實在是太好了，好到類似牛馬。牛馬對於人類並無權利可言，我國的一般老百姓對於統治者亦無權力，因為他們不識不知，並不衛護其依法享有的權利。但，因一般老百姓不衛護其權利，法律即失其效力；法律失其效力的結果，法治不得不成為徒有虛名而已。」〔註20〕

另一方面在於官吏。由於數十年來，合理的人事制度的沒有建立起來，行政官員的濫進而造成機構膨脹，人浮於事。同時，由於軍人執政成為常例，就造成了行政官員除了欠缺必要的資格外，也沒有必要的法律訓練，結果，這種行政官員「一朝權在手」，也會「便把令來行」。但是他們的權力依據究竟在哪兒，他們的命令依法究竟有什麼樣的的實際效力，經過怎樣的程序，他們卻很少瞭解。一言以蔽之，官吏既沒有行政必須依法的觀念，怎麼能指望他們有依法行政的行為呢？不但如此，徇私舞弊，官官相護，早已成為官場「習慣法」，依靠這樣的行政官員來實行法治，不過是與虎謀皮而已。

權力必須相互制衡，才能保證不被濫用，並能發揮出它應有的效力。《觀察》及其作者群認為，行政官員的違法行為是能夠受到制約的。這需要發揮監察機關與司法機關的作用。如果行政官員不依法行政，而司法官能不畏權

〔註20〕 韓德培：《我們所需要的法治》，《觀察》1 卷 10 期，1946 年 11 月 2 日。

貴,嚴格執法,監察官也能盡到他們對行政官員的糾彈責任,那麼,行政官員的違法行為是能夠漸漸得到矯正的,而法治也可以逐漸走上健康發展的軌道。但令人失望的是,中國的司法官和監察官處在行政官的權威之下,幾乎都採取明哲保身的政策。檢察官的偵察與起訴,依據自己規定的不成文法,以一般無權無勢的老百姓為處罰對象。監察官的檢察與糾舉,也只限於低級的官員。所以,中國法治建設難以實行,實在是可謂「事有必至,理有固然」。

(三)中國實行法治的方法與途徑

在以上分析的基礎上,《觀察》及其作者群指出:要使中國走上法治國家的道路,必須做到以下幾點:

第一、使一般人民知到:「人民不僅是生物學上的人,在法律上也是人,法律尊重每一個人的人格」,因此,對每一個人都賦予權利並保護其權利,不論他在社會上的地位怎樣低下,每個人為了實現法治,應盡力維護他們法律所賦予的權利,而在他們權利受到違法侵害時,應依法努力尋求法律的保障,使他們所受到的損害得到賠償,權利得以恢復。

第二、使一般的知識分子知道:要使中國社會步入真正的法治軌道,「知識階級為法律的奮鬥是必不可少的。」他們要盡量滌除孤芳自賞、與我無關的心理以及各掃門前雪的習慣行為,將官吏的違法行為給予揭發並堅決糾正,一定要使大小官吏都能逐漸「依循法律的軌道而行」。

第三、使一切行政官員知道行政必須依法。為了達到這個目的,政府應該使一切行政官員,不論其官職的大小高低,在法律學院中至少學習法律通論及行政法這兩門課程,並且「為求法治行政的確立起見,中國應實行軍民分治,並樹立一個健全的人事制度。」

第四、使監察權盡量發揮作用。中國如果真要實行法治,監察官權利的保障實在是必要的。不過,「這種保障不僅是法律條文上的保障,也是實際工作中實實在在的保障。」中國社會所缺乏的就是這種實際上的保障。

第五、使司法機關完全獨立,並使行政官員和司法官員明白他們所處的地位,喚起行政官員注意:在一個法治國中,每一行政官員不論「位子怎樣尊,功怎樣大,不應干涉司法。」在另一方面,也要提醒司法官:他們不應妄自菲薄,而應盡力履行執法的責任。〔註21〕

〔註21〕參見李浩培:《法治實行的問題》,《觀察》2卷12期,1947年5月17日。

四、法律的合理性與公正性問題

（一）法律的合理性問題

當法律不能保障自由而是限制自由時，法律存在的合理性也隨之喪失了。《觀察》及其作者群認為，這是一個實際問題。在通常情況下，法律對自由的限制規定在法律之中，但也有許多時候是引起糾紛的原因。在法律既能保障公平，又能發揮合理作用的社會裏，法律成為社會共同遵守的準則，但也有很多的時候，法律落後於時代，這時，人們就懷疑到這種法律是否合於理性。當法律成為共同願意遵守的原則時，這證明法律是每個人都願意遵守的客觀標準，而這時法律所限制的自由，也是每個人享受權利時應盡的義務，決不致引起懷疑和批評。可是，社會在不斷進步，有些舊的法律就不再合乎實際的需要，法律中的規定，也被一般人認為是對自由的束縛，到了這種時候，法律成為問題，自由也成為了問題。法律之所以成為問題，是因為多數人不願意再遵守這樣的法律。自由之所以成為問題，是因為一般人自由的觀念和政府對自由認定的自由觀念發生了牴觸。「騷動與混亂亦在這個時期產生，而自由問題的解決，往往就非和平的手段所可求得。」〔註22〕辛亥革命以及北伐恐怕就是代表這個時期，也可以說，在這個時候，統治階級所認同的法律已成為社會和個人發展的障礙，廢除這種法律已是社會和個人發展的當務之急。所以，法律也存在一個與時俱進，與社會生活實際保持一致的問題。否則，法律存在的合理性也就不存在了。

（二）法律的公正性問題

法律作為一種行為準則，能否總能保持公正呢？這是《觀察》及其作者群格外關心的一個問題。法律是人們一切行為的依據，這是對法律的一般的看法。人們幾乎都認為法律是維護社會秩序的工具。有了它，不但人類的生活在消極方面可以避免許多侵害和損失，在積極方面也可以增進人們的物質生活的改善及精神的滿足。所以，人們必須服從法律，這也正是在實現人們自身的利益。這是一種最普遍、最通常的看法。

但是，法律能永遠代表「公正」的嗎？這是一個令人思索的問題。事實上，法律是不會永遠代表公正的，不但時代環境的改變，可以使一條法律背離實際的需要，就是立法者的智力、偏見等等也可以產生與民眾利益相牴觸

〔註22〕鄔文海：《民主政治與自由》，《觀察》1 卷 13 期，1946 年 11 月 23 日。

的法律。這些法律根本不能算是公正的,它們所代表的是無知、偏見、保守、退化。當法律真正到了這種地步的時候,還要人們仍然去服從它、遵守它,恐怕無論如何是不能讓人接受的。

還有一種看法是:道德是永遠公正的。當國家政治腐化,法律不能代表公正的時候,人們便要訴諸道德的裁判。但是,道德也不一定永遠是公正的。《觀察》及其作者群舉例說,在一個以資本主義私有財產制度為主導的社會裏,是沒有一致認同的道德標準的。「對於甲階級有用的道德,對於乙、丙兩階級便不一定應用。反之亦然。」〔註23〕如以勤、儉為例,一個資本家愈勤、愈儉,他的財產便累積的越多,可對於勞苦大眾來說,勤、儉幾乎沒有任何意義。即使他們能勤,他們也不會多賺多少金錢,因為他們的筋肉勞力是有限的;即使他們能儉,也不會有積蓄,因為他們的收入是微乎其微的。所以,勤儉美德對他們來說,是一種諷刺。可見,「道德原則的應用是局部的,不是普遍的。」根本就沒有一種能夠被全民所接受的共同道德。

如果這樣,那麼是不是不能找到一種比較公正的行為準則了嗎?對於這個問題,《觀察》及其作者群樂觀地認為那是不會的。《觀察》及其作者群不主張取消法律、道德的行為準則作用,而是要找到一個比法律、道德的更高標準,即:給人們的行為找一個更公正的指導原則。」這標準、這原則,就是:大眾的利益。」

以大眾的利益作為判斷法律和道德標準,是《觀察》及其作者群的一大創造。法律的公正顯然是不能從法律的本身去找,不能以法律去判斷法律。一條法律,儘管是有權威的合法的立法者所制定的,但假如它的內容和人民的利益背道而馳,人們仍然沒有理由說他是公正的。和公正脫節的合法性是應該被揚棄的。「法律治人原為利人,不能利人反而害人的法律,取消他不但不是不公正的,反而是公正的。」因為取消了它,更能適合人民的利益。一切作為實現人民利益的工具,它的利弊,必須要經過嚴格的考驗,最後以「人民的利益」為標準,為依歸,也不例外。

道德也是這樣。它也是維持人類社會生活必需品的一種工具。過去的思想家很少有懷疑道德的公正性的。但經過馬克思的分析,使人們瞭解到:所謂的道德的階級性實在是不能掩飾的事實,對於甲階級有用的、公正的,對於其它階級即不一定能適用。反之亦然。所以,道德的原則也不能普遍地應

〔註23〕吳恩裕:《法律、道德、與大眾利益》,《觀察》3卷15期,1947年12月6日。

用於一切人。

　　但是，這並不是說社會人群不需要法律，不需要道德，而只是說，法律和道德要能代表大眾的利益，並且必須是代表大眾的利益。因此，法律、道德假如不能代表普遍的利益，那麼，它們一定要逐漸走上被拋棄的道路，這是必然的，「因為大眾的利益是人類社會行為、政治經濟措施的一個必然趨附的，最後的目標。」〔註24〕

〔註24〕吳恩裕：《法律、道德、與大眾利益》，《觀察》3 卷 15 期，1947 年 12 月 6 日。

第八章 革命與改良的互變:《觀察》 關於革命與改良的基本立場

　　革命一般的解釋是被壓迫階級用暴力奪取政權,摧毀舊的、腐敗的社會制度,建立新的、進步的社會制度。革命破壞舊的生產關係,解放生產力,推動社會的發展。毛澤東同志指出:「帝國主義和中國的封建主義相結合,把中國變成半封建、半殖民地的過程,也就是中國人民反抗帝國主義及其走狗的過程。」一部中國的近代史,就是中國人民的革命鬥爭史。近代中國人民在不屈不撓的鬥爭實踐中形成了一套系統的、豐富的而又獨具特色的革命理論。

　　以孫中山爲代表的資產階級革命黨人在辛亥革命前後形成了自己的革命理論。他們把推翻清政府封建專制統治的鬥爭稱爲「民族革命」和「政治革命」,指出「革命是除舊布新的良藥」,只有「革命才能去腐敗,存善良,由野蠻而進文明」,才能建立一個立憲的共和國。這些都是革命黨人對革命直觀、樸素的闡發。

　　近代革命理論與學說的最大成果是以毛澤東爲代表的中國共產黨人創立的革命理論。他們認爲:革命的實質是階級鬥爭,是階級鬥爭的最高表現,只有通過革命,才能實現人類社會的進步與發展,才能實現被壓迫階級的解放。

　　近代中國社會是一個半封建、半殖民地社會,對外沒有完全的獨立,對內沒有任何民主,反動階級以其強大的武力對人民進行野蠻的統治,不存在合法鬥爭的形式,這就決定了中國革命必然採取武裝鬥爭的形式,對此,毛澤東同志給予了精闢的概括。他說,革命是暴動,是一個階級推翻另一個階

級暴力的行動。革命的中心任務是武裝奪取政權。在中國，離開了武裝鬥爭，就沒有無產階級和共產黨的地位，就不能完成任何革命任務。

與無產階級革命理論相比較，《觀察》及其作者群站在自由主義的立場上，批判了無產階級的革命理論，提出了自由主義的革命思想。

一、暴力革命的局限性

《觀察》及其作者群認爲革命也和物質的屬性一致，是一種必然的反應。物質有一種反抗性能，而人類也有同樣的屬性：「壓迫愈重，反抗愈強；束縛愈甚，解放的要求愈切。」〔註1〕但他們認爲社會上通行的有關把革命與政權聯繫在一起的觀點是不科學的，因而是錯誤的，這種錯誤的觀點包括兩點：一是革命必須推翻一個政治組織，另行建立一個新政權；在舊政權沒有被推翻之前，任何改革是不可能的；二是革命開始發動，必須由人民暴動開始，以屠殺爲手段，經過徹底的破壞，然後再慢慢地重新建設起來，而且暴動是由於人民飢餓及殘酷的壓迫激憤而引起的，貧困與飢餓是革命的源頭。

《觀察》及其作者群認爲，這種傳統的革命思想是站不住腳的。事實上，革命不但不必另行建立一個新的政權，而且在現有的組織下，同樣可能進行一場大革命。「世界將普遍進入高度工業化的時代，我們的使命就是在繼續發展科學與工程開發爲人類全體謀福利」〔註2〕，而不是政權的爭奪。進一步說，激烈的政權爭奪不一定是眞正的革命，而且若干激烈流血的暴動，完全無革命性質可言，這種政變在政治及社會革命上是毫無意義的，它不過是「以暴易暴」，「去一步，進一步」罷了。再不然，也不過是拿武力來代替選舉，或者是以一般比較開明的政客來代替獨裁的領袖而已。毫無疑問，中國現在所要的不是這種「革命」。這是《觀察》及其作者群旗幟鮮明的立場。

眞正的革命需要很長時間的準備，必須經過若干階段、若干時間，甚至數十年才能成功。這是因爲：保守是中國人最基本的社會政治心理，他們中的多數人生長在積習之中，得到舊制度的便利和保護，所以，總是竭力地維護、支撐他們的統治地位，力圖保持政權不變。抱殘守缺、安土重遷的心理是普通存在的，不到萬不得已的時候，群眾是不願有所變革，更談不上革命了。所以，革命是一個遲慢的準備過程。但社會總是不斷變化的，到了一定

〔註1〕 李澂盧《服從社會與意志社會》《觀察》1 卷 19 期，1947 年 1 月 4 日。
〔註2〕 陳友松：《時代的分析》，《觀察》1 卷 3 期，1946 年 9 月 16 日。

時期，這個新政權也逐漸失掉了「新」的作用，不能再應付新的環境，革命又將重新排演一次。

《觀察》及其作者群認為，凡是一個革命總包含兩個階段，一是破壞舊的，二是建立新的，但在破壞舊的之中卻往往即孕育有對於建立新的之障礙。換言之，就是問題可能已不再是如何推翻舊政權，而是在於如何克服孕育在新政權本身所造成的自己無法解決內部的困難。

可見，政權的基礎是民心的向背。人民群眾是水，統治者是舟，水可載舟，亦可覆舟，這是政權與人民關係的一種形象而準確的表述。一種革命運動之所以能成功，是因為掌握政權的政府，一切措施有背於人民的要求，使人民相信革命是解除他們痛苦的唯一辦法。任何政權都不能僅靠武力來維持的，越是嚴酷的統治，越是在為統治者自己準備墳墓。歷史早已證實：不管統治者的武力如何雄厚，槍炮如何堅利，得不到人民的支持，都無法維持其統治。他們的退讓，不論是自動的還是由民眾爭取來的，結果都不過是做了革命最後一步成功的臺階而已。如果不是政府腐敗達到了極點，只是有少數野心家，想「遂其領袖欲，企圖顛覆政府，是決不會成功的，這可由中外歷史得證明。」〔註3〕

革命的發生是有條件的。當一個社會或國家在自己所創造的文化和生活上不能享受到一種快樂、在典章制度、政教風俗上不能感到一種美感的時候，就會醞釀成一場暴力革命。生活的愁苦，政治經濟的壓迫，都足以造成整個文化與國力的衰墮，所以，革命也就會隨之爆發。既然革命不是輕而易舉能發生的，那麼，必須在革命的客觀條件成熟後，才能爆發革命。這種情形是客觀的，不能用主觀來妄加評斷。當這種客觀情勢早已醞釀成熟了，其內部自然包含著革命的要求，有了革命的要求，便要在與條件相伴生的地方體現著革命。正在醞釀革命，一遇到適當條件，自然爆發出來，就如同種子遇到了適宜的溫度和水一樣，真可謂「星星之火。可以燎原」。所以，《觀察》及其作者群打了一個形象的比喻，即：社會革命和生小孩子一樣，必須先懷孕，而且還必須在腹內滋養，一旦瓜熟蒂落，就會呱呱墜地了。可是，歷史上的社會革命發動者總是急於求成，雖然他們也說必須要等待客觀條件的成熟，但他們依然是以主觀的判斷為準。其結果只能是用「碰試法」（trial and error）來試驗革命的條件是否真的成熟了。因此，歷史上社會革命反而以失

〔註3〕　羅忠恕：《學術自由與文化發展》，《觀察》1 卷 12 期，1948 年 9 月 4 日。

敗的居多，就是由於革命的發動者總是自以爲客觀條件已經成熟了，可以試一試了。其實這種試一試的辦法是十二分危險的。最終只能給反動當局以鎮壓的藉口。因爲這樣做只能是「徒事更張而無補於實際。」它只能造成革命力量的損失和浪費，革命的目的根本不能達到，結果甚至會激起更大的反動和報復。正因爲如此，才有改良派站出來，反對這種生吞活剝的做法。其實如果能眞正適合於客觀情勢的需要，革命還是不可反對的。「我敢說，眞正瞭解歷史的人是不會反對革命的，所以對它只是某種作風的生吞活剝而已。」〔註4〕

　　《觀察》及其作者群雖然不是絕對地反對暴力革命，但基本的態度是明確的，就是千方百計地避免暴力革命的發生，因爲暴力革命，不管革命的性質如何，它首先對社會表現的是一種極大的破壞力。這種暴力革命的破壞，對於經濟建設和文化發展的破壞力極大，這與自由主義的一貫主張是相矛盾的，也是不爲絕大多數自由主義者贊成的。暴力革命在自由主義者眼裏，是「不得已而爲之」的辦法。所以，《觀察》及其作者群得出的結論是：「我們要『理智的革命』，不要『感情的革命』。我們要爲大多數人謀福利的革命，我們不需要爲少數人謀權利的革命。我們要不流血的革命，我們不要暴力的革命。」〔註5〕

　　《觀察》及其作者群之所以對暴力革命持非常謹慎的態度，是因爲他們認爲暴力革命的局限性太大，也就是說：浪費太大，收穫太小。革命的收益根本抵不上革命的成本。這種用經濟計算方式來衡量革命的思想是《觀察》及其作者群對暴力革命不贊成的依據。在《觀察》及其作者群心目中，「革命不是一件容易做到的事。尤其是在以革命方式奪得政權的國家，更不容易進行。」以革命立國的國家現在都變爲最保守的國家了。他們竭力維護著他們既有的政權和主義，對於任何改革都認爲是不忠於國家，都是搗亂分子所爲，都要嚴格禁止的，更何況革命還需要長時間的醞釀。如果革命只是舊政權的垮臺而沒有新的政權來代替它，在政權的「眞空」期，整個社會將處於一片混亂，無秩序、無法律、無規則，少數暴徒將趁火打劫，無辜人民將遭到危害，革命根本沒有什麼成就可言。相反，如果掌握政權的統治階層是健全完好的政府組織，那是沒有人能將它推倒，「革命不能在健全的政府內發生，因

〔註4〕　張東蓀：《「民主主義與社會主義」補義》（上）《觀察》5 卷 1 期，1948 年 8 月 28 日。

〔註5〕　莊之煥《如何走上民主建設之路》《觀察》1 卷 6 期，1946 年 10 月 5 日。

爲它有大多數人民支持。」〔註6〕而且，在這種逐漸形成的革命中，暴動群眾的力量是十分微弱的，主要對社會發展的變革作用也不是暴動群眾所能實現，而且革命性的人民暴動又不全是由飢餓困苦逼迫出來，因爲引發革命的原因是錯綜複雜的。

事實勝於雄辯。在古今中外的革命歷史上看，暴動產生的效果並不大，充其量，暴動不過是那更深刻的社會矛盾需要解決的一種象徵而已。

《觀察》及其作者群認爲，革命本是理智的事，不靠理智，不能把革命煽動起來，滿嘴胡言誰會相信他的煽動呢？可是，在掀起革命高潮之後，就不能光靠理智，還要以一種前所未有的熱情投入革命，但感情一旦「湧起」，那是不易控制的。人類的欲望有三種：男女之欲，物質享受之欲，與權力支配之欲。在社會騷亂的時候，這些欲望都會有變態出現。以一種極特別的方式表現出來，人最難的就是認識自己與控制自己。在人們情緒亢奮的情況下，對自我的感情進行控制，是一件最艱難的工作，絕不可以輕率的態度對待。

所以，歷史上的革命幾乎無一不是犧牲太大而代價不足補償其十分之一。換句話說，就是成就太少而浪費太多。法國大革命死了那麼多人，可它的成就對於人類發展的價值來說，實在是不值得的。俄國大革命死的人數更是令人吃驚，可並沒有什麼實際效果。《觀察》及其作者群假設：當時如果能以現在的社會狀況爲藍圖而從事建設，恐怕這些死亡都是不必要的，即：不死那麼多人也同樣可以達到今天這樣的目的。

那麼，中國政治社會是不是需要一次暴力革命，才能走上富強之呢？《觀察》及其作者群的答案是：中國歷史上暴力革命是屢有發生的，然而，決沒有以暴力革命取得政權而成功、最終導致政治社會於太平的。收暴力革命漁人之利的，都不是暴力革命的倡始者，而是暴力革命的修正者，如：陳勝、吳廣、赤眉、更始、張角、張梁、楊玄感、李密、王世充等都是倡導暴力革命的失敗者，而劉邦、劉秀、曹操、曹丕、李淵、李世民卻收了革命的漁人之利，「雖然古今異時，古代的例子，未必適用於現代，但現代的中國人，總逃不了歷史的因果律的支配。」〔註7〕

《觀察》及其作者群認爲：如果要探究暴力革命何以有革命的背景而不能完成其歷史使命的原委的話，就要深入到中國歷史文化和人民的國民性中

〔註6〕周鍾波《論革命》，《觀察》1卷22期，1947年1月25日。
〔註7〕賀昌群：《中國歷史的悲劇》（上），《觀察》2卷23期，1947年8月2日。

去，發現其中的內在規律性與本質性。從社會腐爛的表面上看，誰也不能否認這種革命的客觀需要。可是，歷史與現實的種種條件，限制著社會的發展，限制著暴力革命的發生，這諸種原因包括：

第一、中華民族依然沒有擺脫已往的儒家思想，一切都以中庸之道爲社會是非的標準，革命的過激行動，是不合於中庸之道的，「人民遇著了橫逆和暴虐，只有擴大他們的忍耐性；自然也有忍耐到不能再忍耐的時候。」

第二、自鴉片戰爭百餘年來，中國人民無時不在戰爭的蹂躪和恐怖中，尤其抗戰八年後，人民實在需要一個休養生息的機會，所以，他們所祈求的是過些和平的日子，厭戰的心理過於望治之切，「視革命爲畏途，談起中共，大有洪水猛獸的看法，寧可咬緊牙根吃苦，沒有勇氣革命。」

第三、革命的對象，也有一些值得原諒的地方，尚未達到土崩瓦解的地步。

第四、官僚政治的腐敗，雖已招致「時日曷喪，予及汝偕亡」的詛咒，但「對建殘餘和外力扶植，給予了相當的維繫力。」

第五、辛亥革命是人民難忘的教訓，三十餘年來除了戰亂外，什麼都沒有，在這樣錯綜複雜的社會關係裏，「產生出的革命力量無法使革命一氣呵成。」

同時，在知識分子中，有不少自由主義者知道這個社會要「變」，也希望「變」，徹底的「變」，卻有一個共同的觀念，以爲不要用流血的革命方式去「變」，想用改良的方法完成不流血的革命任務。對於不用暴力革命的手段能否完成革命的質疑，《觀察》及其作者群充滿自信的說，這不是不可能。因爲英國的工黨上臺執政，就是用不流血的革命手段完成的。英國的工黨取得政權的方式，是用來挽救資本主義危機的嶄新的方法。從英國的工黨上臺執政後的實際效果上看，「似乎已經收到了相當的成效。」〔註 8〕《觀察》及其作者群的這種對暴力革命作用的輕視，從另一方面反映了《觀察》及其作者群對暴力革命手段的恐懼，本質上是對急風暴雨式革命的害怕與反對。

〔註 8〕 陳旭麓：《我們向那條路走？》，《觀察》2 卷 21 期，1947 年 7 月 19 日。

二、革命與改革的互變性

《觀察》及其作者群認為，革命與改革之間並沒有不可逾越的障礙，他們就如同天堂、地獄一般，只有一步之遙，而且革命與改革存在著互變性，即：革命與改革之間存在著互相轉化：只有在和平改良行不通的時候，然後才有革命的發生。如果平和的改良能夠行得通，那麼決不會有革命的發生。所以，革命的能否到來，不是決定於革命家，而是決定於被革命者。可見，革命與改革並不存在著必然的排斥關係。

《觀察》及其作者群大多希望採用漸進的、改良的方法求得政治、經濟和社會等各方面問題的解決與社會全面的進步，這是他們的革命立場和價值觀念決定的，即：崇尚改良，反對暴力革命。但當他們發現統治者頑固透頂，絕對沒有改良的希望的時候，他們也毅然決然走上革命的道路。法國革命和辛亥革命的歷史都是最好的證明。在清朝末年，孫中山先生在上書李鴻章不見反應以後才決心投身革命，也是一個最好的例證。自由主義者固然希望避免流血的革命，但他們更痛恨頑固的反動。革命是反動的結果，不是反動的原因，假使要反對革命的結果，首先要消滅革命的原因，因此，「真正的自由主義者，即使不去參加或同情革命，至少也不應當站在反動方面去反對革命——即反對以暴力對抗暴力的爭取自由的人民。」〔註9〕

《觀察》及其作者群經過研究發現，革命的發生並不是雜亂無章的，革命的發生是有規律的。一般的革命都是這樣發生的：當革命的主客觀條件醞釀成熟了，潛伏著的革命星火便逐漸蔓延，這時一個重要的因素是：知識分子起來了！他們對被壓迫階級革命思想發生了「酵母」的作用，舊制度的弊病開始受到他們的揭露與攻擊，舊政權的倫理思想、宗教信仰及社會組織都因他們的懷疑態度而發生了動搖，統治者的荒謬虛偽常受到他們的嘲罵，他們將政府的低能及官員的腐化盡量地暴露出來，揭穿了社會中的許多黑幕，使舊政權的腐朽和荒謬原形畢露。他們的攻擊不但削減了群眾對政府的信仰和忠心，而且將統治者本身的自信力也動搖了，統治階層發生了信仰危機。他們領導著成為革命先驅的各種小革命，這些小革命隨時發生，並逐漸地彙成了革命的一股巨大洪流。知識分子又提出了新的政治學說和主張，這些學說和主張，影響逐漸擴展到了社會各個階層，使人民感覺到他們的主張要比舊制度較為明智，較為新鮮，較為對自己有好處，有他們獨到之處。但是，

〔註9〕 施復亮：《論自由主義者的道路》，《觀察》3 卷 22 期，1948 年 1 月 24 日。

知識分子不是一個團結的整體，各人有各人不同的見解，常發生激烈的爭論，但這不妨礙他們推動革命的效果。他們的革命呼聲鼓動起了人民的行動。群眾在受到知識分子的啓示後，感覺到了自身處境的悲慘，認識到了現政權的腐朽與落後，意識到了被壓迫者的力量，看到潛伏的革命勢力在擡頭，知識分子創造了革命需要的思想利器，這是將舊制度改造成新制度不可少的工具。在新的革命思想的鼓動下，廣大群眾奮起反抗，舊政權的喪鐘便敲響了。

歷史早已指示人們，如果一箇舊政權眞能做到妥協、退讓，能夠進行徹底的改革，革命是可能被改革所取代的。而革命的目的也可以用不流血的方式來達到，但當一個革命到了成熟的時候，統治者決不能希冀以表面的、微小的改革或妥協來消除眞正的革命。社會上任何微小的變化都可能引發大規模的社會騷亂，就像清末的立憲運動一樣，成了辛亥革命的前奏。在這一時刻，「倘若有一個能制止革命進行的改革方案，它的本身必定包含著等於革命的優點存在。這是萬世不移的定律，無法逃避的事實。」〔註10〕

《觀察》及其作者群認爲，與西方社會相比，中國促進改革的力量是獨特的，明確的，也是最有力量和活力的。中國社會產業不發達，因此，沒有形成像歐美各國那樣龐大的產業工人階級，也沒有民主制度做保障，可以用罷工作爲鬥爭的武器來促進政治與經濟的改革。在中國社會的團體結構中，沒有任何團體比學生的組織更爲龐大，更爲嚴密，也沒有任何團體的知識能力比學生對政治社會的認識更正確、更敏感、更超然於社會各種團體的利害之外。所以，「中國的學生運動，其性質與功用實等於歐美的工人罷工，是以不流血的方法，促進政治改革的一條唯一的道路，對於現政府是絕對有利的，對挽救眼前中國的危機是絕對需要的。」〔註11〕

沒有無原因的結果，也沒有無結果的原因。《觀察》及其作者群認爲，革命的發生是有條件的，應該說，革命是人類歷史的突變，而構成人類歷史突變的因素有以下兩種：

第一、社會財富的集中，少數人利用特殊的手段，掠奪勞苦大眾的財富和血汗，砌成自己的金字塔，驕奢淫逸，無所不用到極端，而大多數民眾卻在水深火熱的死亡線上掙扎，因此貧富的懸殊使得社會矛盾係極端尖銳化，一邊是暴虐殘忍，一邊是仇視報復，階級矛盾極端尖銳，被剝削與被壓迫者

〔註10〕周鍾波《論革命》，《觀察》1卷22期，1947年1月25日。
〔註11〕賀昌群：《中國歷史的悲劇》（下），《觀察》2卷24期，1947年8月9日。

不願意再忍耐下去，統治者也無法按照原有的方式進行統治了。

第二、社會經濟的發展，需要在新的基礎上建立起新的結構，不能不徹底的掃除舊政權的廢墟，重新建設新的社會權力系統。「今日中國的社會情形，是否已經具備了這些突變的因素？我敢肯定地說：今日的中國社會沒有一處不是火藥庫，較之 1789 年法國大革命和俄國十月革命的前夕有過之無不及。」〔註 12〕據統計數字顯示：百分之十的人口，占百分之七十的土地，百分之九十的人口，僅占百分之三十的土地。這一數字的含義是百分之十的人口，占社會上百分之七十的財富，這種嚴重的貧富懸殊是引發社會革命的最基本的要素，也是人們不滿的經濟根源，怨恨由此而生。而且人民對於現狀的不滿，在各方面都能表現出來，他們失望、憎恨、憤怒、苦悶，大多數人在死亡線上掙扎，已經到了忍無可忍的地步，迫切地需要再來一次革命來挽救他們，這是革命成熟的社會表象。

本來一個社會的秩序安定，一個政治組織的存在與維持，要靠學者、文人的思想輿論來進行強有力的理論論證。他們將該制度稱讚爲是「繼承前賢，啓示後來」的偉大事業，指示給群眾感受它的恩惠，該政權由於受到了思想輿論的充分肯定和支持，才能得到人民的接受，才能立得住腳。可是，等到學者文人的態度轉趨另一方面時，不但不擁護現政權，反而嘲罵、指責、抨擊它的失德、腐敗、無能、墮落的時候，那是該政權瀕臨死亡的時候了。一種革命運動的發生，首先是少數先知先覺之士發現政治經濟上的破綻，然後絕大多數人都感到受壓迫，才有「逼上梁山」之舉，梁山泊的一百零八人，當初誰願意反抗大宋朝廷？正因爲每個人都遭受到政治經濟的壓迫，才喊出了「替天行道」的口號。這是歷史上明顯的教訓，不只是一個小說故事。

革命思潮到了這個時候，已經奔流澎湃，無法控制了。這一階段有兩個明顯的特徵：（1）舊政權無法再維持它的統治，它面臨著無法解決的政治和經濟的困難，喪失了自信力和人民的支持。（2）新興的人民團體已獲得相當勢力及群眾擁護，只要再加以團結，便能壓倒舊政權，成立新的統治階層。

其實，革命的種子往往是統治者自己親自播種的。腐敗又常常成爲促使革命爆發的催化劑。以中國傳統的統治辦法，統治者爲了容易駕御部下，又爲了塑造「與民同樂」的形象，官員沒有固定的官俸制度，即使有，官俸也很低，根本不足以養家糊口，所以，在專制政治中，貪污是其制度內含的必

〔註12〕陳旭麓：《我們向那條路走？》，《觀察》2 卷 21 期，1947 年 7 月 19 日。

然產物，也就是說，貪污是被當局默許的。大大小小官員貪污盛行，必然造成政治的腐敗，只有程度上大小區別，而沒有本質上的差距。而且，這種政治的腐敗的趨勢必然愈演愈烈，積小成大，最終禍及政權，一個曾經革過人家命的統治集團最後會被廣大人民革了命。這是一個爲人們所熟知而又總是重複的老路。《觀察》及其作者群質問：爲什麼二十年前中國人不理會共產主義？爲什麼共產黨不能在江西立足而逃往陝北？爲什麼這兩年共產黨的勢力更大，而且愈打愈大？很明顯的，「這是四十年來內戰外患與天災人禍堆積起來的一個嚴重的民生問題。再打下去，恐怕中國人個個都會變成『共產黨』。」〔註13〕可見，國民黨的腐敗統治，是造成中國共產黨發展壯大不可缺少的條件。

三、判斷革命成敗的標準

《觀察》及其作者群對革命成敗的判斷標準的認識是獨具一格的。他們不是以政權的更迭做爲革命成敗的判斷標準，而是以能否促進生產力的發展爲標準，這種認識在一定程度上看是難能可貴的。社會是變化的，好像水流一樣，但卻有階段性。每一個階段有它獨特的文化特徵。由一階段到另一個階段，在表面上看好像只是突變，而在它變化之前卻已經有了漸變，做爲這種突變的準備。所以，社會的變化是漸變與突變合流，既不是只有突變，也不是只有漸變。

突變與漸變是既互相聯繫，又可以互相轉變的。但轉變是有條件和規律的。突變只是限於社會生產力被生產關係所桎梏的時候，在這個時候，原有的生產力不能再發展了，必須把阻塞生產力發展的社會關係打破了，才能使生產力再發展下去。打破這樣阻礙生產力的社會關係就是革命，革命就是突變，而在革命以前所發生的都是漸變。漸變就是準備了突變的種種條件。因爲：這些條件不是一天就能準備齊全的，而且條件也有種種不同，有物質上的，有精神上的，有社會關係上的，有政治機構上的，有國內的，有國際的，有人事上的，也還有屬於思想文化上的。同時還有正面與反面之分。反面的條件也處於同等重要地位。條件的成熟也各有各的差異。然而，無論如何必須經過一個個條件的準備，在這個階段中，每一個條件本身也在那裡變化，這就是所謂的「漸變」，也就是突變的準備。

〔註13〕賀昌群：《中國歷史的悲劇》（下），《觀察》2 卷 24 期，1947 年 8 月 9 日。

漸變爲突變準備了條件，革命也就隨之爆發來。但是不能說所有的革命都是成功的，尤其不能以是否奪得政權做爲判斷革命成敗的標準。「所謂成功的革命與失敗的革命之區別就在於，一個確是衝開生產力再進一步發展的桎梏或阻礙，而另一個卻只是社會關係變化一下，並不能把再進的生產力解放出來。」〔註14〕就是說，只有促進生產力發展的革命，才是成功的革命。否則僅僅是使政權發生了轉移，或社會關係發生了變動，那根本不是嚴格意義上的革命。中國人過去把改朝換代稱之爲革命。如果要把改朝換代與革命嚴格加以區別，就會發現：改朝換代式的革命是失敗的革命，失敗與成功以什麼爲標準呢？這就只能看它能不能解除生產力發展的桎梏，致使廣大的民眾的生活水準有所提高。人類歷史上最偉大的革命就是英國的工業革命，它極大地推動了生產力的發展，使人類社會步入了一個嶄新的發展階段。

從世界歷史上看，也可以證明這一觀點的正確。可以說百餘年來的歐洲社會主義所排演是一部悲慘的歷史，這個悲慘的經驗所給人們的教訓是：「凡社會改革（或革命）而能使生產增長的就能站得住，反之，使生產降低則必會被反革命所推翻。」〔註15〕相反，如果這個既得政權的統治集團腐敗到萬分的時候，這個統治集團即變爲革命的對象，因爲它把生產力再發展的要求阻斷了，但是革命以後，這些新興的革命政權卻亦會變爲阻礙生產力再發展的東西。所以問題就在於此。使生產總量增加卻是一個艱巨的工作。在革命時只能開其端，而其後必須有一個建設時期。倘使開端不愼，種下惡果，則必定要走上失敗之途。

人類最善於遺忘。事實上，人們總是在重複同樣的錯誤，不管是過去還是現在。《觀察》及其作者群特別提醒人們不要忘記歷史的教訓，尤其要重視的還是那些失敗的革命。因爲歷史上失敗的革命較成功的革命多，尤其在中國，這是不能不大加提高警惕的。

中國改朝換代式革命有一個公式：官逼民反。既得政權的統治集團本身腐敗到萬分，同時對於老百姓又榨壓得已無微不至，「於是乃逼得造成一個想取而代之的集團。」又因這個新興的集團，其作風比較良好，老百姓只知兩害相權取其輕，所以新起的統治集團就根據這一點才把舊有的統治集團打

〔註14〕張東蓀：《「民主主義與社會主義」補義》（上）《觀察》5 卷 1 期，1948 年 8 月 28 日。

〔註15〕張東蓀：《政治上的自由主義與文化上的自由主義》，《觀察》4 卷 1 期，1948 年 2 月 28 日。

倒。舊的統治集團雖然被推翻了，然而中間卻經過一個互相殘殺的期間。有時這樣的期間經過相當長，有數十年之久。在這個互相拼殺的時候，老百姓在左右夾攻之下，死亡無數。人口過眾問題就在這個殘酷的過程中得到了一個自然的解決。所以，新建立的朝代能相安一時，但並沒有由於衝破了阻礙生產力再發展的社會關係，只是因為人口減少，在經濟結構無變化的狀態下人口過剩的問題得以解決。這是中國歷史上屢次排演的戲劇。「須知排演這樣的戲劇只有在閉關時代不與外邊文化較高的民族相接觸。一旦閉關不能再閉下去，如果仍如此排演，則斷難競存於世界。」〔註16〕

這種改朝換代的革命，在閉關年代，還是比較好辦，即：專制政權如果虐民到了極點的時候，人們鋌而走險，起而造反，遂把這個壞政府推翻了，所以中國歷史上常常有改朝換代就是這個緣故。現在把改朝換代美其名曰革命，其實二者根本不是一個東西。

為什麼中國屢屢排演這樣換朝代的戲劇呢？一方面，是因為這種改朝換代式的革命是中國的土特產，屢見不鮮，毫無神聖可言，並且中國二千年來就是因為改換朝代太多，以至把政權視為「大寶」，既得者千方百計想維持不墜，沒有得的想拼命去搶。結黨不是干政治，不是替老百姓做事，而只是為了自己。根據這個情形，政界上人們的言行不一致，那是先天注定的，即根本上是言行不可能一致。但言行變到無絲毫的一致以後，所維繫社會的公道將完全喪失，其結果只有訴諸武力。這就是演變到後來必須以武力來維持政權的局面，而革命的要求就在這裡滋長滋生了，周期性的改朝換代式的革命也就從此不間斷地發生了。

另一方面就是因為沒有把生產力再發展的潛力解放出來。至於何以不能如此，卻又由於中國社會有一特性。一個社會雖內部裏已經醞釀了革命，卻仍需有人從事於革命。他們本來是向舊有的統治集團中鑽營進去。假使鑽不進去，便改為向新興的方向進攻。而革命者如想招兵買馬，只有在這些人身上打主意。因為普通的老百姓是不革命的。這些從事於革命的人需要有一種性格，姑且名之曰革命家的性格或反抗性，中國老百姓卻是有十二分的忍耐性，實在是不會反抗。

排演這樣的悲劇只有在閉關時代不與外邊文化較高的民族相接觸時才會發生。中國社會面臨的任務是如何設法使這樣的醜劇絕跡，不再重演。這不

〔註16〕莊之煥：《如何走上民主建設之路》《觀察》1卷6期，1946年10月5日。

只是歷史換新頁，而是中國社會發展之路的轉變。《觀察》及其作者群質問說：「革命首要在民生，民族與民權革命的目的，應該是民生的改變。不然，民族的獨立和自由，民權的發揚和提高，又爲了什麼？」〔註17〕

在國共兩黨生死大博鬥的歷史轉折關頭，《觀察》及其作者群清醒地認識到：中國革命的條件已經成熟了。中國的革命不是和平的、不流血的社會革命，便是歷史重演的「第二次十月革命」。中國正處在大混亂的「邊沿」，是大革命爆發的前夜。

《觀察》及其作者群列舉了決定中國革命的三種力量以及由此引發的三種趨勢：

第一個是國民黨本身革命。國民黨能夠自動地進行一次內部徹底的改革。這對於國民黨來說，是輕而易舉的一件事。它如果能夠做到，這是事半功倍的。「中國今日所需的是徹底的實行三民主義，這是全國人民公認的，連共產黨也說實行三民主義來救中國。」但是，由於國民黨內部的複雜和腐化，耽誤了二十年的寶貴時光，一誤再誤，坐失時機，遂至一發而不可收拾，遭到人民的怨恨和反抗，面臨著被趕下臺的危險。國民黨二十年來的政治，不過是少數達官顯貴的「蛋炒飯，飯炒蛋」而已。對中國的政治沒有產生「新陳代謝」，即國民黨黨內也失去了「新陳代謝」的作用，這已經觸犯了政治上的最大忌諱。而英美政治的優點之一就是「任期」制度，就是使人民所選任的官員，充其量不過在臺上干上四年，就得下臺了，這種制度中有充分的「新陳代謝」作用，這正是國民黨政府內最缺乏的。

第二個是共產黨領導的革命。現在國民政府的存在，實際是靠著中上級軍官對中共還有一股敵愾氣。「但這是不很可靠的。因爲抗戰已經勝利，中國人打中國人，實在不能持久維持士氣，尤其士兵生活之苦，拖久了，難免要生變化。士兵一聲摺松，中國的十月革命馬上出現，就是國家大亂。共產黨乘著政治解體，經濟崩潰的混亂局勢，演成中國的十月革命。」〔註18〕那麼，共產黨能領導現階段的革命嗎？《觀察》及其作者群認爲，就毛澤東先生的新民主主義一書中所主張的，與三民主義基本上是一致的。共產黨也是聲稱要先實行三民主義，然後在發展工業的基礎上，才能實現共產主義。倘若讓共產黨來領導實施三民主義，似乎有點越俎代庖，多此一舉。如果說得客氣

〔註17〕張東蓀：《「民主主義與社會主義」補義》（中），《觀察》5卷2期，

〔註18〕周鍾波：《論革命》，《觀察》1卷22期，1947年1月25日。

一點的話，至少是畫蛇添足了。

第三個是中間派起來，領導一場不流血的社會革命。在國共兩黨都無法完成領導中國人民進行革命任務的時候，領導革命的重任自然而然地就落在了自由主義知識分子身上。「現在留下的只有一條可走的路，讓中間派來領導革命，實行新政。」中間派就是「知識階級和自由主義的溫和份子」。他們有理智，有信仰，有專長，他們懂得人民的需要，可以得到人民的支持。倘使他們能夠推行「緩進的社會主義，領導革命，組織一個多黨的聯合政府，只需三十年時間，這般人必能安定中國，完成革命的最後一步。」在過去的世界四大革命中，自由主義知識分子確能領導群眾，促成革命。現在中國也是這樣，要靠知識階級的努力來完成革命。吳世昌先生說：「政府腐敗，像大學生教授樣的匹夫應有責糾正。」這個重責落在知識階級的肩上，是無可推諉的。

英國保守黨的約翰生有名言：「愛國主義是一個流氓的最後逃避所」。《觀察》及其作者群指出：政客官僚口中的愛國主義都是一套騙人的幌子。譬如國民政府說，我們國家貧窮，這人們是知道的，政府要打共產黨，統一中國，人們也贊成，但政府總不能讓人民餓著肚子吃稀飯為它賣命。政府的官吏從上至下也得同人民一樣吃稀飯，那樣的話，政府也是在執行民生主義。可事實上，國民政府腐敗無能，濫用武力，肆意掠奪人民的財富，使他們民心喪盡，他們在消滅共產黨的同時，也為共產黨的發展準備了必要條件，也為中國更加全面的社會革命準備了滿地的乾柴。國民黨所實行的不是「民生主義」，而是「民死主義」。

中國有句老話，秀才造反，三年不成。中國的知識分子受二千年文字獄的誅戮清洗的教訓，寒了膽，寧可明哲保身，埋頭在故紙堆中過活，讓國家弄到一團糟而不過問。在過去的革命歷史上，知識階級出了不少力，成就了許多為人類謀解放的光輝工作，中國的知識階級應在歷史上鼓起勇氣負其應負的責任。「讓中間派來領導革命，實現新政。」這個中間派就是「知識階級和自由主義的溫和分子。」〔註19〕正如孟子所說的「天將降大任於斯人」，《觀察》及其作者群自以為領導中國革命的重任應該而且必須落在他們的肩上，才能使中國走上健康、正常的發展之路，這既反映了他們對國家的關心，也反映了他們對社會階級力量估計的錯誤，暴露了他們政治上的幼稚和思想上

〔註19〕周鍾波《論革命》，《觀察》1 卷 22 期，1947 年 1 月 25 日。

的空想，他們無法承擔起領導中國革命的重任，中國革命的歷史使命也注定了他們失敗的命運。

第九章 「失敗的統治」與「潰爛的政治」：《觀察》對國民黨統治的批判

　　國民黨自執政以來，堅持「一個政黨，一個主義，一個領袖」的反動立場，在「三民主義」的名義下，推行殘酷的獨裁統治，對內實行國民黨一黨專政，對外妥協退讓。在這 20 年中，就這樣一個政府，「憑藉他的武力，憑藉他的組織，憑藉他的宣傳，統治著中國的人民，搞到現在，弄得民窮財盡，烽火遍地。」〔註1〕20 年執政的結果是：「一般人民的物質生活，愈來愈艱難，一般社會的道德生活越來越敗壞。」20 年執政的局面是「不僅黨的聲譽、地位、前途、日見衰落，就國家社會，也會弄得千瘡百孔，不可收拾。」〔註2〕

　　國民黨的黑暗統治理所當然地遭到了人民的反抗，尤其是在抗戰勝利後，爭取中國一個光明的發展前途，是廣大中國人民的共同心聲。但國民黨卻逆歷史潮流而動，拒絕人民和平民主的要求，頑固堅持一黨專政，使中國的政局越發腐朽、黑暗，在國統區生活的《觀察》及其作者群深受其害。他們對國民黨的反動統治表現出極大的不滿，認為國民黨統治造成了中國社會的長期內戰，使民族不能獨立，民生不能改善，人民的政治民主權利不能得到有效的保障，於是，他們以筆代槍，對國民黨的統治進行了淋漓盡致的揭露與批判。

〔註 1〕 儲安平：《一場爛污》，《觀察》5 卷 11 期，1948 年 11 月 6 日。
〔註 2〕 儲安平：《失敗的統治》，《觀察》1 卷 3 期，1946 年 9 月 14 日。

一、政治上的腐敗無能

（一）一團爛污式的統治

《觀察》及其作者群對國民黨的統治極端不滿，認爲國民黨的統治是與民主政治的目標完全相背的。他們質問到：「政府是爲人民服務的呢，還是要宰割人民？黨代表了什麼？這是民主政治的基本問題，也是民主政治的關鍵問題。」〔註3〕這是一個再淺顯不過的道理了。一個不能代表人民的政黨，不配談民主；一個不能爲人民服務的政府，一定不能被人民所擁護。

在《觀察》及其作者群眼裏，國民政府統治下的政治是一片擱淺現象，慘慘沒有生氣。「循良的公務員待遇低薄到無以維持肚皮，相對的就是貪污公行，滔滔天下，廉潔成了難能之事。」〔註4〕在中央表現的是充分低能；在地方表現的是普遍黑暗。政府所制定的法令制度，多半是閉門造車，不切實際，以致於法律與現實脫節，很難收到實效。掌握大權者事必躬親，推行手令政治，名義上是負責，而實際上不一定負責。

令人奇怪的是，腐敗的政府不思自我反省，卻對人民提出了很高的要求：他們對於人民，「眞是望之如聖賢，防之如盜賊，驅之若奴隸。」任何人都是無法同時具備這三重資格而同時做一個正直的公民。人們對於檢舉官吏犯法，都寄以熱情的期望，但如果眞正以各種行政法規作爲衡量標準的話，可以說沒有一個官吏不是犯法的。這就使政治處於一個兩難的境地：要麼是使法律成爲一紙空文，要麼就是使法律遷就人情。其實，政府不過是要拿這麼多條文來充幌子而已，根本談不上什麼法治。沒有法律根據的命令應該是無效的。政府當然明白這一點基本原則。但是，國民黨的執政者錯誤地解讀了集事與集權的本質區別，「以集事爲集權」。以爲只有用「我」的名義行文，才是權屬於「我」。結果是應該負責者不負責，沒有責任的瞎主張。最多也不過將權力寄託在親信者的手中。這是造成「科員政治」的原因，而結果是行政無能無力，公文在機關中旅行，手續繁多，而忘了爲什麼要有這些手續。人民呼喚取消圖章制度，屬行一事一主管的辦法，這些都是改善行政效能的必要條件。可是，國民黨政府卻置若罔聞，聽之任之。

國民政府在行政上實行由中央一線到底的方法，使中間的行政機構及各級公務員，完全成了被動的承轉者。需要綜合，沒人綜合，需要負責，沒人

〔註3〕 莊智煥：《如何走上民主建設之路》，《觀察》1卷6期，1946年10月5日。
〔註4〕 王芸生：《中國時局前途的三個去向》，《觀察》1卷1期，1946年9月1日。

負責。人民有事向政府說話，反不知該向何人去說。行政上的過失，也沒有人負責。「分層負責」有理論而無實際。五權政治的眞實狀況是五權之外，還有主計、設計、考覈、人事、審計獨立，實質上成了十權政治。中央有部會，省級有廳處，縣市有科，一線到底，對政績多粉飾而少實效。其實主計考覈，不過裝飾門面罷了。事前的審計，只是爲建設設置阻礙，爲手續而忽視事的本體，舍本逐末。《觀察》及其作者群呼籲：「行政權一定要層次分明，權責統一。不然，行政必然無能，建設必難推進。」〔註5〕

　　毫無疑問，《觀察》及其作者群深切地感到：中國政治已到了不能不變的時候。人們一致呼籲起用新人。不過這個新，不是姓名的新，而是類型的新；不是面目的新，而是心理的新，用《觀察》及其作者群的話說：「我們不要舊的，是不要作官的人，我們要新的，是要作事的人。」〔註6〕

　　當然，中國政治的腐敗不是一天形成的。自民初到現在，割據局面，層出不窮。其實國防的需要，不一定要跟行政需要相同，在政權靠槍桿的傳統精神支配下，行政機關容易被軍事首長所左右，如果政治遷就軍人，那麼割據的局勢根本就沒法消滅。

　　本來，抗戰勝利爲中國政治重新振作提供了一個千載難逢的時機。可是抗戰勝利後的政治局面卻是敗象畢露，慘象盡見。中國僥倖所得的國際地位又驟然降了下去，國內是怨氣漫天，戾氣遍地。國民黨與共產黨對立，人民與政府對立。對立的互相指謫，互相攻擊，互相諉過，互相爭功，使整個社會出現了「人人爲小我，爲近利，而忘了國家的遠大利益。」

　　《觀察》及其作者群以政治上的貪污爲例來說明國民黨政治上的腐敗。「打倒貪官污吏」原是國民黨所曾用過的口號，可在國民黨政權內，政治上的貪污，已屬司空見慣。貪污之聲，人們已經聽得太熟了，熟到感覺麻木，麻木到忽略它，因爲貪污成爲一切沒有辦法之源了：「貪污，兵役才弄得怨聲載道；貪污，物資才會感到人爲的缺乏；貪污，交通才會陷於麻痺狀態；貪污，鴉片才無根絕之可能；貪污，教育才會弄到退化而無進步；貪污，稅收才弄到黑漆一團；貪污，才有所謂官僚資本，黃金的市價才有想像不到的波動。」〔註7〕總之，貪污使一切無辦法，什麼新的政治方案與設計，都是白費氣力。政治上貪污已經使任何人都負不起責任了。

〔註5〕　莊智煥：《如何走上民主建設之路》，《觀察》1卷6期，1946年10月5日。
〔註6〕　浩然：《論作官與用人》，《觀察》4卷16期，1948年6月12日。
〔註7〕　楊人梗：《國民黨往何處去？》，《觀察》2卷3期，1947年3月25日。

人們之所以喜歡討論貪污，就是因為貪污是大家容易瞭解的惡事。其實，「人們有所不知行政機構的癱瘓和行政效率的低劣更為中國近年致命之傷。」如果機構健全，效率較高，又何至有「徵丁則虐丁，徵糧則偷糧，運輸則走私，管制則自肥的醜事？」「又何至執政者愈昌言設計考覈，則法令愈是紊亂，執行愈是虛假？愈要求分層負責，則層次愈見混淆，責任愈相推諉？」〔註8〕要增強士氣，補充隊伍，要維持公教人員的生活，要對國民經濟作相當的管制，這種行政機構和行政效率如果不能徹底改革的話，那麼。政治上一定是有敗無成。但是，要改善機構的效率也決不是空言所能奏效的，更不是加上若干青年民社黨人和社會賢達做招牌所能辦得到的，而是有賴於政府的徹底改組，新人的當政及新風氣的樹立。

國民黨的腐敗統治，還讓人看到：國人的意見，政府置若罔聞，而美國一言半語，無不重為考慮，究其原因是美國有飛機大炮和金錢。而無黨無派、小黨小派的人喊破了喉嚨也是白費，而共產黨的意見就不能不理了，因為共產黨有槍桿；甚至教授罷教，政府可以聽其自生自滅，而工人罷工，有司不能不管；「一切只講強力。只講強力的社會必是一個不合理的社會，同時亦即為一個亂的社會。」要求政權鞏固，自然不願政局發生不必要的波動，於是為了鞏固政權，雖老朽之輩，一無成就，也能在位十載而不易，「忠實」的走狗，雖然作惡多端，眾口所誅，也依然能安如磐石。「賢不肖不復有別，而國家取士之道盡失！」〔註9〕

縱觀歷史，沒有一個政府能夠不顧人民而猶能長久維持其政權者。不顧人民苦樂的政府，必然失去人心；不為人民福利打算的施政，必然不能使國家社會得到健全的發展。民心所向，生死攸關。政治生活中本來含有物理學上的作用力與反作用力的原理：「政績窳敗，人心怨憤；人心怨憤，政權動搖；政權動搖，執政者的控制勢須加緊；壓制越緊，反動更烈。」如此循環，互為因果，而終必全盤傾潰，不能收拾。所以，研究中國政治現象的人們，常常說中國的政治弊病多不勝舉，可都是互為因果，因之政治責任也難判定。但總結起來，還是一個毛病，就是「人民不能而且不願過問公共事務，真正用人錢的大權，不在民意機關手裏。法令無威權，玩政治的人肆無忌憚，

〔註8〕 錢端升：《唯和平可以統一論》，《觀察》2卷4期，1947年4月2日。
〔註9〕 儲安平：《失敗的統治》，《觀察》1卷3期，1946年9月14日。

才弄到今天的地步。」〔註10〕愈是相信自己,愈不能接受革新,這樣發展下去,即使沒有敵黨,沒有外患,其結果也是不堪設想。

從理論上說:「凡民族國家所有的制度與辦法若搬運到天下式國家來,除了助長的政府權力,使其對人民更高壓更榨取以外,沒有別的,亦不會有別的」,〔註11〕所以,外來的東西,如選舉制度,警察制度,統治經濟的辦法以及飛機鐵路,本來是中性的,無所謂好壞,而毛病還是出於中國本身,政治腐敗是中國一切問題的根本所在,而「政府病」是最主要的症狀,好像一個人雖然周身有病,而尤以胃病為最重,因為一切滋養品必須從胃進入,才能被消化。胃一有病就會導致全身陷於痿弱,耳聾眼花等毛病都起於營養不足,再好的補藥都能有副作用,國民黨的統治就是引發所有腐敗的根本原因所在。

(二)國民黨的自我墮落與毀滅

《觀察》及其作者群認為,要毀一個人或一個團體,最有效的辦法是使他腐化。使他腐化的方法也頗簡單,在精神方面是時常對他恭維吹噓。對人則用「偉大」、「聰明」、「能幹」、「賢明」、甚至「聖哲」、「英睿」這類不怕喪失自己身份的字樣;對團體則用「偉大」,「堅強」,「完美」,「進步」,乃至「為國為民」,「為世界人類造福」一類不怕肉麻的字樣。在物質方面是使他不勞而獲,或比別人少勞而多獲,兩種方法合起來,使他飄飄然,真相信自己偉大聰明,因而作威作福,保持並擴張既得利益,成為小團體或大團體中的特殊份子。許多大戶人家的不肖子孫都是這樣被寵壞的。許多本來有希望的團體發展到某一程度即開始腐化,也是被更大的團體「寵」壞的。這種認識是發人深省的。

用這一方法來觀察國民黨就會發現:國民黨雖然是一個革命的政黨,但在北伐完成以後,和中國以前的換朝代並沒有大的區別。因為既然是一個政黨的革命,那麼,最重要的是「革」過去政府的政策之「命」。這一點,國民黨並沒有做到。她雖然有一套很好的主義,允許人民有許多權利,但大有準備藏諸名山之意。人民的實際生活也並沒有比清末好多少。這正如同劉邦雖然答應人民廢除暴秦的苛法,只行約法三章,而實際上,劉邦本人並未履行

〔註10〕 孫克寬:《逆流與歧途》,《觀察》1 卷 13 期,1946 年 11 月 23 日。
〔註11〕 張東蓀:《我亦追論憲政兼及文化的診斷》,《觀察》3 卷 7 期,1947 年 3 月 22 日。

他的諾言。「肉刑」一直到文帝時才廢止，「挾書之令」一直到武帝時才廢止。國民黨奪權後倒是過去換朝代的特點。北伐軍一到北京，立刻改為北「平」，從此借鐵路之名：「平滬」，「平漢」，「平綏」，──若不是東北人反對，也有了「平遼」，四通八達，一律壓平了。而在這其中，「最重要的是國民黨員成為人民中的特殊階級，以人民的膏血來養黨，我想不出這與前清的『皇糧』有什麼不同。」〔註12〕

應該承認，政黨要獲取政權，原為題中應有之意：在野的要想方設法地獲取政權，在朝的要千方百計地維護政權，中外古今，無有例外。但歐美各國的政黨都是以政績來維護政權：「國防政務日臻安全，外交總替本國說話，政治力求清明，經濟總量求其繁榮，一切在交通、教育、治安、衛生、房屋、休閒各方面，無不用最大的力量向最好的目標做去。」所以，歐美各國，無論內政外交，經濟文化，政府總是處處為國家的前途著想，時時替人民的福利打算。

不幸的是，中國國民黨走了另外一條路，他們只知以加強「政治的控制」來維護既得政權。在他們執政的 20 年裏，中國沒有取得任何進步。在軍事方面，中國根本談不上「國防」，世界上的先進國家已走進原子和雷達的世界，而中國還停留在步兵和機關槍時代。在政治上，政治沒有絲毫進步，而且還在愈來愈開倒車：「貪污流行，效能低落，自由缺乏保障，民生一無改善，政治猶如見江河日下，一發不可收拾；」〔註13〕在交通方面，更是沒有鋪多少鐵路，造多少輪船，「甚至到現在為止，不僅還不能製造一架飛機，甚至還不能製造一輛汽車。」在教育文化方面，中國沒有產生第一流的文學作品和音樂和繪畫等方面的成就。「二十年來，國民黨只聚精會神在做一件事，就是加強消極的政治控制，以求政權的鞏固。」

20 年來，做百姓的只有這一個項目使人們到處聽得到、看得見、嗅得著並感覺到它的緊張、嚴密、認真和不放鬆。20 年來，中國的交通和水利沒有實際的建設，土地制度沒有革命性的改革，耕耘的方法和耕耘的工具依舊墨守陳規，種子和肥料毫無新的改進，人民的居室依然黑暗而污濁，民間的代步工具仍然滯留在原始階段，一切近代的機器生活從無機會插入鄉村，保健事業和社會救濟有名無實，疾病與貧窮仍彌漫全國，一般人民生活的方式、

〔註12〕吳世昌：《論黨的職業化》，《觀察》2 卷 2 期，1947 年 3 月 8 日。
〔註13〕儲安平：《失敗的統治》，《觀察》1 卷 3 期，1946 年 9 月 14 日。

生活的環境、生活的能力、生活的苦痛以及生活的觀念,毫無改變,毫無進步。

不可否認的是,國民黨的政治控制,是以力取人而不是以德服人,其結果只能是無道德之徒橫行,「流風所至,遺害難言。」〔註14〕在一個以力而不以德治人的社會中,有骨氣的人,心難甘服,於是偏激者被「逼上梁山,中庸者潔身自好,柔弱者頹靡消沉。國家盡失棟梁,社會無復正氣。以「力」作為衡量標準的社會,絕對沒有非公平可言。

二、經濟上的橫徵暴斂

《觀察》及其作者群認為,政治脫離了經濟,就會變成空洞的理論,也就失去了遵循的準則。政權而不為人民謀福利,也同樣會失去作用。中國流行的「經濟」一詞,原自日本輸入。在中國文學上的「經濟」,本來是講「經綸」「濟世」的政治。大學課程中的「政治經濟」,講究各種主義政策,「其目的也在研究何種主義政策適用於政治,俾使國家社會可以興利除弊。」〔註15〕

國民黨在經濟上的橫徵暴斂,廣大國統區人民和《觀察》及其作者群是深受其害,他們指出:政府採用一切應付物價的方法和手段,不是管制物價應取的正確方法,反而是違背管制物價所應採取的方法。國外戰時為維持貨物的長期供應,一定要嚴格限制人民購買貨物的數量,惟恐不能保證供應。而中國卻大不一樣,政府不僅對消費者購買的數量不加限制,且還進一步檢查倉庫,惟恐商人不把貨物全部拋出。他們對貨物出清以後,如何供應市面的問題則完全不管。商品售價只知一味地進行價格管制,對成本則不聞不問,這種不合理的物價管制,「摧殘生產則有餘,豈尚能鼓勵生產?政府只憑藉政治力量,沒有一點經濟上可以控制物價的辦法和把握,而欲強使物價穩然不動,如何能夠?」新幣制不幸失敗,絕不是人民不守法,更不是人民不信任政府和它所發行的新幣,其罪「在政府之無知無能,強欲以政治的力量抹殺一切的經濟法則。」〔註16〕

對於國民黨以「戡亂」為名,對人民實行掠奪,《觀察》及其作者群給予了揭露,他們指出:如果說,「戡亂」是政府的神聖使命。可是沒等亂戡平,

---

〔註14〕儲安平:《失敗的統治》,《觀察》1卷3期,1946年9月14日。
〔註15〕莊智煥:《如何走上民主建設之路》,《觀察》1卷6期,1946年10月5日。
〔註16〕嚴仁賡:《政治力量安能穩定物價!》,《觀察》5卷6期,1948年10月2日。

「人民的房子先砍平了，頭先砍掉了。神聖的使命，注定了是要辱命的。」
當然，國共言和，十分困難。但雙方開戰，無疑是一條死路。對政府它是一
條死路，對人民更是一條死路。「繼續徵兵徵糧，無限膨脹通貨，官吏趁火打
劫，這些虐政更要變本加厲。」〔註17〕人民已經在水深火熱之中了，偏偏還
要往他們身上加油。當然，內戰不能單責怪一方，然而一個政府心中沒有老
百姓，寧肯看著國內遍地災荒餓饉疾病死亡，無動於衷，也就不能再怪人民
要動嘴要動手了。

　　從政府採取「軍事自衛」政策以來，徵糧和徵兵，正繼續在各地推行，
由於基層行政人員素質不良，政令一到下面就走樣變質，使人民加深了對戰
爭和現狀的厭惡。其實，只要公平的買賣，在改善運糧和儲藏條件下，中國
怎麼會到了無糧的境地。犯不著倒退一百年去仿法「漕糧」來徵實。只要嚴
禁缺額，計劃的運用都市鄉村失業的丁壯，提高待遇，杜絕中上層的剝削，
依然是「有兵可用」，用不著在戰爭季節來徵兵，使正當良善的農民，遭受苦
難而無補實際。

　　國民黨的經濟政策，是只信賴外貨，一味地壓制本國的民族工業，從而
造成了民族工業的落後，土產的滯銷。外匯黃金的運用，將國家經濟置於賭
博之中。財政金融與經濟生產脫節，結果是造成了投機暴利的階級發財，動
搖了整個社會的基礎，社會風氣的日益頹靡。良善的公教人員，社會中的知
識分子，作為被剝削的對象，增加了政治上的離心力。更由於法治沒能建立，
增設機關，擴大開支，造成了大量的政治浪費。戰時的「政治節約」的呼聲
當然是聽不到了。這樣的統治造成了「從中央到地方，一連串的駢枝機關，
狂熱地競賽浪費人力財力，這對政治實際問題有什麼用處？」〔註18〕

　　《觀察》及其作者群十分關注國民政府幣制改革。在 1948 年國民政府
幣制改革的一個月裏，他們發現：數以億計的人民，在身體上、在財產上，
都遭受到重大的痛苦和損失。人民已經經歷到他們從未經歷過的可怖景象。
他們不僅早已喪失了人生的理想、創造的活力以及工作的興趣。這次又喪失
了他們多年勞動的積儲，進一步被迫面臨死亡的危險。每天在報上讀到的，
在街上看到的，無不令人氣短心傷。飢饉和恐怖、憤怒和怨恨，籠罩了政府
所統治著的土地。地不分東南西北，人不分男女老幼，沒有一個人相信這個

〔註17〕嚴仁賡：《我們對於時局的幾點認識》，《觀察》2 卷 23 期，1947 年 8 月 2 日。
〔註18〕孫克寬：《逆流與歧途》，《觀察》1 卷 13 期，1946 年 11 月 2 日。

「金圓券」。搶購搶購,逃賣逃賣,像大洋上的風暴,席卷了整個社會秩序。搶購是一種「無言的反叛」,這是 20 年來中國人民受盡壓迫、欺騙、剝削,在種種一言難盡的苦痛經驗中所自發的一種求生自衛的行為。因為這種行為是自發的,所以這種行為能同時發生在政府統治區域中的大小各地,因為這個風暴已是全國性的,所以這個風暴已經威脅到政府政權的安全。中國的人民是可憐的,在政府種種秘密的監視下不能有什麼大規模的組織,因之也不能發生任何足以左右政府政策的有效力量。這次的全民搶購,骨子裏的意思是人民不相信這個政府,然而可憐的久在淫威之下的中國老百姓從來不能正面站起來對政府表示不信任,全民搶購從政治的觀點來說也只是一種人民不和政府合作的消極反叛,然而只要是真正威脅到了人民的生存,即使是一種消極的反抗,或者如前面所用的一個名詞「無言的反叛」,但也足夠震撼政府的命脈。在中國近代的歷史上,這是一次嶄新的教訓。

　　讓人難以理解的是:發行法幣的是這個政府,發行金圓券的也是這個政府,這同一個政府,法幣的信用既然不能維持,金圓券的信用也同樣不能維持。《觀察》及其作者群駁斥有人把國民黨的改革幣制和放棄限價政策說成是為了人民利益而採取的。實際上根本不是那麼一回聲,「老實說,無非因為當前的經濟情景實在不太像樣,有點可怕,假如不改,恐怕政府要站不住了!改吧,改吧,亂七八糟先改它一下,暫時麻醉一下人民;後來弄到全國搶購,乖乖不得了,看上去可能要出什麼亂子,威脅政權,所以只好放棄限價。」這一切,說得冠冕堂皇是為了解除人民的苦痛,但骨子裏國民黨還是為了要維持自己的政權。而國民黨的改革幣制,無疑是對人民的一次赤裸裸的掠奪。政府命令人民將平時辛辛苦苦積蓄的一點金鈔,一律兌成金圓券。他們只要印刷機器轉幾轉,就把老百姓多年積蓄的一點血汗錢,「轉」進了政府的腰包裏去了。政府拿人民血汗錢,去支持他們的內戰,使國家僅有的一點點元氣,都被送到炮口裏轟了出去!上海的老百姓都在回想在日偽時期,日本人管得再凶,也沒有弄到連飯都沒有吃,連買手紙也要排隊的程度;日本人逼得再緊,也沒有把民間的金銀收完──「就靠這點元氣,勝利後各地慢慢恢復各種小工商業的活動。」而國民黨的政策竟然比日本強盜還兇殘,他們無可奈何地承受著這種公開的掠奪,使「每一個吃虧的老百姓心底裏都在咒詛,有一肚皮眼淚說不出來!」〔註19〕

〔註19〕儲安平:《一場爛污》,《觀察》5 卷 11 期,1948 年 11 月 6 日。

在廣大人民的心目中，國民黨的財政政策，一無是處，經濟財政當局簡直成了人民的公敵。其實，此時的國民黨政權已經病入膏肓，無法自救，在戰亂的局勢下和腐化的、毫無效率的政治基礎上，任何好辦法也辦不好。「政策窮雖變，可是越變不通。」方法上換來換去，人事上換來換去，物價仍然直線上昇。這種治標不治本的方法，只能醫治其皮毛而已。用《觀察》及其作者群的話說，內戰不停，經濟根本無法搞好。

《觀察》及其作者群深切地感到：經濟恐慌到崩潰的邊緣。這問題更是刻不容緩了。國民黨統治下的中國經濟，一面靠洋貨輸入；國家的財政，又一面靠通貨膨脹。物價狂漲，物資奇缺，人民憔悴，工業窒息，獨獨發了官僚資本與賣辦階級。政府天天在飲鴆吸毒，人民天天在掙扎呻吟，「如此下去，則洪水到來，經濟崩潰，已經不是太意外的事了。」〔註20〕如果用一個比喻的話說，此時的國民黨就如同一個盲人騎著一匹瞎馬，在萬丈深淵前，它隨時都有掉下去，摔死的可能。國民黨政權危機四伏，隨時都有被人民推翻的可能。

三、思想上的高壓鉗制

國民黨在政治、經濟方面實行反動統治的同時，在思想文化上也實行著嚴酷的統治，鉗制思想，控制言論。中國人民原以為：民國成立以後，結束了數千年的專制政體。自由思想可以順利地向前發展。可是，這不過是他們的一廂情願而已。從國民革命軍北伐以後，國家並沒有實現和平與統一。國內又掀起國共黨爭。既然是爭，當然是以消滅對方為目的。政府為了消滅共產黨及其思想，採用了古今中外的統治方法及恐怖政策。最初，國民黨還只是為防範共產黨的活動，但日久變質，「凡進步的思想，批評的言論，都加以『思想不正確』的頭銜。這個可怕的頭銜，到處亂飛，飛在誰頭上，誰就只好認命。」這種思想上的鉗制，使社會一片恐怖，人人自危，把人們逼迫到了不敢說話的程度。為了保全自己，「莫談國事」為護身符。什麼地步呢？這真是中國言論思想的浩劫！這種思想鉗制的結果是使人精神萎靡，人心麻木，正如莊子所說：「哀莫大於心死」。人心如果繼續死下去，文化無已發展，社會無法進步，從為民族大局的利益出發，《觀察》及其作者群感到「不能不

為國家民族前途揮一把熱淚!」〔註21〕

　　思想上高壓鉗制政策的最大受害者是自由主義知識分子。《觀察》及其作者群認為,在中國的自由分子當中,除了民盟、民社黨這些組織外,就是散佈在各大學及文化界的自由主義知識分子。這批自由主義知識分子,「數量很大,質亦不弱,但是很散漫,從無足以重視的組織。」所以,這批自由主義知識分子所擁有的力量,是一種潛在的力量,而不是表面的力量;是一種道德權威的力量,而不是政治權力的力量。

　　《觀察》及其作者群認為,當時中國社會的客觀形勢是極其需要自由主義知識分子發揮作用,但事實上,自由主義知識分子發揮其作用是非常困難的,這與國民黨 20 年來的嚴酷的統治是分不開的。國民黨 20 年的統治對於自由主義知識分子作用的發揮有三個方面的嚴密限制。在政治方面限制這一點,全體人民都耳聞目睹了許多,不必再解釋。尤其值得一提的是,人身自由是一切自由的基本保障,人身自由沒有保障,其他自由自然都談不到。而中國社會最沒有保障的就是人身自由,人們的生命經常被無故侵害。在.經濟方面的限制更是具體細緻,無所不包。政治活動必須有充裕的時間和財力,這是最起碼的常識。可八年抗戰以來,特別是抗戰勝利後,國民黨把教育界文化界人士弄得個個生活不安,民不聊生,精神和智慧完全消耗在柴米油鹽這些瑣事上,以致大大削弱他們在政治方面所能發揮的積極力量。在思想文化方面的限制,更是日見嚴酷。20 年來黨化教育的結果,使廣大純潔的青年都沒有能得到合理的教育。而黨化教育的目的,原是要大家「都信奉三民主義,做國民黨的孝子順孫」。然而,不幸的是國民黨自己腐敗不堪,民心盡失,越搞越亂。黨化教育走到它的反面,「弄到青年大都厭惡國民黨。」厭惡國民黨還不是最重要的,可怕的是,黨化教育教給青年的並不是一種理性培育,青年在理性方面沒有能得到應有的教育,於是非理性的感情部分因不滿實現而日益泛濫,無法控制。這與自由主義的教育目標是根本違背的。人們知道,自由思想是重理性的,必須在理性上有很大的修養,才能接受自由主義的薰陶。情感泛濫的結果是趨於極端,不是極端的右就是極端的左。但現實環境逼得青年不得不趨於極端的左,於是青年越來越不易保持冷靜的頭腦而對各種各樣的事作出冷靜的判斷和理性的選擇。國民黨的黨化教育,對國民黨來說,可以說是自食其果,而對自由主義的傳播上,也同樣深受其害。因為「黨

〔註21〕李澂盧:《服從社會與意志社會》《觀察》1 卷 19 期,1947 年 1 月 4 日。

化教育的做法是收羅奴才，放任浪才，殺害人才。」〔註22〕毫無疑問，國民黨的黑暗統治，使思想僵化，其結果是人才被扼殺，社會發展被遲滯。

有比較才有鑒別。《觀察》及其作者群認為，從歷史看現在，中國的局面實在是嚴重異常，幾乎是歷史上的所有弊病在國民黨統治下的中國都能找到，再加上些現代病，真是病入膏肓，不可救藥。無怪南北的有識之士，都紛紛挺身而出，為了國家前途，上書獻策了。擺在國民黨面前的路只有兩條：是走歷史的道路，重演悲劇呢？還是打開歷史的窠臼，絕處逢生，再創新局呢？國民黨面臨著歷史的抉擇。

事實上，國民黨是根本沒有能力進行再生的。國民黨統治下的中國社會危機已全面爆發，修修補補，已無濟於事，概括地說，國民黨統治下的政權患有著四種無法救治的嚴重社會危機綜合症，具體說就是：

一是社會病：民主未遂與文化失調。民主政治的第一個條件是以選票表示選民的的意願，但中國的選民卻是不知政治權利為何物的一些人，除去鄉村中的鄉紳人物，他們不再知其他。讓他們自由地選舉，那一定是封建勢力擡頭，把持選舉，真實的民意無法表達。如果採取強迫監督的手段，那他們就乾脆不理，任你擺佈，其結果仍然是欽定與委派，還是既得利益集體占到了便宜。

至於文化失調，就是中國社會內在的變化還沒有準備成熟，而外來的文化思想突襲到來，不具備足夠實現的條件，但還硬要實現，而國際環境的要求，又非要求中國適合不可。於是，前者有「中學為體，西學為用」半推半就的接受，後者又有全盤西化與文化本位的爭論，這就使得中國文化時而飛躍前進，時而大開倒車，全是傳統的成見與外來事物有著不能調和的矛盾造成的。

二是經濟病：泛濫的幣災，與外來的經濟侵略，交互作用，使農村破產，工廠倒閉，物價飛漲，民不聊生。中國的經濟病實在是由來已久，「但近年來更加嚴重。二十九年以後，貨幣發行，開始膨脹，直到現在，貨幣的神秘性全部消失，物資與貨幣脫節，泛濫的貨幣於是泛濫成災。」〔註23〕它打擊了政府在人民心目中的形象，降低了政府維持統治必須的行政效率，更使投機囤積之風惡化了千千萬萬人的人性。

〔註22〕儲安平：《失敗的統治》，《觀察》1 卷 3 期，1946 年 9 月 16 日。
〔註23〕孫克寬：《重演歷史？創造歷史？》4 卷 8 期，1948 年 4 月 17 日。

三是政治病:政治無能與政黨破產。官僚的自私自利和領導人的私心自用,責任感不強,行政效率低下,影響涉及經濟等方面,使經濟的問題更是沒有辦法解決,人民對於政府的信仰自然消失,政府的統治基礎被逐漸動搖了。

四是軍事病:戰略脫離政治,戰爭不能達到政治預期的目的,因而影響士氣與紀律。這倒不是戰略與戰術的問題,而最大的問題就是軍事脫離了政治的束縛,或以軍人來決定政治,或盲目的軍事行動拖累政治。再加上軍隊本身腐化,不能克敵,只能擾民,導致人民對政府的怨恨。沒有任何意義的內戰,浪費大量財力,使國庫空虛,同時,消耗了大量的民力,加重了政治危機,加速了政權的崩潰。

從前曹操「挾天子以令諸侯」,「想不到今天卻有無數的人們願意做『漢獻帝』!幕僚們自相勾結,便成了朋黨。幕僚們分了派別,黨同伐異,政治上的賞罰是非,也就混淆了,究其原因,這是『人治』的必然結果!」

國民黨製造出來的政治,造成了社會各方面普遍的人才荒落。做事的人被冗員滑吏所排斥,剩下的只有應付差事的一群所謂「科員政治」就是這樣形成。「主官倚幕僚,幕僚倚科員,任何的大政,都在『等因奉此』裏打圈子。」人民真正的利害,不如官員的話重要,老百姓根本沒有評理之處。機關林立,但人浮於事。如果一件重要的事情辦不好,找不出法子,便只好互相推諉,得過且過,直到把大事拖小,小事拖了為止。

對於國民黨政權所處的境地,《觀察》及其作者群認識得清清楚楚,他們明確地說:國民黨政權的種種腐敗現象,「即使無戰爭,無經濟恐慌,也足以腐蝕政治,潰爛政治!」〔註24〕如果中國真要步入憲政的軌道,使新憲法的條文真正付諸實施,就應該停止戰爭,徹底改組政府,除此而外,無路可走。

當然,《觀察》及其作者群還是對國民黨抱有幻想,他們帶有提醒意味地表示:必需趕快把這些毛病糾正過來!從國是問題爭執的紛歧,與人心的趨向來看,中國今後應該走的路線,是在妥協中求生存,安定中求進步,自由發展中求統一!這樣中國才能有重新崛起的可能和希望。這也是《觀察》及其作者群對國民黨的最後一點希望了。

〔註24〕孫克寬:《人心‧國是‧現狀》,《觀察》1 卷 20 期。

第十章 「民主的多少與有無」:《觀察》對中共的懷疑與觀望

　　當歷史的車輪駛入公元 1948 年的時候,中國社會正經歷著一場翻天覆地的大變革,共產黨領導的人民解放軍勢如破竹,國民黨的統治岌岌可危,自由主義知識分子面臨著非此即彼的抉擇。在歷史轉折的關鍵時刻,自由主義知識分子陷入了由物質生活貧困化、精神找不到出路以及對未來的迷茫所造成的極度苦悶與恐慌之中。通過對自由主義知識分子苦悶與恐慌的深入分析、研究,可以從中弄清「苦悶」與「恐慌」對自由主義知識分子在歷史轉折時刻政治立場轉變所產生的重大影響。

一、20 世紀 40 年代自由主義知識分子的苦悶問題

　　抗戰勝利後,中國的民主與和平出現了前所未有的希望。國民黨本來是有機會選擇和平、民主、團結的建國道路,歷史也給了它機會,不斷地等待它作出明智的選擇。然而,國民黨並沒有把握住這一難得的歷史機遇,而是一意孤行地實行武力政策,由此走上了自我毀滅的不歸路。1948 年前後,國民黨的統治已經是敗象畢露:民主未遂與文化失調;濫發紙幣,物價飛漲;政治無能與政黨破產;軍事失利,拖累政治,幾乎歷史上所有執政的弊病在國民黨統治下的中國都能找到,國民黨統治下的中國社會危機已全面爆發。在這種空前的社會危機之中,以《觀察》周刊作者群為代表的廣大自由主義知識分子陷入了極端的苦悶之中。

　　在政治上,自由主義知識分子承受著來自左右兩方面的雙重壓力,左右

爲難，兩面不是。1948 年的到來並沒有給這些自由主義知識分子帶來新年的
欣喜，相反，他們的處境越發困難。他們明白「在國民黨統治下，人民固然
沒有自由，在共產黨統治下人民也不見得有自由。」〔註1〕他們被擠在夾縫裏，
左右做人難。在朝黨嫌他太左，在野黨嫌他太右。在這種情況下，他們最好
是三緘其口，少說爲佳。可是，自由主義知識分子獨立的精神和批判的態度
使他們承擔起了社會良心的角色，他們要拼命地爭取和平、民主和自由。他
們明知道自己的奮鬥可能一無所獲，但他們卻「只問耕耘，不管收穫」，一如
既往地抗爭著。

　　自由主義知識分子崇尚的是政治上的寬容，而中國實際政治中的兩大政
黨卻讓他們大失所望，「容忍是談不到的。你不是我的朋友，就是我的仇敵。」
但奇怪的是不論執政黨還是在野黨，在對待自由主義知識分子問題上卻是驚
人的一致：對於自由主義知識分子「都覺得是眼中釘，時時刻刻想把它拔去，
拔的辦法不是軟的就是硬的。軟的是利誘，假以各位，施以棒喝，使他『入
吾甕中』；硬的是威迫，箝制他的議論作行動，假故施以陷害，唆使蝦兵蟹
將去咬去罵，逼得他動彈不得。這種剝削自由分子的辦法，就在野黨而言，
是所見不廣；就在朝黨而言，實無異於自失人心。」這種做法「都是把可能
的朋友驅遣到仇敵的旗幟之下。」其結果就是使社會力量簡單化——不是敵
人就是朋友，沒有一個緩衝的地帶，社會失去了調和的功能，「結果就只能
有衝突，而衝突還是無結果。」〔註2〕無法實現一個緩衝、妥協或調和的社
會。自由主義知識分子深知要擺脫兩面夾攻的局面，就只有放棄自由主義信
念，而這正是自由主義知識分子所最不情願去做的事情。

　　在生活上，知識分子陷入了嚴重貧困化。隨著內戰的爆發，物價像瘋了
一樣狂漲，知識分子的生活水平直線下降，從 1946 年 7 月到 1948 年 10 月的
糧食上漲幅度，勞動人民常吃的玉米漲了 10000 倍，小麥上漲了 500 倍，小
米上漲了 900 倍。100 元法幣，1937 年可買兩頭牛，1938 年買一頭牛，1941
年買一頭豬，1943 年買一隻雞，1945 年買一條魚，1946 年買一個雞蛋，1947
年只能買 1/3 盒火柴了。〔註3〕

　　1946 年 12 月，昆明公立學校中小學教師提出加薪要求。當時小學教師月

〔註1〕 施復亮：《論自由主義者的道路》，《觀察》3 卷 22 期，1948 年 1 月 24 日。
〔註2〕 朱光潛：《自由份子與民主政治》，《觀察》3 卷 19 期，1948 年 1 月 3 日。
〔註3〕 馬嘶：《20 世紀中國知識分子生活狀況》，北京圖書館出版社 2003 年版，第
　　　 283 頁。

薪爲 8 萬元，在該市還不夠養活一個兩口或三口之家。上海大學教授聯合會公開陳說：一名教授的薪水甚至不及牧場掃糞工之收入，或電車售票員或國有銀行雇員之收入。1947 年 4 月，十位北大、清華教授在一份聯合聲明裏稱，公辦教師和公職人員甚至無法維持最低生活水平，飢寒交迫已成爲他們及其家庭日常生活的現實。教授們警告說，這種低微而不公正的薪金正在產生三種禍害：工作效率下降，腐敗猖行、道德淪喪。一位自由主義知識分子投書《大公報》，傾訴自己的困難，他寫道，「眼下連買玉米麵支撐一個月的錢也不夠了，過去的十天，我們一直以稀粥充饑，一天在案頭坐八小時，我感覺飢餓至極，簡直頭暈眼花。」〔註4〕

當時，社會上流行著這樣一個並非笑話的「笑話」：有人到小酒館裏去喝酒，等喝完了一杯，再要第二杯時，酒價已經上漲了，第一杯酒的錢只能買半杯了。因此，他後悔沒有先付兩杯酒的錢。

在精神上，知識分子更是感到前景暗淡，無路可行。1948 年的自由主義知識分子正面臨著這樣一個局面：戰亂不止，國家一天比一天的紛亂，一直在走向沒落，國家問題與個人生活問題、職業問題、婚姻問題交織在一起，大有「風聲、雨聲、哀歎聲，聲聲入耳，家事、國事、天下事，事事鬧心」之感。形勢變幻莫測，思想找不到出路，精神生活處於鼓譟不安的狀態，正如一位自由主義知識分子感歎的那樣：「現在知識分子的心靈，在各套文化或思想的大海裏，真好像被水衝擊的浮萍，東飄飄，西飄飄，茫茫一片，找不到任何心理歸宿。」自由主義知識分子的最大苦悶就是沒有希望。他們茫然地陷入了不知道路在何處，而又無人可求的悲慘境地。他們除了自己用智慧求得解放外，很少有第二條妥善的路走。「但在目前各種外力的枷鎖中，絲毫沒有智慧的自由，一般知識分子是否也有解除煩悶，脫離苦海的一天呢？即使退一萬步著想，我也不能不表示懷疑。」〔註5〕

知識分子所學非所用，更加增加了他們的苦悶。知識本應是改造社會的利器，因此才有「知識就是力量」之說。但知識發揮作用的關鍵在於「學以致用」，也就是說要使知識分子有用武之地，1948 年的中國，是物價飛漲，民不聊生，在各地到處都在上演著「百貨飛漲，只有性命、勞力與知識三者，跟法幣一同跌價」的人間悲劇，用一句再形象不過的話說：「辛辛苦苦學來的

〔註4〕 胡素珊：《中國的內戰 1945～1949 的政治鬥爭》，中國青年出版社 1997 版，第 102 頁。

〔註5〕 全慰天：《知識分子的苦悶》，《自由批判》1 卷 10 期，1948 年 11 月 27 日。

牛頓和亞丹·斯密，同五百塊鈔票一般，再也買不到一燒餅的時候，悲觀一點，自然只好把性命也賠上。」〔註6〕這就是自由主義知識分子處境的生動寫照。

自由主義知識分子對「苦」與「悶」這一問題有著十分清醒的認識，他們指出，「苦」與「悶」是一對孿生兄弟，既相互聯繫，又有一定的細微的區別。因為人的全部生活都有可分為兩類：一部分是物質生活，另一部分是精神生活。「苦」與「悶」來自兩種不同的生活，具體地說：「『苦』是苦痛的苦，起於物質生活得不到滿足；『悶』是煩悶的悶，而原於精神生活找不到出路。」如果生產力水平較低，社會物質財富匱乏，再加上人為的社會分配不公，那麼，人們的物質生活免不了要受「苦」。人作為萬物之靈，當然有別於動物，他們不能僅僅限於暖衣足食而已，尤其需要感情的寄託，希望的支持。完全沒有精神生活的個人是無法想像的。如果沒有精神的寄託，人們的精神生活就難免要受「悶」。而「苦」與「悶」問題又常常交織在一起，使人進退維谷，無所適從。但對於自由主義知識分子所面臨著「苦」與「悶」，「悶」比「苦」更難以忍受，「悶」的問題比「苦」的問題更來得嚴重，因為人只要不「悶」，「苦」亦不覺得很苦了。在生活之「苦」與精神之「悶」兩者比較中，知識分子不怕「苦」，猶怕「悶」。

當然，任何事物都不是絕對的，精神之「悶」也不是絕對沒有辦法解決。以《觀察》週刊作者群為代表的自由主義知識分子認為：「如果在這種精神苦悶的時代中，確有思想與言論自由的保障，任知識分子用各自的智慧自由探討，自由摸索，雖然暫時不必每人都能在思想上找到出路，精神生活得到安定，但至少有了求得出入和安定的機會與希望。到達另一境界所必須通過的『窄門』總算是開著的。」顯然，思想自由就是到達希望之門，這扇門雖小，但卻可以給人希望，通過「窄門」裏傳來一線光芒，或許能暫時給予知識分子的生活一點慰藉。然而，「屋漏偏逢連陰雨」，不幸的是，中國社會中偏偏存在著「各種式樣的思想統制方法，死硬要把這道『窄門』死死地關閉起來。不許你這樣思，只許你那樣想。你認為黑板是黑，但只能說是白的，粉筆是圓的，但只能說成是方的。自己想說的話要悶在心裏，而說一些不想說的話。這情形無疑更萬倍增加了現在知識分子，尤其是學社會知識科學的煩悶。」〔註7〕

〔註6〕 全慰天：《知識分子的苦悶》，《自由批判》1卷10期，1948年11月27日。
〔註7〕 全慰天：《知識分子的苦悶》，《自由批判》1卷10期，1948年11月27日。

顯然,此時的自由主義知識分子失去了屬於自己的精神家園,他們像精神上的流浪漢一樣,感到無限的痛苦、悲觀和空虛,他們真切地感受到了「在精神生活方面,傳統固有精神文化既被摧毀,而新文化系統又尚未建立起來。尤其是沿海各大都市,目前正是完整成套的精神文化的真空地帶。」對於廣大自由主義知識分子來說,「戰亂」如惡夢,「建國」成幻想,「僅有的一些事業與機關,即使不毀於炮火,也要一天天緊縮,以至於停辦」,知識分子謀生的出路是「越來越狹窄,越來越艱難了。」〔註8〕

二、20世紀40年代自由主義知識分子的恐慌問題

1948年的中國,內戰的硝煙四處彌漫。與內戰烽火相伴隨的是飛漲的物價和前途未卜的國家前途和命運。自由主義知識分子對自己的未來充滿了迷茫和恐慌。「近幾個月來,平津寧滬及其他各地的知識分子,普遍地恐慌起來了。」《觀察》主要撰稿人之一,著名自由主義知識分子張東蓀坦白地說:「有人這樣告訴我,我又向各地方查看了一下,確是如此。」至於恐慌的原因,他瞭解到:「我深知今天的大學教授中大部分人抱著一種憂慮,即恐懼將來的變局會使學術自由與思想自由完全失掉。這種憂慮在我看來,確對於知識分子創造光明前途是一個障礙。」〔註9〕

在事者迷,旁觀者清。自由主義知識分子的恐慌,被局外人——共產黨內的知識分子看得清清楚楚。當時共產黨內的知名學者胡繩就一針見血地指出,除了害怕學術自由的喪失,在自由主義知識分子中流行的恐慌可以概括為這樣幾個方面:

一是怕被「清算」。自由主義知識分子知道他們不是工人,不是農民,而且他們多半出身於地主階級、資產階級、小資產階級,因此,在共產黨取得勝利,人民大眾掌握政權後,恐怕就難免於被清算。——這就是說,「知識分子將因其階級性而被清算」。

二是怕為新社會所不容。自由主義知識分子即使能夠不因為階級性而免遭清算,但他們還是害怕因思想問題而被「清算」。因為自由主義知識分子不相信馬克思列寧主義,也就談不上是馬列主義的知識分子,在一個以馬克思列寧主義為指導思想的國度中,還能有他們存在的空間和可能嗎?他們懼怕

〔註8〕 馮契:《知識分子的彷徨》,《時與文》2卷24期,1948年3月26日。
〔註9〕 張東蓀:《知識分子與文化自由》,《觀察》5卷11期,1948年11月6日。

自由主義思想將爲新民主主義的新中國所不容。

三是怕社會地位的降低和獨立人格喪失。自由主義知識分子大多具有堅定的信念和淵博的知識，他們所要求的不僅是每天能夠吃飽飯，而且還要求在社會地位上受到尊崇，一旦到了新社會，他們害怕將被看作是和「販夫走卒」同列的人，從而失去了向來在社會上的地位。同時，在未來的新社會中，自由主義知識分子不僅要求有他們所能做的工作，而且還要求尊重其獨立的人格和思想，要求在實際工作中充分發揮其「個性」，他們擔心在共產黨領導的新社會未必能給他們這樣的機會。

四是怕學非所用。自由主義知識分子雖然也覺得他們可以在未來共產黨領導的新社會中工作，也可以做一些直接有利於人民大眾的工作，但是，由於他們在某些方面的知識和研究可能與現實生活離得太遠，不能夠直接爲社會所用，比如在學術研究上專門「治希臘文拉丁文梵文」等等，將不爲人民大眾所瞭解，也不被人民群眾所需要，以至於做這些研究工作的人將無用武之地，所以被迫改行，多年的積累和汗水將化爲東流之水。

五是怕被「教育改造」。自由主義知識分子從共產黨人關於《怎樣分析階級》的文件中已經嗅到了他們在未來社會中可能要被改造的命運，因爲這些文件中請清楚楚地表達了共產黨人對未來社會中自由主義知識分子所要做的工作，就是要「充分使用他們爲民主政府服務，同時教育他們克服其……錯誤思想」。這些又是「使用」，又是「服務」，又是「教育」，又是「克服」等字眼，不免讓自由主義知識分子心聲疑惑，誠惶誠恐。他們不禁要問：這樣一來，知識分子豈非是被當成和木匠泥水匠一樣了？〔註10〕

還有，自由主義知識分子擔心，如果共產黨人建立的新政權用強迫來實現平均，會不會像蘇聯革命後一個時期農業生產物減少，以致成千成萬的人餓死呢？從農村中走出來的共產黨人能夠管理好經濟和城市嗎？……

可見，廣大自由主義知識分子對未來的社會充滿了疑惑和恐慌，而且這種疑惑和恐慌是普遍存在的。

當然，自由主義知識分子中也有少數人認爲恐慌是沒有必要的，《觀察》作者群代表人物張東蓀就是一個典型。他覺得恐慌這個現象使他感到非常奇怪。他從自由主義知識分子所崇尚的理性和學識出發，認爲知識分子不應該恐慌，也用不著恐慌。因爲在中國這樣一個幅員廣大的一個範圍內，無論是

〔註10〕 胡繩：《關於知識分子問題》，《群眾》2 卷 28 期，1948 年 7 月 22。

在教育方面，還是在其他文化方面，知識分子的數量是極其有限的。按當時的人口比例計算，知識分子大約占總人口的百分之十，也就是40萬左右，如果將這些知識分子分配到全國各地工作，「恐怕現有的這一些知識分子未嘗不可人盡其才，或許人數還不夠用，亦未可知，那裡會有恐慌呢？」〔註11〕

另外，知識分子雖然不是物質財富的直接創造者，但也不是剝削者，他們是靠著出賣自己知識謀生的，與各色剝削者截然不同，他們不同於資本家和地主，「如果是以自己的勞力換取這些生活上的需求，不問勞力是屬於身手，抑屬於腦筋，只要大體相稱，便可立於天地間內，無愧於心。所以凡是靠薪水爲生的知識分子，只須其工作滿意，其生活即不是由於剝削，則無論社會如何變化，實在無恐慌的必要。」知識分子如有自信，不應怕打倒，且亦決不會被打倒。」

知識分子在未來的社會中的地位，取決於他們生活是否是建立在剝削他人之上，「倘使不建築在他人的剩餘價值之上，一切全無問題。」張東蓀坦白地說，他沒有一畝田，一間屋，一張股票，所以能夠做到「心底無私天地寬」，能夠站在「無產者」的立場上表態，他堅信，只有合理的才能夠存在。一個人只有在這樣合理的社會中生活才變得更爲有意義，「倘使以爲將來可能變到壞，變到不合理，則凡不合理必定變不成功，誰要成功，誰必合理，既不會成功又有什麼可怕呢。」〔註12〕只要相信自己的認識是符合社會發展規律，就要相信自己在未來的社會中能夠站得住，立得起，因爲眞理是不可戰勝的。當然，自由主義知識分子的恐慌也有來自共產黨過格的宣傳。張東蓀就非常坦誠地指出：「我卻以爲前進陣營中民主人士的言論態度，不能不稍有責任。」這些民主人士的言論傳達出這樣一個信息：從民主人士的言論中很少能夠發現對於這一批自由主義者採取聯絡的態度，「總是動則稍見異議，即不問動機，一律加以駁斥」。態度往往流於尖刻毒辣，「尤其是對於自由主義一辭不加以分析與剖解，只是一味蒙頭蓋面，亂罵一陣。」另外，傾向於共產黨的民主人士的做法也實在是容易使人誤會，以爲民主人士沒有容忍與寬大，也就是不具有自由的胸懷的陶冶，缺乏自由的風度。他委婉地共產黨人「我雖然不承認民主人士是眞正如此，但我仍願以『有則改之無則加勉』一語來奉勸民主陣線的一班言論家。」〔註13〕

〔註11〕張東蓀：《告知知識分子》，《觀察》4卷14期，1948年5月29日。
〔註12〕張東蓀：《告知知識分子》，《觀察》4卷14期，1948年5月29日。
〔註13〕張東蓀：《知識分子與文化自由》，《觀察》5卷11期，1948年11月6日。

三、《觀察》及其作者群對中共的批評與懷疑

1927 年國民黨建立政權後，自由主義知識分子還是站在了國民黨一邊，著名學者胡繩晚年對這一問題進行了理論思考，並大膽而坦率地提出了自己思想的成果，認為：「1927 年大革命為什麼一下子又失敗了的呢？除了通常說的原因之外，還有一點非常重要，「就是因為中間勢力（主要包括自由主義知識分子）大多數偏向國民黨」。〔註14〕

但是到了 20 世紀 40 年代末，形勢發生了根本的變化，國民黨在 1946 年選擇了內戰，也選擇了滅亡。國民黨的統治讓廣大自由主義知識分子心中的苦悶持續高漲，他們已不再對這樣一個政權報任何希望，「哀莫大於心死」，在失望、憤怒和無可奈何之中，自由主義知識分子的政治立場發生了轉變，他們中的大部分人拋棄了國民黨，選擇了共產黨。

對共產黨政權的懷疑導致了自由主義知識分子恐懼和觀望的政治態度的出現。在國民黨大勢已去，共產黨即將取得全國政權的時候，由於對共產黨政權及其領導的解放區的知之不詳，再加上認識上的偏見，使得以《觀察》周刊作者群為代表的廣大自由主義知識分子對共產黨政權產生了相當的不信任和恐懼心理。他們坦白地說，「今日共產黨大唱其『民主』，要知共產黨在基本精神上，實在是一個反民主的政黨。就統治精神上說，共產黨和法西斯黨本無任何區別，兩者都企圖透過嚴屬的組織以強制人民的意志。在今日中國的政爭中，共產黨高喊『民主』，無非要鼓勵大家起來反對國民黨的『黨主』，但就共產黨的真精神言，共產黨所主張的也是『黨主』而決非『民主』。」〔註15〕因為提倡民主政治要有一個根本的前提，就是必須承認人民的意志自由（即通常所稱的思想自由）。因為「凡是一個在講究『統制』，講究『一致』的政黨統治下，人民是不會有真正自由的，同樣也不會有真正民主，因為「人類的思想各殊，實為一種自然的人性。假如任何政黨想使在他統治下的人民在思想上變成一種類型，這實違反人性而為絕不可能之事。」〔註16〕

《觀察》周刊作者群以他們自己的親身經歷，談了自己的一些感受，認

〔註14〕胡繩：《撰寫〈從五四運動到人民共和國成立〉一書的談話》，《歷史研究》2001、3。

〔註15〕儲安平：《失敗的統治》，《觀察》1 卷 3 期，1946 年 9 月 15 日。

〔註16〕儲安平：《論共產黨》，《客觀》1 卷 4 期。

爲他們都是受英美傳統的自由思想影響的，但他們一樣批評英美，抨擊英美。同時蘇聯或延安有好的地方，他們也一樣稱頌。令他們感到驚詫不解的是他們從來沒有聽見共產黨批評斯大林或蘇聯，從來沒有看到左派的報紙批評毛澤東或延安，難道斯大林和毛澤東都是「聖中之聖，竟無可以批評之處？難道莫斯科和延安都是天堂上的天堂，一切都圓滿得一無可以評論的地方？」而且共產黨的一些做法也讓這些自由主義知識分子懷疑和不滿，因爲共產黨的對人只有「敵」「我」之分。一切都以實際利害爲出發，不存任何人情與友誼。要捧一個人，集體地捧他起來，要攻擊一個人，集體地把他打了下去。由此他們得出結論：「老實說，我們現在爭取自由，在國民黨統治下，這個『自由』還是一個『多』『少』的問題，假如共產黨執政了，這個『自由』就變成了一個『有』『無』的問題了。」〔註17〕

在抗戰後期興起的第二次民主憲政運動中，共產黨提出了組織聯合政府的主張。這一主張得到了民盟以及自由主義知識分子的贊成。在 20 世紀 40 年代末共產黨即將取得勝利之際，對於共產黨能否成立聯合政府，自由主義知識分子也同樣表示了懷疑，學者張奚若明確地指出：「在社會主義實行的初期，爲了減少推行的困難，是可能合作的。」在昆明的時候，他曾經和羅隆基討論過這個問題，他不贊同羅隆基所說的「中共不但在現在需要聯合政府，以後還是需要聯合政府的」的說法。他堅信：「在初期時聯合政府是會存在，但到了某一個階段，在他們認爲其他人礙手礙腳，足以減低他們的行政效率時，便可能不需要。」〔註18〕

也就是在這一時刻，鄉建派領袖梁漱溟也表達了自己大體相似的看法。他在《敬告中國共產黨》一文中言辭懇切地提出一些建議，「鄭重請求中國共產黨，你們必須容許一切異己者之存在」，「千萬不要蹈過去國民黨的覆轍」，要重新考慮並糾正對「中間路線」、「自由主義者」的批判。更重要的是，梁漱溟在這篇文章中，公開要求中共不要再用武力，認爲中共如果再用武力打下去，不否認在一年內外有統一全國的可能，但到那時卻既沒有「聯合」，亦沒有「民主」。雖然中共在主觀上也許無意於不要聯合，不要民主，而其事實結果則必致如此。「武力與民主，其性不相容。武力統一天下，也不會有民主。不要聯合，不要民主，當然也能統一全國，但很難眞正穩定，即統一不可能

〔註17〕儲安平：《失敗的統治》，《觀察》1 卷 3 期，1946 年 9 月 15 日。
〔註18〕張奚若：《論中國的政治前途》《時代批評》4 卷 97 期，1948 年 2 月 1 日。

長久。」張奚若和梁漱溟的說法代表了當時許多知識分子的基本認識。

對共產黨政權的恐懼大多來自於猜測，而並非是事實判斷。儘管以《觀察》周刊作者群爲代表的自由主義知識分子對共產黨也不是很滿意，對共產黨未來要建設的社會也表示懷疑，但未來畢竟還是能給人以希望，與不可救要的國民黨政權相比，他們還是願意選擇希望。但是這種選擇不是徹底完全的認同，他們將自己的懷疑和分歧保留在了自己的思想之中。這種思想的保留對共產黨取得政權後甚至在一個相當長的歷史時期內共產黨知識分子政策的形成，都起到了相當大的作用。

應該說，在歷史轉折的關頭，自由主義知識分子面前的只有兩條路可走。不可救要的國民黨的統治讓他們大失所望，而新生的共產黨政權又讓他們憂心重重。「在一個天下不歸於楊，則歸於墨的社會裏，」〔註19〕兩條路都不是他們情願走的路，而自己想走的路又走不通，廣大自由主義知識分子陷入了空前的苦悶與恐慌之中是可以理解的。但是，這種苦悶與恐慌卻對這一群體政治立場的轉變起到了決定性的影響，儘管國共兩黨要走的路都不是他們要走的路，但在非此即彼的道路抉擇中，他們中的大部分還是能夠順應歷史發展的潮流，和共產黨站在一邊，成爲了人民革命的支持者和同路人。

〔註19〕《新路發刊詞》，《新路周刊》1 卷 1 期，1948 年 5 月 15 日。

第十一章　中共對自由主義思潮及其《觀察》的批判

《觀察》及其作者群及其同時代的自由主義知識分子的政治主張，與中國共產黨所堅持的新民主主義理論是相矛盾的，他們的政治主張對國統區人民接受中國共產黨所倡導的新民主主義理論起到了障礙的作用，理所當然地遭到了中國共產黨人的批判與反擊。

40 年代，自由主義思潮的興起，中國共產黨的理論工作者及中共團結的一些知識分子就對它開始了分析和批判。這其中當然包括《觀察》及其作者群的自由主義政治主張。鑒於自由主義思潮的複雜性質，中共在對它進行批判的過程中注意區分不同的情況，他們運用階級分析的方法，劃分清楚了兩條主要界限，一是區分文化上的自由主義和政治上的自由主義，對文化（狹義）上的自由主義並不一概地加以反對，甚至肯定「自由主義對於文化（文化二字用狹義）的貢獻極爲偉大」，[註1] 而對政治上的自由主義的主張則進行了批判。二是把「自由」、「自由思想」、「自由主義」和它們的「自由主義運動」清楚地區別開來。這是中共的理論工作者及其團結的知識分子對四十年代自由主義思潮與「自由主義運動」（包括對《觀察》及其作者群）批判的獨道之處。

一、關於向誰要自由的問題

理論的力量在於它對於事物本質的把握以及由此產生的說服力與認同

〔註1〕 馮契：《論自由主義的本質與方向》，《時與文》2 卷 18 期。

感。認清「自由」與「自由主義」的實質，是中共的理論工作者及其團結的知識分子對四十年代自由主義思潮與「自由主義運動」（包括對《觀察》及其作者群）批判的起點與切入點。中共的理論工作者及其團結的知識分子從理論上闡述了「自由」和「自由主義」的正確含義。他們認為，「『自由』這個名詞，把它離開社會政治時代諸條件，孤零零地作抽象的一般的解釋，就沒有意義了」，自由首先必須具有具體的內容才有意義。其次，自由有法國式的、英國式的以及中國式等幾種。由於英、法、中三國社會條件、所處時代、社會力量以及政治形勢不同，三個國家自由的內容也就不會相同。法國式的自由，是法國的資產階級，為要擊退封建的專制獨斷，高喝「平等」與「自由」，聯合人民群眾一致奮鬥；英國式的自由，只是資產階級與新貴族的聯合，與人民大眾無關，是妥協和平改良的；中國式的自由主義是既要反封建，又要反帝國主義，「自由的內容，不僅是英法的貿易自由，土地自由，還有民族的自由要求」。再次，「自由的內容，不是呆板不變，一次規定的，而且各種自由之間並不是等量齊觀的，齊頭並進的，在對自由的爭取的過程中，自由是有前後次序之分的。自由是社會歷史的產物，它隨著社會歷史的發展而前進，改變其內容的」。在「今日中國，爭土地的自由和爭民族的自由，不僅並重，而且，前者成為要求的重點」。最後，「要求自由的人，總是大多數的，自由，究極地說是大多數人的」。〔註2〕因此，中國自由主義的基本精神應是「反專制獨斷，反壓迫剝削」；應有「『最大多數的最大福利』的信念」；應富於「正義、理性」、「進步、革命精神」。「一個半殖民地國家的自由義者，應該是最熱誠最忠貞的愛國主義者」，更應該是「國際主義者」。自由主義者雖然不一定就是社會主義或共產主義者，但應該「既不反對社會主義，當然更不反對共產主義」，而且真正的自由主義者只要不斷進步，「還有可能成為」社會主義或共產主義者：應該「為推翻資產階級民主，實現新的人民民主主義而鬥爭」。自由主義者「必然是反帝國主義的」，「排擊一切封建的法西斯專制獨斷主義」，不能容忍「改良的社會民主主義」。〔註3〕

在闡釋清楚自由與自由主義的本質之後，中共的理論工作者及其團結的知識分子開始向自由主義者反擊了。中共理論工作者緊緊抓住「誰的自由」、「向誰要自由」、「怎樣要自由」等問題。《觀察》及其作者群的兩個重要人

〔註2〕　宋魚：《論自由主義》，上海新知書店 1948 年版，第 5～11 頁。
〔註3〕　宋魚：《論自由主義》，上海新知書店 1948 年版，第 45 頁。

物儲安平和吳世昌的言論，無疑是這方面最典型的代表性。儲安平就明確地表示：「老實說，我們現在爭取自由，在國民黨統治下，這個『自由』還是一個『多』『少』的問題，假如共產黨執政了，這個『自由』就變成了一個『有』『無』的問題了。」吳世昌也說：「今日國民黨的政策雖然限制了人民的許多自由，但我們決不相信共產黨會比國民黨給人民以更多的自由，尤其是思想和言論的自由，除非他黨內起一種革命。」〔註4〕對此，中共的理論工作者指出，自由主義者「向兩邊要自由」，而自居於中立地位，對國共之爭採取中立態度，堅持要走中間路線，但實際上既「不可能超然，亦不應站在當中」，「因為這實際上就是間接幫助了壓迫者與剝削者」，「自由主義者應該永遠站在大多數沒有自由者的一邊」，「不應當反對新民主主義及新民主主義國家」，「不應當反對社會主義或共產主義」，「不應當反對蘇聯」，「不應當反對共產黨」。〔註5〕至於怎樣要自由，他們針對自由主義「和平第一、自由第二」的說法，指出「真正的自由主義者應把『自由』放在第一，把『和平』放在第二；也可說，自由主義者不到最後關頭決不會放棄和平，一到最後關頭就必定毅然斷然地放棄了它」。他們還指出，「自由主義與武力原非絕緣的」。社會進步當然以不流血為最佳。但任何事物都不是絕對的，對武裝到牙齒的反革命力量，僅僅用「口和筆」或者用「說服的力量」，是難以推翻反動勢力的，在「槍桿子裏面出政權」的中國社會裏，絕對的排斥武裝鬥爭，不過是中國自由主義者（包括《觀察》及其作者群）對強權無可奈何和軟弱無力的代名詞而已。18世紀西方自由主義者「曾經大膽地把反教條的自由主義和反皇權的革命武力緊密結合起來。自由主義與武力絕緣之說，其實是一方面來自資本主義秩序已經勝利了的資產階級的思想，一方面又是承繼中國古代的士大夫的傳統」。〔註6〕他們認為，不能一概否定內戰，內戰是一定社會制度下的社會階級矛盾的暴露，是解決這種社會階級矛盾萬不得已的手段，其目的是作為一個新社會的催生劑。因此，在看待內戰對於一個社會是起著促成進步的作用，抑或是起著加速退步的作用這一問題的時候，不能憑藉內戰所帶來的損害程度來決定，而應該秉著這個內戰究竟帶來了解放社會

〔註4〕　儲安平：《中國的政局》，《觀察》2卷2期，1947年3月8日。

〔註5〕　費潑萊：《我的自由主義觀》，轉引自《讀書與出版》3卷4期。

〔註6〕　胡繩：《論自由主義在中國》，《胡繩文集（1935～1948）》重慶出版社1990年版，第300頁。

生產力，抑或者束縛了社會生產力的結果來決定。正確的做法「應當用盡一切力量去設法幫助爭取內戰的勝利結束，使社會生產力能從束縛著它的社會生產關係中解放出來，使整個社會因內戰而走上一個更新更高更進步的階段」。〔註7〕對於一些自由主義者往往自居「填土工作者」而不是革命者、破壞者的說法，胡繩指出其實質不過是「妄想支撐搖搖欲墜的反動大廈」，是「爲獨裁統治者效勞」。

二、政治民主與經濟民主的問題

中共的理論工作者及其團結的知識分子還集中批評了《大公報》的文章中所反映出來的自由主義的政治、經濟主張。他們對自由主義者的政治民主的主張，並沒有簡單地就概念而概念地批判，而是對政治民主進行了形式和內容的區分，從內容到形式分別進行了批判。他們指出，自由主義者所主張的政治上的「民主的多黨競爭制」，「多黨並存，形式民主，內容不一定民主……資本主義多黨有著競爭，但本質上是在有產者壟斷政權的前提之下競爭，並且也可以通用作弊」。〔註8〕在資本主義制度下的政治與經濟自由，是資產階級的政治與經濟自由；自由主義者所鼓吹的政治自由與經濟自由，是富人的自由，強人的自由，能人的自由，而不是窮人的自由。絕大多數的勞苦大眾是根本上既無政治自由，也無經濟自由的。相反，在社會主義的制度之下，由於政權掌握在勞苦大眾的手裏，所以勞苦大眾是有政治與經濟自由的。自由主義者所熱烈鼓吹的「混合經濟制度」的理論是行不通的。「生產上採取資本主義技術上的優點，分配上採取社會主義公平的優點……在資本主義條件下生產出來，再依社會主義的方式來分配，在今日稍有經濟常識的人，都知道那是根本辦不到的」。自由主義者們所推崇的英國的「現行經濟制度仍然是資本主義的」，「實在不值得中國去仿傚」。他們認爲，目前情況下，「中國人民大眾的爭自由爭生存的鬥爭，在本質上，是展開於兩個方面：一個方面是反對帝國主義在中國的支配勢力，也就是爭取民族的眞正自由，又一方面是反對封建性的土地剝削制度，也就是爭取土地的自由。這兩點是使中國成爲自由的國家，使中國人民成爲自由的人民的根本關鍵」。〔註9〕

〔註7〕 龐欣：《總結關於「自由主義」的論爭》，《讀書與出版》3卷4期。
〔註8〕 杜微：《論一種自由主義》，《中國建設》5卷5期。
〔註9〕 宋魚：《論自由主義》，上海新知書店1948年版，第25頁。

　　通過以上的批判可見，中共的理論工作者及其團結的知識分子對自由主義理論所作的批判是有力的。在批判的過程中，他們揭示了馬克思主義的自由觀，最終得出了這樣的結論：「自由，成爲科學性的思想時，他就成爲今後人類爭取自由的精神武器。自由，當其成爲這樣的科學思想時，他就不叫做自由主義了」。〔註 10〕當然，批判者對於自由主義者所提出的一些具體主張，如對於「混合經濟制度」採取了徹底否定態度（忽視了它在具體社會歷史條件下有其相對進步性），這自然是由於具體歷史條件的限制所帶來的認識上的局限。

三、關於自由主義者的思想局限性和思想來源

　　階級分析的方法是中國共產黨人最善於使用的一種思想方法。它對於分清「誰是我們的朋友，誰是我們的敵人」這個革命的首要問題起到了不可替代的作用。中共的理論工作者及其團結的知識分子就是運用這一方法，揭示了自由主義者的階級屬性和思想不穩定的特點及其根源。他們認爲，自由主義者「就階級屬性說，這一批人中的極大多數是中間階層的人物，因此，也同資本主義社會中的中產階級一樣，他們也重視個人自由，個人的快樂和『至善』的追求；在政治上，也是民主政治的忠實擁護者，認爲政府的活動應以社會上最大多數的最大福利爲依歸，社會上各不同階段各政黨的不幸控訴和反對意見應該在公共允許的方式下，作合法的鬥爭，因之而主張一切社會政治的改革應在繼續承認現存制度的基礎上逐步進行，反對根本傾覆現有制度的流血革命，革命只能產生武力破壞的循環，在憑藉現在基礎上的一點一滴的改良才能產生眞正的進步」。〔註 11〕自由主義者的這些政治主張具有相當的空想性，隨後的歷史發展表明：中國共產黨能在短時間內打垮國民黨也證明了這種自由主義的政治主張不過是一廂情願的空想而已。在重視「力量強弱之爭」的中國社會，離開了武裝鬥爭那是寸步難行的。中國自由主義者錯誤地估計了自身的階級力量。他們認爲：中國社會是兩頭大、中間小，也就是無產階級和資產階級是兩頭，而他們自己才是中間，這一中間階層就是廣大城市小市民。在對階級力量錯誤分析的基礎上產生的理論自然難以和實際相

〔註 10〕胡繩：《論自由主義在中國》，《胡繩文集（1935～1948）》重慶出版社 1990 年版，第 303 頁。

〔註 11〕杜邁之：《論中國的自由主義》，《文萃》2 卷 22 期。

一致，也就難以起到理論的導引作用。所以，中國共產黨人認為，中國自由主義者的思想理論並不具有堅實的基礎，是不穩定的理論。「客觀上，在於在社會上自由職業之不穩定。這又由於中國社會經濟的落後和統治政權的極端落後與極端專制。在半封建的社會經濟基礎上，不可能供給知識分了以廣闊的自由職業的範圍；而落後與反動的統治集團又直接以政權力量與暴力控制著和干涉著各方面的社會生活，使自由職業也不能自由」。主觀上，自由主義者對於自由、民主、進步這些概念，對於爭取民主自由的方法都「缺乏明確而堅定的認識」，甚至存在著不少錯誤。中共理論工作者指出，眞正的自由主義者「似乎不能不至少要衝得過這兩重關。一重關是不因人民大眾的力量而畏難退縮，尊重人民的覺悟與力量，敢於和人民相結合」，〔註12〕並在積極方面努力爭取民族的自由與土地的自由。

　　抗戰勝利後，自由主義思潮的洶湧與「自由主義分子團結起來」的呼聲，在很大程度上與美國來華或駐華的馬歇爾、魏德邁、司徒雷登以及裴斐教授的推動有關。這種自由主義運動對人民解放戰爭是一種間接的反抗，是對人民要求解放呼聲的一種壓抑，是對國民黨假和談，眞內戰的一種掩護，因此，遭到了中國共產黨的理論工作者及中共團結的知識分子的堅決揭露與批判。從「自由分子團結運動」一開展，中國共產黨的理論工作者和一些進步知識分子就已經開始了批判這種活動，稱這些自由主義者為「僞自由主義者」。而大規模的批判活動是在1948年初《大公報》先後發表那兩篇著名社論，以及北平的「自由主義者」組織的「社會經濟研究會」正式成立之後，以香港《華商報》為主要陣地，胡繩、郭沫若、沈鈞儒、譚平山、馬敘倫、鄧初民、侯外廬、李章達、邵荃麟、翦伯贊、茅盾、曾昭倫等對當時的「自由主義運動」作了尖銳批判。

　　中國共產黨的理論工作者及中共團結的一些知識分子，運用馬克思主義的立場、觀點和方法，進行了具體的分析，肯定了其中的積極成份，批判了其反動的部份，指出：「自由是屬於人民的，自由思想，是我們所不反對的，自由主義乃是過了時的一種落伍思想，這種思想是應該批評的，但如果有這種思想而並不反對今天人民翻身的革命，則至少應使他們中立，至於目前這種所謂『自由主義運動』，則根本是美帝和四大家族的尾巴」，「應該無情地

〔註12〕胡繩：《論自由主義在中國》，《胡繩文集（1935～1948）》重慶出版社1990年版，第296～301頁。

打擊」。他們從一系列事實出發，指出所謂「自由主義運動」「不是思想運動而是政治陰謀」。1946 年司徒雷登「雙十節」的談話、馬歇爾的離華聲明、1947 年魏德邁來華約見自由主義的教授名流談話、1948 年 2 月司徒雷登的《告中國人民書》，「首尾一貫前後呼籲」中國的自由主義者團結起來支持蔣介石政府。批判者把從那時開始的一系列自由主義的言論與自由主義刊物視為美國人的應聲蟲。在「雙十節」司徒雷登談話之後羅夢冊等的十人書，《大公報》的副刊《時代青年》對司徒談話的「熱烈」討論；魏德邁來華前後，《觀察》雜誌上大談的「自由主義分子結合運動」，楊光時等 10 人提出「民主國際」的計劃；1948 年「當蔣介石已經垂危，美國更進一步策動和平陰謀的時候」，上海《大公報》發表的《自由主義的信念》，北平胡適「公然反蘇」的言論；北平創辦的《周論》、《新路》，《中國社會經濟研究》均在此列。批判者指出，每一次「自由主義運動」的呼聲，「總是出現在蔣介石政治軍事上陷於不利的時候，出現在美國進行其和平陰謀的時候」。從「自由主義運動」的經費的來源，從「自由主義運動」的呼聲與美蔣「配合得如此巧妙」，批判者揭露所謂的「自由主義運動」是「由美國國務院設計的，司徒雷登、魏德邁之流導演的」，「『自由主義』與『和談』是整個陰謀的兩面」。「美蔣策動的『和平』是一種攻勢，『自由主義』是這個攻勢的武器」。而「馬歇爾受命來華之時，美亡華陰謀已經開始」，美國是「當今『自由主義』的工程師」。他們指出，「中間路線，自由主義，和談陰謀，雖然它三者之間，由於空間、時間之不全同而各有其相對獨立性的具體特點，但在其精神實質上毫無疑義的是一個東西」。〔註 13〕

中國共產黨的理論工作者把批判「自由主義運動」的矛頭主要集中地指向「社會經濟研究會」。翦伯贊將「社會經濟研究會」發佈的 32 條主張概括為以下內容：「一、反對中國人民武裝革命，主張政權的轉移，應看『選舉』的結果。二、反對中國的土地革命，主張在不損害地主利益的前提之下，在無期的將來，收歸『國有』。三、反對蘇聯和民主陣營的『宣傳攻勢』，擁護美國的世界侵略。最荒唐的是主張『減少生育，俾中國人口的壓力不致增加』。」總之「一句話可以說完，即是反蘇反共反人民」。〔註 14〕郭沫若指出，「社會經濟研究會」的目的與作用乃是要「扒那些所謂『自由主義者』」和

〔註 13〕鄧初民：《揭破騙局》，《華商報》1948 年 3 月 16 日。
〔註 14〕翦伯贊：《戳穿美蔣新的政治陰謀》，《華商報》1948 年 3 月 15 日。

「城市內的工商業者」,「他們的更大目標是在替蔣朝扒民意,扒人心,而最後呢是替美帝國主義扒中國的主權!」批判者在對「自由主義運動」進行批判的同時,也注意對於真正的自由主義者和中間層的知識分子,以及中層工商界進行爭取。他們號召「爭取中層工商界,共同打擊這陰謀」,呼喚「中間層份子覺悟起來走向革命」。

真理是相對的。由於過分地強調階級成份的劃分,中共的理論工作者及其團結的知識分子對自由主義的批判有以偏概全、牽強附會,甚至曲解之處,還有些上綱上線。實際上,當時被批判的這些自由主義者所發表的言論、所創辦的刊物和組織以及所釀成的運動,從主觀上很難說都是有意「配合」美蔣並為其服務的,因而當時的批判有些觀點失之偏頗和過於武斷。這是不實事求是的表現,它沒能理解自由主義知識分子對自由的信仰與追求。但是「自由主義運動」當時在客觀上對於美蔣的「和談」陰謀確實起了一定的幫助作用,這是沒有疑問的。中共的理論工作者及其團結的知識分子對自由主義的批判,雖然有矯枉過正之嫌,但耕耘總是有收穫的。經過批判,許多自由主義知識分子有所覺悟,曾經列名於社會經濟研究會的一些著名教授紛紛發表聲明,脫離了這一「自由主義團體」。

當然,40年代的自由主義思潮也有兩面性。40年代中後期中國自由主義思潮作為當時思想界影響頗大的一股思潮,其主要推動者為一些大學教授和新聞工作者,而流波所及的則是整個知識分子隊伍。對於文化自由主義的提倡,在當時是有積極意義的。對當時爭取言論出版自由和政治經濟自由以及人民基本權利和自由的呼聲,與中國共產黨的爭民主鬥爭,在客觀上是相呼應,因而有其積極的、應該肯定的方面。而一些自由主義者40年代末所發起的「自由主義運動」,則在客觀上為蔣介石的「和談」陰謀所利用。在40年代中後期特殊的國際國內條件下,中國的自由主義者為求其目標的實現,奔走呼號,不遺餘力,造成了近代中國自由主義在這一時期的興盛。然而,近代中國自由主義的內在矛盾也同樣在這一時期突出地顯現出來。自由主義崇尚個人主義,而個人主義卻使得自由主義者無法形成組織的力量以達到他們試圖達到的政治經濟目標,其影響只能發生在文化領域;自由主義崇尚理性,而理性並「不適合於激烈的熱情的青年」,「不適合於知識水準低劣的民眾」,「適用於和平時期,而較少適用於戰亂危急時期」。〔註15〕自由主義崇尚漸進

〔註15〕賀麟:《自由主義與學術》,《周論》2卷4期。

改良，而 40 年代後期出現的是急風暴雨式的革命戰爭，而不是他們所主張的和風細雨式的和平改革；自由主義崇尚寬容，而「寬容這個詞從來就是一個奢侈品，購買它的人只會是智力非常發達的人」。〔註16〕因而，40 年代中國自由主義即令在整個近代中國算是它的一個盛期，也只能在知識分子，尤其是中高級知識分子當中產生影響。總之，40 年代中國自由主義與整個近代中國自由主義一樣，將本不具有工具作用的西方自由主義引入中國，將它作為實現現代化從而達到民族復興的工具，在戰亂頻仍的時代試圖培植自由主義，因而根本存在著工具理性與價值理性的背離、存在著理念與行動的對立、存在著理與勢的衝突。這些衝突也正是 40 年代中國自由主義者產生急劇分化的原因。當 40 年代後期中華民族的民族自由，占中國人口最大多數的農民的土地自由能夠在中國共產黨的領導下，在新民主主義的旗幟下得以實現時，中國的自由主義者沒有理由不在工具理性的層面放棄他們的自由主義，而這正是大多數自由主義者投身於新民主主義革命的根本原因。至此，自由主義也結束了它在近代中國的命運。

　　40 年代中國的自由主義作為一種社會思潮，其基本立足點同國民黨的權威主義與共產黨的共產主義是極不相容的。但是，這種思想傾向的三角關係並不意味著在實際政治角逐中他們就構成了一個等邊三角形。作為一種政治力量，40 年代的自由主義者總體上是與國民黨處於對立狀態，而與共產黨則是逐漸接近的。直接原因就是自由主義者是生活在國統區，對他們自由主義信仰和言行的危脅直接來自國民黨。中共對 40 年代自由主義思潮的批判，過份地強調了二者的「異」，而沒有深入細緻地分析他們之間的「同」，有些說法是片面的，不實事求是的，甚至有大帽子嚇人之嫌。但瑕不掩瑜，中國共產黨的理論工作者及中共團結的知識分子對 40 年代自由主義思潮以及「自由主義運動」的批判，宣傳了中國共產黨的政治主張，擴大了中國共產黨的影響，擦亮了廣大人民，尤其是國統區人民的眼睛，明辨了是非，使他們看清了自由主義的本質，促進了他們對中國共產黨的革命理論與主張的接受，是中國共產黨在思想文化戰線上的一大勝利。

〔註16〕房龍：《寬容》，三聯書店 1985 年版，第 396 頁。

第十二章 《觀察》對 20 世紀 40 年代自由主義思潮影響的再認識

　　20 世紀 40 年代在中國社會興起的自由主義思潮，無疑是中國現代史上自由主義思想的一次最集中的展示，也是中國自由主義思想的絕唱，雖然聲勢浩大，但卻曇花一現。《觀察》及其作者群自由主義思想的重心是在政治方面，這是它與前十年的文化自由主義相區別的。《觀察》及其作者群迫切地要求中國政治要按照自由主義的理念運行，實現「兼親蘇美、調和國共、政治民主、經濟民主」的目標。他們比以往任何時代的自由主義者都廣泛地捲入了政治漩渦，對中國政治格局產生了相當大的影響——至少是潛在的或有關輿論的。

　　當然，歷史的天平並不是真正地站在自由主義一邊，和平改良的道路被國民黨的黑暗統制所阻塞，國共兩黨之間的生死大決戰，決定了缺乏現實政治力量的《觀察》及其作者群必須做出非此即彼的選擇。這種選擇的結果意味著自由主義在中國社會近半個世紀的沉寂。

一、20 世紀 40 年代的自由主義思潮是一種「修正組合型」的思想模式

　　自由主義既是一種政治態度，又是一種經濟思想，還是一種文化觀念。人們通常認為，這幾方面在一個人身上應該是統一的。然而，美國當代思想家丹尼爾・貝爾卻認為，人們在這幾方面可以採取不同的立場。他在《資本主義文化矛盾》一書中說到：

　　　　為了便於讀者瞭解本人著作中的觀點，以為應該首先申明立

－173－

> 場：本人在經濟領域是社會主義者，在政治上是自由主義者，而在
> 文化上是保守主義者。不少人可能會對此感到困惑，認爲只要某個
> 人在一個領域內激進，他在其他方面也必然激進；反過來，某人在
> 一個領域保守，他在其他方面亦會保守。這種認識在社會學和道德
> 觀念上都錯誤判斷了不同領域的性質。

貝爾的這種「組合型」思想模式，對於分析《觀察》及其作者群的自由主義
思想是頗具啓發意義的。政治、經濟、文化三者雖然有一種內在的、必然的
聯繫，但卻可能分屬於不同的領域，思想的複雜性正是體現在這一方面。所
以，不能總把政治問題、經濟問題和文化問題視爲天然的一體性。《觀察》及
其作者群的自由主義就頗具這種「組合型模式」的特點，否則，就很難理解
他們在不同領域的不同立場。

首先，《觀察》及其作者群在政治上是堅持自由主義的。

自由主義並不是一套僵硬化的教條體系，而是與時俱進、變動不居的眾
多學說的彙纂。它們既嘗試著對蘊涵在自由民主背後的義理作出自己的解
釋，又包含超此制度的思想。但是，它所強調的基本理念是固定的，不易變
化的，如自由、民主、平等、法治、博愛、科學等等，這些理念幾乎無所不
包地體現在了《觀察》及其作者群的自由主義思想之中。

《觀察》及其作者群堅信自由的價值，強調個人權利的不可侵犯性，把
民主政治作爲他們奮鬥的目標，並以自由範圍的大小來衡量民主程度的高
低。雖然他們沒有象當代學者那樣，把自由主義與民主原則進行嚴格、細緻
的區分：民主與自由主義的原則並不是同一的。一方面，二者關注的問題及
提供的答案並不相同，民主回答的問題是公共權力歸屬於誰及由誰來行使權
力，其答案是公共權力歸屬於全體人民，由多數人來行使權力；自由主義回
答的問題是公共權力的範圍邊界何在，如何加以限制，其答案是有限政府和
制度保障。另一方面，民主與自由主義不僅不是一回事，而且民主與自由主
義也沒有必然的聯繫。民主既可以與極權主義聯姻，是爲極權主義的民主；
民主也可以與自由主義結合，成爲自由的民主。前者的例證是法國大革命中
的雅各賓派，後者體現的是英美的自由的民主。但在強調民主對自由的價值
時，《觀察》及其作者群的思想毫不遜色於當代學人，他們特別強調民主必須
是自由的，自由也必須是民主的：自由的民主意味著不管由誰來行使權力，
即使是人民、由多數人行使的權力，也必須受法治與憲政的限制，換句話說，

即使是民主本身也必須受到限制。在這個意義上，自由的民主是法治與憲政下的民主，是公民基本權利得到切實保障和公共權力得到有效限制條件下的民主。可見，自由、民主都離不開法治，而法治又有內容與形式之分。「以法治國」即用法律作爲統治的手段，這只是法治的形式，而法治的眞正內涵是法律必須以民主政治爲法的精髓，也就是說，只有保障人民自由民主權利的法治，才是眞正的法治。這是《觀察》及其作者群一貫的、毫不含糊的自由主義政治立場。

其次、《觀察》及其作者群在經濟上是主張社會主義的。

20 世紀以來，由於自由主義與社會主義的此消彼長，使得《觀察》及其作者群對社會主義普遍具有好感，而異口同聲地譴責資本主義。爲了實現經濟民主，他們幾乎毫不猶豫地選擇了社會主義的經濟主張。他們認爲社會主義是社會發展的趨勢，儘管通向社會主義的路還很漫長，但卻是不可阻擋的。在具體措施上，也是與社會主義相一致的。所有的生產工具都收歸國有，並制定依勞動能力而有所等差的分配制度。同時有限度地消滅私有財產制度，下決心放棄自由放任的經濟政策，從放任的市場經濟轉向有干涉的計劃經濟，允許私有財產和利潤制度在一定限度的範圍內存在，對有關國計民生的私人企業予以維持。平均地權與節制資本，以避免財富集中、謀全民的福利，避免重蹈資本主義的覆轍。這是地道的社會主義主張。

然而，他們忘記了：「經濟自由也是達到政治自由的一個不可缺少的手段。」〔註1〕因爲沒有經濟自由，就不可能存在其他的自由。自由主義要彰顯和維護自由，它就不能不立足於經濟自由。但《觀察》及其作者群極力鼓吹經濟民主，嚮往「計劃模式」，強調經濟平等，正是這種經濟自由思想的缺乏才導致了中國現代自由主義根基的相當脆弱，對此，殷海光指出：「一個人的飯碗被強有力者抓住了，哪裏還有自由可言？」〔註2〕所以，《觀察》及其作者群自由主義思想本身也存在著不可克服的內在悖論。

再次、《觀察》及其作者群在文化上是絕對自由主義，也可以稱之爲保守主義。

〔註1〕 〔美〕米爾頓‧弗里德曼：《資本主義與自由》，張瑞玉譯，商務印書館 1988年版，第 9 頁。

〔註2〕 〔臺灣〕殷海光：《殷海光文集》（二），臺北桂冠圖書有限公司 1980 年版，第 430 頁。

從對文化的審視和批判的角度上看，霍克海曼說：「保守主義常常比自由主義更多地保持了自由主義的批判精神。」〔註3〕這裡要首先分清「保守」與「保守主義」的本質區別。「保守」是任何人都有的一種天然傾向，並不自動構成「主義」，而「保守主義」在很大程度上是傳統主義加上古典的自由主義。保守主義的實質是自由主義，是自由主義與傳統主義的結合，說的簡單明白一點就是「保守主義」保守的是「自由」。如果以這個標準看，《觀察》及其作者群在文化上的主張則是典型的保守主義。因為他們不遺餘力地保持著自由主義的批判精神。文化上的自由主義是一種批判的「態度」，而不是具體的主張。自由主義是懷疑的精神與批判精神的結合，是文化進步必不可少的條件，沒有了批判精神，自由主義的生命力也就喪失了。所以，文化的自由主義是人類文化發展的生命線。中國要吸收西方的先進文化，進一步對於全世界文化有所貢獻，就不能不特別注重這個自由。政治上的自由主義過時了，而文化上的自由主義卻永遠不會過時的。中國文化要有所發展，就不可缺少這種自由主義。如果文化上沒有了自由主義，那麼，在政治上是無法建立自由主義的。可見，《觀察》及其作者群在文化上對「自由」的「保守」程度，他們要不遺餘力地去捍衛文化上的自由主義，以保證其文化上的自由天地。

《觀察》及其作者群自由主義思想還具有「修正」的特徵，即：修正的自由主義。

中國的自由主義是將西方的自由主義思想觀念移植於近代中國這塊土壤上生根、發芽、開花的結果。這種在中國長成的自由主義與西方自由主義有共同之處，但二者也有不同的地方，翻版總是翻版，因為：「在某一個社會文化裏滋長出來的觀念、思想和學問，傳到另一個社會文化裏以後，因受這一社會文化的作用，而往往染上不同的色調。」〔註4〕《觀察》及其作者群的自由主義思想就被染上了鮮明的「修正」的色調。

一方面，《觀察》及其作者群自由主義將西方作為「價值理性」出現的自由主義「修正」為「價值理性」與「工具理性」兼而有之的自由主義。

馬克斯・韋伯在考察了西方資本主義文明的興起時，曾提出「工具合理性行動」和「價值合理性行動」的概念。他認為，工具合理性行動是由對處

〔註3〕　〔美〕馬丁・傑：《法蘭克福學派史》，轉引自《知識分子立場──自由主義之爭與中國思想界的分化》，時代文藝出版社 2000 年版，第 177 頁。

〔註4〕　〔臺灣〕殷海光：《中國文化展望》，中國和平出版社 1988 年版，第 277 頁。

於周圍和他人環境中的客體行為的期待所決定的，這種期待被當做達到行動者本人所追求的和經過計算的目的的「條件」和「手段」，而價值合理性行動是出於某種倫理的、審美的、宗教的、政治的或其他行為方式的考慮，與成功的希望無關，純由對特定價值的意識信仰決定的。自由主義在西方被當做一種價值理性，而在中國卻被當成一種救亡、救貧的工具。這一看法起自嚴復。《觀察》及其作者群對自由主義的看法也具有工具理性的色彩，也是把自由主義當成了救亡的工具，但同時又作為一種價值觀念而信仰。他們確信：唯有在中國實現自由主義，中國才能走上民主、富強之路，所以，他們對自由主義理想的追求，非常執著。儘管《觀察》及其作者群把自由主義當做了一種工具理性來看待，但一旦接受了自由主義，它便轉化為指導他們行動的信念，轉過來又著眼於其價值理性。因此，對於《觀察》及其作者群來說，自由主義含有工具理性和價值理性的雙重意義。

另一方面，《觀察》及其作者群對西方自由主義進行了有選擇的吸收與改造，使之成為一種「修正的自由主義」。

20 世紀中國的自由主義是西方文化對中國衝擊造成的結果，自 19 世紀末，自由主義從西方傳入中國之後，古典自由主義在中國曇花一現，很快被功利自由主義、修正自由主義所替代。因為在這一時期，《觀察》及其作者群的自由主義思想源頭的自由主義也呈現出了「修正」的狀態，即：新自由主義和民主社會主義。所謂新自由主義和民主社會主義，只是中國自由主義內部的思想分歧，兩者之間並無嚴格的界限，它們有許多共同的理論預設，如個人自由，民主政治，法治秩序，社會公道等等，其區別僅僅在於處理自由與平等的不同方式、比重及對蘇俄計劃經濟的評價等，確切地說，二者之間沒有根本的區別。《觀察》及其作者群自由主義就是這種修正的自由主義，其具體體現是：在堅持早期自由主義關於個人主義信念的同時，極力調和個人利益和社會利益的衝突，即：如何在個人自由的前提下實現廣泛的社會經濟平等，建立公正的社會秩序，保障個人的政治自由等成為了《觀察》及其作者群所追求的自由主義的重要內容，甚至還將社會主義的經濟思想納入了自由主義的思想框架之中，《觀察》及其作者群相信自由放任的市場秩序無法實現社會上的經濟平等，只有國家實行有計劃的干涉主義，才能最終達到經濟上的平等，從而進一步達到政治上的平等。可見，《觀察》及其作者群的「修正自由主義」主要是在這思想中納入了更多地社會主義的思想成份。

二、20 世紀 40 年代的自由主義思潮與中國社會的異質疏遠性

近代以來的中國自由主義者，用殷海光的話說，是「先天不足，後天失調。」所謂先天失調是中近代以來的自由主義，不是中國土生土長的思想，而是美雨歐風吹進來的，在中國傳統文化中，很難找到相對應的思想資源。

自由是自由主義的核心。中國傳統文化中雖然也有「自由」一詞，但與西方文化中的「自由」是名同而實異。在中國傳統文化中，最能和自由主義發生親和作用的就是道家思想。老子說過「道法自然。」它含有不受羈絆束縛的追求精神自由的含義。莊子的《逍遙遊》更是追求自由精神的形象表述，但《莊子》中只有「自得」、「自適」、「自善」等詞彙，但卻沒有「自由」一詞。《孟子》中也有「自得」一類的語言，但卻沒有「自由」一詞的明確表述。明確地使用「自由」一詞是在唐代的詩歌裏。唐代柳宗元在永貞革新失敗後，被貶荒遠之地。爲了排解苦悶，他寄情山水，寫下了不少傳的詩文名篇，其中《酬曹侍御過象縣見寄》一首爲千古絕唱，並提出了「自由」一詞。詩曰：

> 破額山前碧玉流，騷人遙駐木蘭舟。
>
> 春風無限瀟湘意，欲殺蘋花不自由。

另外，在杜甫的詩中，「自由」一詞曾先後出現過幾次。如：

> 朝光入甕牖，屍寢驚弊裘。
>
> 起行視天宇，春風漸和柔。
>
> 興來不暇懶，今晨梳我頭。
>
> 出門無所待，徒步覺自由。

又：

> 東閣官梅動詩興，還如何遜在揚州。
>
> 此時對雪遙相憶，送客逢春可自由。

杜甫在這裡所謂的「自由」，是一種自由自在，心中覺得舒服暢快的感受，這種感受，當然是自由主義所贊許的，但這不是西方自由主義政治哲學和道德哲學所講的那種自由。所以說，「傳統語彙中的『自由』一詞，並不是自由主義所說的觀念」。〔註5〕

中國傳統文化中也有「法治」、「兼愛」、「民主」、「改革」等語彙，但這些語彙的內涵與《觀察》及其作者群所追求的自由主義中所講述的這些詞語

〔註 5〕 〔臺灣〕殷海光：《中國文化展望》，中國和平出版社 1988 年版，第 275 頁。

的意義是不一致的，有些甚至是截然相反的。這裡有必要解釋一下的是：民族主義、社會主義、自由主義。民族主義、社會主義、自由主義是 19 世紀歐洲的三大社會思潮，這三種思潮在價值取向上差距很大。其中，民族主義強調國家至上的原則，認為個體從屬於群體，個體只有作為國家的一份子而存在才能顯示真價值。社會主義強調社會財富的公平分配，並認為真正的社會平等只有通過生產資料的公有化才能實現。自由主義則提倡個體本位和重視個體自由，並認為國家的職能旨在保障個人的權利不受侵害。

西方的這三種社會思潮在觀念和價值取向上差別如此之大，如果說從挽救民族危機、追求國家富強成為中國近代知識分子的共識的話，中國知識分子首先選擇的應該是民族主義。可中國的知識分子卻是先選擇了自由主義，把自由主義當成了富民強國的利器。這其中原因很多，我們暫且不談。我們要強調的是，中國自秦漢以後就是一個統一的國家，在二千多年的歷史發展中，雖經過無數的戰亂而終不分裂，這與中國占主導地位的儒家文化的傳承不無關係。儒家文化的一元論心態和思想上的合模要求，對西方不同類型的社會文化思潮表現出了不同的「親和力」和「排斥力」，從中國文化的特質上看，中國文化對民族主義、社會主義思想的吸收較易，而對自由主義思想較難。例如，中國的家族觀念雖不同於民族主義思想，但二者並非格格不入。因為按照中國的傳統觀念，國家是家的放大，個人對家族的忠誠，能夠轉移到國家上面來。又比如，家族觀念中包含有強調家族中利益的一致，提倡父慈子孝、敬老愛幼，以及推己及人的道德箴言，這種注重人際關係和諧的思想與社會主義思想相契合。此外傳統的一元論心態及思想合模要求雖與民族主義和社會主義有質的區別，但就追求思想的統一及觀念一元化方面，彼此之間仍然能夠找到交接點，但對於提倡思想多元和思想寬容、價值多樣化的自由主義思想來說，傳統的一元論心態及思想合模要求則似乎是格格不入的，尤其是在民族危機深重的近代中國，對國家富強的追求遠遠超過了個體獨立人格的追求。中國傳統文化的特質與西方自由主義思想在價值取向上的反差如此之大，導致了西方自由主義在中國近代社會的生根發生了一定的困難，所以，《觀察》及其作者群很難從中國傳統文化中找到對應的思想資源，汲取自由主義發展所需要的充足養分，也就是說，自由主義在中國傳統文化中難以引起共鳴與呼應，它們之間實際上是兩種不同「質」的文化產物之間的關係，就如同兩種不同質的植物一樣，一個嫁接到另一個上，其結果不是

嫁接的枝條枯萎，就是被嫁接植物的死亡。

　　所謂後天失調，是指任何一種模式的思想都不可能遠離某一現實的社會文化環境而獨自大規模地順利成長，就是說，自由主義思想本身是脆弱的，容易變質的，自由主義思想的成長是需要很有充分的條件，就如同一粒種子，要有清新的空氣，適宜的溫度和水才能發芽一樣。可是，自由主義在中國成長所需要的外部條件始終只是處於萌芽狀態，而始終沒有成熟，換句話說，就是中國近代以來缺乏自由主義成長、發育的氣候和土壤。著名學者托克維爾指出：「再沒有其他事情比自由的訓練更為艱難，……要在風暴中建立自由通常會發生困難。」一般說來，以社會改良為宗旨的自由主義，總要以法制健全、社會秩序正常化以及社會的穩定為先決條件的。但中國自晚清以來，社會處於急劇的變化之中。辛亥革命以後，隨著王權的崩潰，整個社會與政治秩序陷於分崩離析之中，甚至由於連年戰亂，連基本的道德秩序與價值系統都無法維持，尤其是在國共兩黨進行生死大搏鬥的歷史轉折關頭，在這樣一種社會普遍失範的狀態下，《觀察》及其作者群所提出的「調和國共、兼親蘇美、政治民主、經濟平等、學術自由」等社會改良計劃與方案，自然無法實現。在這種現實的困境面前，與其說是《觀察》及其作者群錯誤地選擇了自由主義，不如說他們錯誤地選擇了實現自由主義的時機。國共兩黨之間的武裝決戰，根本沒有為《觀察》及其作者群提供自由主義可以付諸實現的機會。

　　另外，《觀察》及其作者群所追求的自由主義本身也有它自身的缺陷。在西方，它是與中產階級的產生而相伴生的一種思想，也就是它以中產階級為其社會基礎。中產階級對落花隨流水而去的傷感和勞苦大眾為了生存而奔波流浪所產生的痛苦是根本不同的，中產階級最關心的是權利的維護和私有財產的保障，而勞苦大眾關心的是能夠天天吃上飽飯，中產階級的弱小，使自由主義缺乏它賴以存在的階級基礎，更重要的是，《觀察》及其作者群自由主義的主張無法解決勞苦大眾關心的、迫切要解決的問題，在全國人民普遍關心的內戰問題上，《觀察》及其作者群不明白內戰是階級矛盾不可調和的產物，是國共兩黨你死我活鬥爭的必然結果，而他們誤以為內戰是所謂喪失理性造成的。他們認定人是有理性的，會按照理性去認識自己的利益所在，而且政治應該是理性的產物。所以，他們反覆懇求人們訴諸理性：「我們知道一切悲劇的造成，都能是出於盲目的意志，由於情感抹殺理性。要從悲劇中解

脫，從悲劇中昇華，只有求救於理性，求救於清明的理性。」〔註6〕

　　歷史並不理會這些呼吁，在短短的 3 年裏，中國社會屢屢翻起軒然大波，終於發生了翻天覆地的變化，把《觀察》及其作者群的「和平──改良」的道路撤在了一邊。同樣，當時人民迫切要求解決的「飢餓問題」、「民主問題」等，說得更遠一點，就是民族獨立、國家富強的問題，他們根本提不出任何現實、有效的措施，就連自由主義者胡適所說的「鬧中原的五鬼」，自由主義本身也無法解決。雖然《觀察》及其作者群自認爲他們是人民的代言人：「決定中國前途的力量，不僅是國共兩黨，還有自由主義者與國共以外的廣大人民。這是第三種力量，也是一種民眾的力量。這一力量的動向對於中國前途的決定，具有舉足輕重的作用。」但事實上，《觀察》及其作者群與民眾有著天生的距離，他們無法動員，也不願將民眾眞正發展起來，成爲一股足以影響中國現實政治的強大力量，因此，他們的呼聲除了表達出他們對於中國未來前途及政治路向的憂慮和關注外，並沒有提供更多的東西。這樣，《觀察》及其作者群關於中國未來政治的種種設計與夢想，終究是紙上談兵。觀察所提出的主張在本質上遠離中國的社會實際，是中國政治上的「空頭支票」，是「畫餅充饑」，所以「自由主義在近代中國終究只能在部分知識分子中流行，卻無法成爲激勵社會各階層，尤其是廣大勞苦大眾爲爭取自身解放的思想旗幟。」〔註7〕這種遠離廣大人民群眾迫切現實需要的思想與主義，在武力與強權面前束手無策，根本無法滿足廣大民眾改變現狀的要求，自然得不到廣大民眾的群起而響應。

　　自由主義的失敗是不可避免的。在這層意義上說，美國學者 J・格里德講的是有道理的，他說：「自由主義之所以失敗，是因爲中國那時還處在混亂之中，而自由主義所需要要的是秩序。……它的失敗是因爲中國人的生活是由武力來塑造的，而自由主義的要求是，人應靠理性來生活。簡言之，自由主義之所以會在中國失敗，乃因爲中國人的生活是淹沒在暴力與革命之中的，而自由主義則不能爲暴力與革命的重大問題提供什麼答案」。〔註8〕

〔註6〕　周綏章：《瘋狂了的中國──一個盲動的、悲劇的大時代》，《觀測》2 卷 16
　　　　　期，1947 年 6 月 12 日。
〔註7〕　胡偉希：《理性與烏托邦──二十世紀中國的自由主義思潮》，《二十世紀中國
　　　　　思想史論》（下），東方出版中心 2000 年版，第 25～26 頁。
〔註8〕　〔美〕J・格里德《胡適與中國的文藝復興》，江蘇人民出版社 1989 年版，第
　　　　　368 頁。

三、20世紀40年代的自由主義思潮的現代啟示性

　　人天生是愛自由的。法國哲學家薩特說：「人是被判定自由的」。這就是說，自由是人無可逃避的宿命。按照卡爾・馬克思的理解，自由乃是人類的本質。馬克思最崇高的理想就是一個「自由人的聯合體」，所有這些都表明了：追求自由是人的本質。

　　毫無疑問，《觀察》及其作者群的自由主義政治主張在對中國社會的總體設計方面，未能充分滿足中國現代社會的變革需要，歷史的天平不向它傾斜也自有其內在的理由。它表明：20世紀的中國在發展過程中，只能按照其自身的規律進行，任何把西方發展模式移植到中國的做法，都不免以失敗而告終。作為一個政派，《觀察》及其作者群的失敗已經明確記載在了歷史上；作為一個思想理論體系，它也未被處於價值重建過程的中國文化所接納。這是歷史的冷酷與無情，也是歷史的必然。但我們不能以此判定《觀察》及其作者群的自由主義思想一無是處、一文不值。正像前文所講的那樣：與其說《觀察》及其作者群錯誤地選擇了自由主義，不如說他們錯誤地選擇了實現自由主義的時機，任何人都不能否認人對自由追求的合理性。

　　《觀察》及其作者群要求在中國實施民主政治，保障個體的自由，主張在政治改革中採取漸進的方式而不是激烈的暴力革命，同時，實現經濟平等，建立一個真正的法治國家，以及崇尚科學，反對愚昧等等，這些政治理想的設計，不管從任何角度講，都能為人們樹立了一個崇高的目標，是難能可貴的。如果撇開具體歷史條件，僅從抽象的方面去理解《觀察》及其作者群的自由主義主張，《觀察》及其作者群的主張不僅無可厚非，而且也是現代社會所追求的目標。只要我們能取其精華，去其糟粕，為我所用，就能化腐朽為神奇，其政治主張仍不失為現代社會的一份寶貴的思想遺產，對現代社會將具有極大的啟示。

　　《觀察》及其作者群在自由精神、學術自由與思想自由方面的思想對現在依然有著啟發性。殷海光先生說：「真正的自由主義者，至少必須具有獨自的批判能力和精神，有不盲從權威的自發見解，以及不依附任何勢力集體的氣象。」〔註9〕

　　《觀察》及其作者群在這方面的主張比殷海光先生的說法更具體，更詳

───────────────

〔註9〕〔臺灣〕殷海光：《中國文化展望》，中國和平出版社1988年版，第277頁。

盡。《觀察》及其作者群認為自由的精神，並不是虛無縹緲、高深莫測的，它只不過是一種批評的精神與一種容忍的態度的結合。從這種觀念出發，尤其是在學術界，雖說宣傳有紀律，但研究是無禁區的，從學術探討的角度上說，沒有任何一種學說與思想是不可以批評的。因為真理與謬誤往往只是一步之遙，而且真理與謬誤也總是相對的，對自由的禁止，無疑是對真理和進步的扼殺。所以，「在自由的精神下，根本不能有『邪說』，亦不能有『一尊』，只有研究的所得而無開始的信仰。倘使沒有這個自由精神，恐怕不會有實驗的科學的產生，也不會有進步的觀念的出現。老實說，即馬克思亦正是這種文化程度的產物不先有這個風氣，則馬克思的思想是不會產生的。」〔註 10〕這些話語，至今仍然讓人感到擲地有聲，發人深醒。

在學術自由與思想自由方面，《觀察》及其作者群的思想也是頗具啓發性的。因為思想自由應該說是絕對的，任何人也無法干預一個人的思想。而學術自由則是相對的，是需要許多相應條件的。學術自由並不是說政府不管學術事業，就有學術自由了。但這個「管」，不是管制，而是管理。管制是限制學術的自由。而管理是指政府對學術負起了責任，有目的，有計劃的發展學術事業。中國的學術事業要想有大的發展，無論過去、現在，還是將來，都需要這樣的管理。這是《觀察》及其作者群對學術自由的一大心得，也是具有普遍意義的經驗。

《觀察》及其作者群的法治思想也具有很強的現實性，它對如何構建與市場經濟相適應的法治社會具有很大的啓示。市場經濟是法治經濟，市場經濟是最需要法治的。法治也是市場經濟得以健康發展的一個根本前提。就與市場經濟的關係而言，法治的目的是為市場經濟的參與者提供一個有利於商業活動的、穩定的社會環境。有效的法治顯然打消了許多不正常商業行為的念頭。法治之下的法律為商業活動的進行和商業糾紛的解決提供了規則，同時也能對政府的權力進行有效地監督，促進官員的依法行政。可見，法治是維持市場經濟有效運行的根本保證。而內容豐富多采的《觀察》及其作者群的法治思想，則無疑對我國社會主義市場經濟體制的建立及社會主義法治的確立與完善，提供了不可多得的思想借鑒。

總之，重新審視《觀察》及其作者群的自由主義政治思想，取其精華，去其糟粕，還是具有很大的現實意義的。

〔註 10〕 張東蓀：《政治上的自由主義與文化上的自由主義》，《觀察》4 卷 1 期，1948 年 2 月 28 日。

結 束 語

　　意大利著名學者克羅齊說：「一切歷史都是當代史。」它反映了歷史與現實間河床與河流般的關係。認識歷史，有助於對現實的理解。本書通過對一個人——儲安平和一本雜誌——《觀察》周刊的剖析，以點帶面，實現了對一個群體——《觀察》及其作者群思想的全面研究，從而揭示出了《觀察》及其作者群自由主義政治思想的本質、自由主義與中國社會的關係以及《觀察》及其作者群自由主義政治思想對現實社會的啓示。

　　應該說，20世紀40年代在中國興起的自由主義思潮，是中國現代史上自由主義思想的一次最集中的展示。雖然聲勢浩大，盛極一時，但來去匆匆，曇花一現。作爲這次思潮中的最強音——《觀察》及其作者群自由主義政治思想，不僅是「先天不足，後天失調」，而且是「生不逢時，時運不濟」。儘管他們的思想內容十分豐富，其中不乏眞知灼見，如對自由本質的深刻理解、對民主政治的精巧設計以及對法治內涵的全面闡釋等等，都是匠心獨具、深思熟慮的思想結晶，但僅有思想是不夠的，《觀察》及其作者群並沒有把中國帶到一個「自由主義的國度」裏。在國共兩黨生死決戰的歷史轉折關頭，中國社會並沒有給《觀察》及其作者群提供他們所需要的空間，再加上自由主義本身與中國社會的異質疏遠性，《觀察》及其作者群自由主義政治思想並沒有引起中國社會大多數人的呼應，成爲廣大民眾追求解放的思想旗幟，很快就敗下陣來，不情願地退出了歷史舞臺。

　　然而，歷史不能以成敗論英雄，更不能以此來判斷眞理與謬誤。雖然《觀察》及其作者群的自由主義政治主張在現代中國失敗了，但這並不意味著它所選擇的方向也是毫無意義。很多東西的價值，要隔相當一段歷史歲月，才

會看得更清。不管《觀察》及其作者群的政治主張現在看來是有多少不足，但他們對自由、民主、法治、平等的不懈追求，對中國社會主義市場經濟建設和現代化道路的選擇，都很有可能是一筆價值連城的思想遺產。

主要參考文獻

1. 鄧小平:《鄧小平文選》1～3 卷,人民出版社 1989、1983、1993 年版。

2. 馬克思、恩格斯:《馬恩選集》,1～4 卷,人民出版社 1972 年版。

3. 《馬克思主義經典著作選讀》,人民出版社 1999 年版。

4. 毛澤東:《毛澤東選集》1～4 卷,人民出版社 1991 年版。

5. 王惠岩:《當代政治學基本理論》,天津人民出版社 1998 年版。

6. 寶成關:《西方文化與中國社會——西學東漸史記》,吉林教育出版社 1994 年版。

7. 徐大同主編:《西方政治思想史》,天津教育出版社 2000 年版。

8. 儲安平主編:《觀察》1～5 卷。

9. 儲安平:《儲安平文集》(上、下),東方出版中心 1998 年版。

10. 陳獨秀:《陳獨秀文選》,上海遠東出版社 1994 年版。

11. 嚴復:《嚴覆文選》,上海遠東出版社 1994 年版。

12. 孫中山:《孫中山文選》,上海遠東出版社 1994 年版。

13. 胡適:《胡適文選》,上海遠東出版社 1994 年版。

14. 梁啓超:《梁啓超文選》,上海遠東出版社 1994 年版。

15. 謝泳:《一條河流般的憂鬱》,中國青年出版社 1999 年版。

16. 謝泳:《逝去的年代》,文學藝術出版社 1999 年版。

17. 許紀霖、陳達凱主編:《中國現代化史》(第一卷 1800～1949),上海三聯書店 1995 年版。

18. 彭明主編:《近代中國的思想歷程》(1840～1949),中國人民大學出版社 1999 年版。

19. 吳雁南等編:《中國近代社會思潮》(4 卷),湖南教育出版社 1998 年版。

20. 許紀霖編:《二十世紀中國思想史論》(上、下),東方出版中心 2000 年版。

21. 胡偉希等著:《十字街頭與塔——中國近代自由主義思潮研究》,上海人民出版社 1991 年版。

22. 黃德昌等著:《中國之自由精神》,四川人民出版社 2000 年版。

23. 張小平:《中國之民主精神》,四川人民出版社 2000 年版。

24. 李強:《自由主義》,中國社會科學出版社 1998 年版。

25. 劉軍寧:《保守主義》,中國社會科學出版社 1998 年版。

26. 李世濤編:《知識分子立場——自由主義之爭與中國思想界的分化》,時代文藝出版社 2000 年版。

27. 李世濤編:《知識分子立場——民族主義與轉型期中國的命運》,時代文藝出版社 2000 年版。

28. 李世濤編:《知識分子立場——激進與保守》,時代文藝出版社 2000 年版

29. 李澤厚:《中國現代思想史論》,東方出版社 1987 年版。

30. 王守昌:《西方社會哲學》,東方出版社 1996 年版。

31. 倪邦文:《自由者尋夢——「現代評論派」綜述》,上海文藝出版社 1997 年版。

32. 沈衛威:《自由守望——胡適派人權引論》,上海文藝出版社 1997 年版。

33. 楊伯華、明軒:《資本主義國家制度》,世界知識出版社 1984 年版。

34. 中國人民大學革命史教研室:《批判資產階級中間路線參考資料》(4),中國人民大學 1958 年內部版。

35. 啓良:《西方文化概論》,花城出版社 2000 年版。

36. 吳楓、杜文君主編:《中國現代思想寶庫》,吉林人民出版社 1991 年版。

37. 劉軍寧等編:《公共論叢》(6 冊),三聯書店 1995～2000 年版。

38. 石元康:《當代西方自由主義理論》,三聯書店 2000 年版。

39. 〔臺灣〕林毓生:《中國傳統的創造性轉化》,三聯書店 1998 年版。

40. 〔臺灣〕殷海光:《中國文化展望》,中國和平出版社 1998 年版。

41. 〔臺灣〕史華茲等著:《自由主義》,〔臺灣〕時報文化出版事業有限公司 1980 年版。

42. 〔臺灣〕林毓生:《熱鬧與冷靜》,上海文藝出版社 1998 年版。

43. 〔古希臘〕亞里士多德:《政治學》,商務印書館 1965 年版。

44. 〔英〕洛克:《政府論》(上、下),商務印書館 1964 年版。

45. 〔法〕盧梭:《社會契約論》,商務印書館 1980 年版。

46. 〔英〕約翰·密爾:《論自由》,商務印書館 1964 年版。

47. 〔法〕孟德斯鳩：《論法的精神》（上、下），商務印書館 1963 年版。

48. 〔英〕霍布豪斯：《自由主義》，商務印書館 1996 年版。

49. 〔英〕鮑桑葵：《關於國家的哲學理論》，商務印書館 1995 年版。

50. 〔英〕格雷厄姆・沃拉斯：《政治中的人性》，商務印書館 1995 年版。

51. 〔法〕邦雅曼・貢斯當：《古代人的自由與現代人的自由》，商務印書館 1999 年版。

52. 〔法〕托克維爾：《論美國的民主》（上、下），商務印書館 1988 年版。

53. 〔英〕阿克頓：《自由與權力》，商務印書館 2000 年版。

54. 〔英〕約翰・密爾：《代議制政府》，商務印書館 1982 年版。

55. 〔英〕亞當・斯密：《國家財富的性質和原因的研究》，商務印書館 1987 年版。

56. 〔英〕歐内斯特・巴爾：《英國政治思想》，商務印書館 1987 年版。

57. 〔法〕米涅：《法國革命史》，商務印書館 1977 年版。

58. 〔英〕羅素：《西方哲學史》，（上、下），商務印書館 1988 年版。

59. 〔法〕盧梭：《論人類不平等的起源》，商務印書館 1962 年版。

60. 〔法〕皮埃爾・勒魯：《論平等》，商務印書館 1988 年版。

61. 〔美〕拉斯韋爾：《政治學》，商務印書館 1992 年版。

62. 〔美〕羅伯特・達爾：《論民主》，商務印書館 1999 年版。

63. 〔英〕哈耶克：《通往奴役之路》，中國社會科學出版社 1997 年版。

64. 〔英〕哈耶克：《自由秩序原理》，三聯書店 1997 年版。

65. 〔英〕卡爾・波普爾：《開放社會及其敵人》，中國社會科學出版社 1997 年版。

66. 〔美〕亨廷頓：《轉變社會中的政治秩序》，三聯書店 1988 年版。

67. 〔美〕約翰・羅爾斯：《政治自由主義》，譯林出版社 2000 年版。

68. 〔英〕約翰・格雷：《自由主義的兩張面孔》，江蘇人民出版社 2002 年版。

69. 〔美〕J・格雷德：《胡適與中國的文藝復興》，江蘇人民出版社 1996 年版。

70. 〔美〕薩托利：《民主新論》，東方出版社 1998 年版。

71. 〔美〕丹尼爾・貝爾：《資本主義文化矛盾》，三聯書店 1989 年版。

72. 〔英〕安妮・雅塞：《重申自由主義》，中國社會科學出版社 1997 年版。

73. 〔英〕諾爾曼・P・巴利：《古典自由主義和自由至上主義》，上海人民出版社 1999 年版。

74. 〔美〕詹姆斯・W・西瑟：《自由民主與政治學》，上海人民出版社 1999 年版。

75. 〔美〕伊爾努爾·華勒斯坦等：《自由主義的終結》，社會科學文獻出版社 2001 年版。

76. 〔意〕拉吉爾：《歐洲自由主義史》，吉林人民出版社 2001 年版。

77. 〔德〕馬克斯·韋伯：《儒教與道教》，商務印書館 1995 年版。

附錄 　《觀察》撰稿人簡況

姓　名	籍　貫	生　卒　年	畢業大學	留學國家	專　業	1949去向	1957年變化
卞之琳	江蘇海門	1910 年～	北京大學	英國旅居研究員	詩人	大陸	
王芸生	天津靜海	1901～1980			新聞	大陸	
王迅中							
王贛愚	福建福州	1906～	清華大學		政治學		
伍啓元	廣東臺山	1912～	滬江大學	英國	法學	臺灣	
任鴻雋	浙江吳興	1886～1961	清華大學	日本、美國		臺灣	
呂復	河北逐鹿	1887～1951		日本	社會學	大陸	
何永佶							
沈有乾	江蘇吳縣	1900～	清華大學	美國	哲學		
吳世昌	浙江寧海	1908～1986	燕京大學	英國	古典文學	英國	
吳恩裕	遼寧瀋陽	1909～1979	清華大學	英國	社會學	大陸	
吳澤霖	江蘇常熟	1898～1990	清華大學	美國	民族學	大陸	
李純青	臺灣臺北	1908～1990	南京中央政治學校	日本	新聞	大陸	
李浩培	上海市	1906～	東吳大學	英國	國際法	大陸	
李廣田	山東鄒平	1906～1968	北京大學		文學	大陸	
沙學濬							
周子亞	浙江杭州	1911～	中英大學	德國	政治學	大陸	

周東郊							
宗白華	江蘇常熟	1897～1986	同濟大學	德國	美學	大陸	
季羨林	山東臨清	1911～	清華大學	德國	語言學	大陸	
胡適	安徽績溪	1891～1962	清華大學	美國	文學	臺灣	
胡先	江西新建	1894～1968	清華大學	美國	植物學	大陸	
柳無忌	江蘇吳江	1907～	清華大學	美國	文學	美國	
徐盈	山東德州	1912～	南京金陵大學		新聞	大陸	右派
孫克寬							
馬寅初	浙江紹興	1882～1981	天津北洋大學	美國	經濟學	大陸	
高覺敷	浙江溫州	1896～	香港大學		心理學	大陸	右派
許君遠	河北安國	1905～	北京大學		新聞	大陸	右派
許德珩	江西九江	1890～1990	北京大學	法國	政治學	大陸	
陳之邁	廣東番禺	1908～1978	清華大學	法國	政治	臺灣	
陳友松	湖北京山	1899～		美國	教育學	大陸	
陳衡哲	湖南衡山	1893～1976	清華大學	美國	文學	大陸	
陳瘦竹	江蘇無錫	1909～1991	武漢大學		戲劇	大陸	
陳維稷	安徽青陽	1902～1984		英國	紡織	大陸	
夏炎德	上海市	1911～	暨南大學	英國	經濟	大陸	
曹禺	天津市	1910～	清華大學		戲劇	大陸	
梁實秋	北京市	1902～1991	清華大學	美國	文學	臺灣	
張印堂	山東泰安	1902～	燕京大學	英國	地理學	大陸	
張沅長	上海市	1905～	復旦大學	美國	文學		
張忠紱	湖北武昌	1901～1977	清華大學	美國	政治學	美國	
張東蓀	浙江杭州	1886～1973		日本	哲學	大陸	
張德昌	河南林縣		清華大學		政治學	香港	
笪移今	江蘇句容	1909～			經濟學	大陸	
黃正銘	浙江海寧	1903～1973	中央大學	英國	法學	臺灣	
郭有守	四川資中	1900～	日本某大學	日本	教育學	臺灣	
章靳以	天津市	1909～1959	復旦大學		文學	大陸	
馮至	河北涿州	1905～1993	北京大學	德國	文學	大陸	

馮友蘭	河南唐河	1895～1990	北京大學	美國	哲學	大陸	
程希孟	江西南城	1900～		美國		大陸	
曾昭掄	湖南湘鄉	1899～1967	清華大學	美國	化學	大陸	右派
傅雷	上海南匯	1908～1966	上海持公大學	法國	文學	大陸	右派
傅斯年	山東聊城	1896～1950	北京大學	美國、德國	歷史	臺灣	
費孝通	江蘇吳江	1910～	清華大學	英國	社會學	大陸	右派
楊剛	湖北沔陽	1905～1957	燕京大學	美國	新聞	大陸	
楊絳	江蘇無錫	1911～	清華大學	英國	文學	大陸	
楊人楩	湖南醴陵	1903～1973	北京師大	英國	歷史	大陸	
楊西孟	四川江津	1900～	北京大學	美國	經濟學	大陸	
葉公超	廣東番禺	1904～1981	清華大學	英國、美國	外交	臺灣	
雷海宗	河北永清	1902～1962	清華大學	美國	世界史	大陸	右派
趙家璧	江蘇松江	1908～	上海光華大學		編輯	大陸	
趙超構	浙江瑞安	1910～1991	中國公學		新聞	大陸	右派
潘光旦	江蘇寶山	1899～1971	清華大學	美國	社會學	大陸	右派
蔡維藩	江蘇南京	1898～1971	南京金陵大學	美國	世界史	大陸	
劉大杰	湖南岳陽	1904～1971			文學	大陸	
樓邦彥	浙江鄞縣	1912～1979	清華大學	英國	法學	大陸	右派
錢能欣	浙江湖州	1917～	北京大學	法國	國際問題	大陸	
錢清廉							
錢歌川	湖南湘潭	1903～	日本某大學	英國	文學	美國	
錢端升	上海市	1900～1990	清華大學	美國	政治學	大陸	右派
錢鍾書	江蘇無錫	1910～	清華大學	英國	文學	大陸	
鮑覺民	安徽巢	1909～	中央大學	英國	經濟地理	大陸	
戴文賽	福建湘潭	1911～1979	燕京大學	英國	天文學	大陸	
戴世光	天津市	1908～	清華大學	美國	統計學	大陸	
戴鎦齡	江蘇鎮江	1913～		英國	外國文學	大陸	
韓德培	江蘇如皋	1911～	東南中央大學	美國、加拿大	法學	大陸	右派
蕭乾	北京	1910～	燕京大學	英國	文學	大陸	右派

蕭公權	江西泰和	1897～1981	清華大學	美國	政治學	臺灣	
顧翊群	江蘇淮安	1900～	北京大學	美國	經濟學	臺灣	
儲安平	江蘇宜興	1910～1966	光華大學	英國	新聞	大陸	右派

說明：

1. 本表按原《觀察》封面所列撰稿人順序排列。

2. 原刊撰稿人共 78 人，本表全部照列，但由於筆者資料有限，本表中尚有王迅中、何永佶、周東郊、孫克寬、沙學濬、錢清廉共 6 人不知詳情，在目前大陸出版的各類綜合性、專業性的辭書和傳記資料一時查不到其下落，誠盼知情者能和筆者聯繫。

3. 關於撰稿人 1957 年的情況各種資料也大都迴避，所以筆者在這方面所獲情況也極其有限。

4. 儘管本表很不完備，但由於已知撰稿人已有 72 人，約占撰稿人的近 90%，作為初步統計資料，尚不失一定的客觀性。

5. 由於 1966 年「文革」中幾乎所有的知識分子都遭到不幸，作為《觀察》撰稿人情況自然也可想而知，所以本文不統計 1966 年的情況。

6. 作為《觀察》主編的儲安平沒有把自己列入《觀察》撰稿人名單中，但本表將其列入，這樣《觀察》撰稿人實際上是 79 人。

摘自：謝泳《逝去的年代》，文學藝術出版社 1999 年版。

後　記

　　我們都知道愛迪生說過的一句名言：「成功就是百分之一的天賦加上百分之九十九的汗水。」實際上，愛迪生接著還說了：「但這百分之一的天賦甚至超過這百分之九十九的汗水。」這句話是很有哲理的，沒有天賦，即便是再勤奮，也不會取得多大的成績。就像鄙人一樣，既沒有多少天賦，又沒流多少汗水，其結果是可想而知了。正因為如此，本書才沒有匆忙付梓，而是在博士學位論文《自由政治論——觀察派自由主義政治思想研究》的基礎上，經過幾年的充實、修改和提高才出版，缺點錯誤再所難免，懇請諸位讀者和專家批評指正。

　　雖然沒有漂亮的辭藻溢於言表，但我的內心卻時常湧動著感恩的真情，在本書的修改和出版過程中，得到了我的導師、吉林大學博士生導師寶成關教授的鼎力幫助和支持，沒有老師的教育和培養，就沒有我今天的一切。還有我的家人和朋友的幫助、關心也始終無法讓我忘懷，正是你們期待的目光，成為了我一直向前的動力。老子曾經說過：「信言不美，美言不信。」這也是我想對你們要說的話。

2014 年 10 月 10 日於大連